2018

宁夏文化发展报告

《宁夏文化发展报告（2018）》

执行主编　鲁忠慧

宁夏蓝皮书
BLUE BOOK OF NINGXIA

宁夏文化发展报告

ANNUAL REPORT ON CULTURAL DEVELOPMENT OF NINGXIA

（2018）

宁夏社会科学院 编

黄河出版传媒集团
宁夏人民出版社

图书在版编目(CIP)数据

宁夏文化发展报告. 2018 / 宁夏社会科学院编. —银川：宁夏人民出版社，2017.12

（宁夏蓝皮书）

ISBN 978-7-227-06857-0

Ⅰ.①宁… Ⅱ.①宁… Ⅲ.①文化发展—研究报告—宁夏—2018 Ⅳ. ①G127.743

中国版本图书馆 CIP 数据核字(2017)第 330250 号

宁夏蓝皮书

宁夏文化发展报告(2018) 宁夏社会科学院 编

责任编辑 管世献 姚小云

责任校对 陈 晶

封面设计 张 宁

责任印制 肖 艳

黄河出版传媒集团
宁夏人民出版社 出版发行

出 版 人 王杨宝

地 址 宁夏银川市北京东路 139 号出版大厦(750001)

网 址 http://www.nxpph.com http://www.yrpubm.com

网上书店 http://shop126547358.taobao.com http://www.hh-book.com

电子信箱 nxrmcbs@126.com renminshe@yrpubm.com

邮购电话 0951-5019391 5052104

经 销 全国新华书店

印刷装订 宁夏精捷彩色印务有限公司

印刷委托书号 (宁)0008162

开本 720 mm × 980 mm 1/16

印张 21.75 字数 323 千字

版次 2018 年 1 月第 1 版

印次 2018 年 1 月第 1 次印刷

书号 ISBN 978-7-227-06857-0

定价 48.00 元

目　录

总　报　告

领　域　篇

精神文明

文化事业

文化产业

区　域　篇

附　录

总报告

ZONG BAOGAO

2017年宁夏文化发展态势与发展趋势分析报告

鲁忠慧　牛学智

2017年是我国决胜全面建成小康社会、开启全面建设社会主义现代化国家新征程的关键一年。在这一年里，宁夏文化建设围绕“经济繁荣　民族团结　环境优美　人民富裕”的奋斗目标，以“实干兴宁”作为推动文化建设发展的工作导向，扎实推进文化的繁荣发展，奋力开创文化领域各项事业发展新局面。倾力构筑共有精神家园，社会主义核心价值观和“中国梦”不断深入人心，主旋律更加响亮，正能量更加强劲，网络空间不断净化，公共文化服务体系建设有序推进，文化产业稳中求进有亮点，文化产业对地区经济贡献持续增长，文化市场监管能力不断提高，文化建设在宁夏实现与全国同步建成全面小康社会的宏伟目标进程中，贡献着文化不可或缺的支撑力和应有的推动力。

一、2017年宁夏精神文明发展态势与发展趋势

（一）2017年宁夏精神文明发展态势

1. 全面学习贯彻党的十九大精神，准确把握习近平新时代中国特色社会主义思想的指导地位和科学内涵

一是加强思想理论武装。把学习贯彻习近平总书记系列重要讲话精神

作者简介　鲁忠慧，宁夏社会科学院文化研究所所长、研究员；牛学智，宁夏社会科学院文化研究所副所长、副研究员。

作为理论武装工作的重中之重，深入学习宣传贯彻党的十九大精神和自治区第十二次党代会精神，加强对治国理政新理念新思想新战略的理解、领会和把握，使全体党员干部更好地用中国特色社会主义理论武装头脑、指导实践。深化中国特色社会主义和“中国梦”学习宣传教育，引导党员干部坚定理想信念、增强认知认同、凝聚改革共识。深化《党章》《关于新形势下党内政治生活的若干准则》《中国共产党党内监督条例》等学习教育，严格落实全面从严治党政治责任，引导党员自觉增强“四个意识”，坚定“四个自信”。深化社会主义核心价值观宣传教育，引导和推动党员干部自觉弘扬党的政治理想、政治伦理、政治价值，更好引领社会主流价值。深化形势政策、民族政策和国情区情教育，引导党员干部增强发展信心，自觉把思想和行动统一到中央、区市党委和县乡（镇）党委的重大决策部署上来。深入开展法纪教育、廉政警示教育和道德教育等专题学习，引领带动广大党员强化学习、提升素质、推动发展。深入开展对象化、分众化、互动化理论宣讲，推动党的方针政策进企业、进农村、进社区、进机关、进学校、进部队。深入开展“不忘初心，继续前进，走好新的长征路”教育活动，引导党员干部积极践行“不到长城非好汉”的宁夏精神，为转型突破、跨越发展、建设美好宁夏，提供精神动力。

二是加强党委（党组）中心组学习。抓好领导干部这个“关键少数”，做到系统学习与设置专题相结合，自学与集体学习相结合，逐字逐句读报告原文悟原理与辅导交流相结合，学习理论与学习中华优秀传统文化相结合，发挥各级中心组在理论学习上的示范带头作用。按照自治区党委“两个意见”要求，坚持和完善党委（党组）中心组学习制度，建立领导干部中心组学习巡听旁听督学制度和中心组学习授课专家审核机制，健全学习考勤、集体研讨、个人自学、专题调研、带头讲学、述学述评、通报考核、成果转化等制度，将中心组学习纳入党风廉政建设责任制考核和中心组成员的考核，在“德、能、勤、绩、廉”的基础上增加“学”的内容，确保各项学习任务落到实处。

三是全员培训、全员学习、全员宣讲。严格按照自治区党委宣传部的统一部署，制定了《迎接宣传贯彻党的十九大主题宣传战总体工作方案》，统筹理论舆论、内宣外宣、网上网下资源和力量，形成热度和声势，掀起了学习宣传贯彻党的十九大精神高潮。通过电视、网络、广播等多种方式，及时收听收看了开幕大会直播。党的十九大闭幕后，制定并印发了《关于深入学习宣传贯彻党的十九大精神的通知》，把学习党的十九大精神作为各级党委（党组）中心组理论学习、干部理论学习、“两学一做”学习教育常态化制度化的重要内容，组织党员干部原原本本深入学习。在重点抓好全区机关企事业单位、人民团体在职党员学习的同时，抓好农村、学校、乡镇社区等基层党组织和非公有制经济组织、社会组织党员、流动党员、离退休人员、民主党派、无党派人士的学习活动落实，确保学习宣传全覆盖。及时组织征订了各类学习辅导读物，集中组织全体企事业单位员工学习收看《将改革进行到底》《巡视利剑》《辉煌中国》《榜样》《不忘初心，继续前进》等电视专题片。

2. 持续推进社会主义核心价值观建设，深化拓展精神文明上台阶

一是注重宣传引导，大力培育践行社会主义核心价值观。持续建好用好核心价值观主题公园、主题广场、主题社区等各类宣传阵地，把核心价值观教育与学校教育、家庭教育、社会教育紧密结合起来，发挥潜移默化作用。进一步创新宣传教育载体，深化中国特色社会主义和“中国梦”宣传教育，加强爱国主义、集体主义、社会主义教育，引导人们树立正确的历史观、民族观、国家观、文化观，让以爱国主义为核心的民族精神和以改革创新为核心的时代精神根植在人们灵魂深处。深入开展核心价值观“六进”活动，以文明单位、文明村镇为重点，充分利用好宣传栏、工地围挡、电子屏等宣传阵地，用好微信群、公众号等新兴媒介，做好“图说我们的价值观”“讲文明树新风”公益广告宣传，把核心价值观宣传做到群众身边。要深入挖掘中华优秀传统文化蕴含的思想观念、人文精神、道德规范，结合时代要求继承创新，让中华文化展现出永久魅力和时代风采，成为一道亮丽风景。

二是深化活动载体，扎实推进公民思想道德建设。深化道德教育活动，推进社会公德、职业道德、家庭美德、个人品德建设，坚持全民行动、干部带头，注重从家庭做起，从娃娃抓起，积极引导人们讲道德、尊道德、

守道德，提高人们思想觉悟、道德水准、文明素养，提高社会文明程度。加强道德典型的选树学习宣传，广泛开展各类道德模范和“最美人物”“身边好人”等评选表彰和学习宣传，举办故事分享会、道德讲堂、现场交流等活动，用身边榜样教育身边人，启发人们的道德自觉。在村镇、社区普遍设立“好人榜”、善行义举“四德榜”等宣传专栏，完善道德模范礼遇和帮扶机制，激励人们向上向善、孝老爱亲，引领全区社会道德新风尚。深化青少年思想品德教育，以“中国梦”学习教育为主线，深入推进“日行一善”“学习雷锋争做美德少年”等活动，完善学校、家庭、社会“三结合”教育网络，帮助未成年人扣好人生第一粒纽扣，点燃他们对真善美的向往。深化“做一个有道德的人”主题活动，运用重大纪念日等重要时间节点，组织未成年人开展“网上祭英烈”“向国旗敬礼”“童心向党”歌咏诵读等主题活动，在各中小学校和社区开展心理健康辅导、咨询活动，加强未成年人心理健康教育，抓好乡村学校少年宫建设。

三是强化实践养成，深化群众性精神文明创建活动。深化文明城市建设，不断推进市民素质提升、城乡环境综合治理等工程，着力完善长效常态的工作机制，加快文明城市向城市文明转变。加强农村精神文明建设，以美丽乡村建设为主题，深化“星级文明户”“好婆婆好媳妇”等评选活动，扎实推进文明村镇创建工作，大力推动农村移风易俗，健全完善“四会一约”的引导和约束机制，充分发挥党员干部和身边先进典型的示范带动作用，倡树文明乡风。以窗口服务行业为重点，持续推进文明单位创建工作，加强对创建工作的检查指导，严格负面清单，强化动态考核，鼓励、引导“两新组织”参与文明创建，拓展创建覆盖面。深化文明家庭创建，以“传家训、立家规、扬家风”为主题，广泛开展好家风好家训故事分享会、家庭故事征集展示等活动，推动党员干部重视家风建设，在家庭文明建设上带好头、做表率，大力弘扬孝老爱亲、节俭养德等中华传统美德。推进文明校园创建，加大对全区中小学文明校园创建工作的检查指导，扎实推进各级各类学校文明校园创建活动持续深入健康开展。深入推进诚信宣传教育，把诚信建设融入到群众性文明创建活动中，积极选树、宣传诚实守信模范、诚信社区等先进典型，营造诚信建设的良好社会环境。深化文明交通、文明旅游行动，继续推进“礼让斑马线·文明伴我行”“文明交通进校园”等主题活动，组织志愿者在主要交通路口开展不文明行为劝导活动，在各旅游景区、景点等开展“美丽宁夏·文明旅游”宣传活动。深化“我们的节日”主题活动，以中华传统节日为重点，采取经典诵读、节日民俗、文化娱乐等形式，广泛开展群众喜闻乐见的各项活动，丰富传统节日思想文化内涵。

四是构建精品激励机制，文学艺术好作品层出不穷。固原市出台了《〈六盘山〉文学奖奖评办法》《固原市获国家级奖项的文艺作品奖励办法》《西海固作家培养工程实施意见》，编辑出版了《文学固原》丛书第二辑（十卷本）、《鲁迅文学院西海固作家研修班》作品专集；《山沟里的巧媳妇》《幸福像花儿一样》《雨打芭蕉》《俏阿婆们的乐生活》《古雁欢歌》等自编自制的节目分获“第二届全区百姓艺术健康舞蹈大赛”表演一、三等奖及优秀奖；举办了“喜迎十九大·高原回响”柴培科水彩画展、王维德版画展，“欢庆十九大·巧手剪乾坤”民间剪纸大赛，“稽古揆今”首届“津汇杯”固原市书法临帖与创作作品展，以及选派人员参加了“第二届百姓健康舞蹈大赛”“全区旅游商品设计大赛”等。中卫市出台了《作家签约制度》《“中卫市文化名家”培养选拔工作实施方案》，推出并奖励了一批高质量的文艺精品，启动了第一批五大类（文学艺术类、文化产业类、文化遗产类、理论类、新闻类）文化名家的评选工作。吴忠市举办“民族团结花更红”主题暨吴忠市第三届原创微电影评选活动，共征集到40余部微电影，《干亲》《爱在回乡》《坐在阳光里》等13部优秀作品在区内外微电影大赛中获得奖项名次，并在吴忠电视台、腾讯等视频网站进行展播，网络点击量累计突破几百万人次，有效积累了微电影制作与展映经验。石嘴山市出台了《石嘴山市重点文艺项目扶持办法》，利用项目化运作方式，投入资金68.7万元对《落根宁夏》等7类24部主题鲜明、作品质量较高的文艺项目进行立项扶持，有效激发了艺术家的创新动力。银川市设立的“贺兰山文艺奖”“获国家级和自治区级奖项文艺作品奖励”，是另一种更加自由更加符合文学艺术创作规律的激励机制。从全国及省（区）级奖项认定和国家级报刊率先发表的作品中，二度奖励优秀作品，门槛高、质量齐，更大范围调动了艺术家的创造积极性，形成了良性循环，有力构建了银川市文学艺术繁荣的长效机制。

（二）2017年宁夏精神文明发展趋势分析

一是建立健全现代文化发展的激励机制。完善的现代文化才能保障宁夏新型城镇化建设走向成熟，也才能给人以观念自觉。目前宁夏精神文化发展大体上还停留在以文化产业的增值为目的的宗法式功利性传统乡土农耕文化向新型城镇化世俗文化转型的阶段，自我利益得失始终是衡量取舍的标准，公共利益、公共事务一直是文化关怀的薄弱地带。既缺乏健全的现代社会保障体系，又没有养成自觉的利他型的现代化意识。表现在精神文化产品上，多为守旧的、获奖式的和项目拉动式的被动发展，缺乏在自觉现代意识视野中对新型城镇化深层现实生活的表现和揭示，也就与人民日益增长的对美好生活的需要有一定的距离。

二是创造更加宽松自由的现代文化发展舆论氛围。相比较而言，宁夏现代文化人才比较匮乏，他们发出的声音也就十分微弱，整体上制约了宁夏现代文化的发展与繁荣水平。优秀传统文化是我们的根，不可能抛弃，但当进入新时代开启新征程之际，文化传统主义需批判地看待，一不利于形成现代文化自觉意识，二不利于激发个体的自由创造性活力。所以，从意识形态的层面，宁夏急需创造更加宽松自由的现代文化发展舆论氛围，推动宁夏精神文化走向更加自觉更加成熟的现代意识。

三是创新形式更加灵活的精神文明奖励措施。银川市与固原市的“获国家级和自治区级奖项文艺作品奖励”办法，具有一定的创新性，可以作为经验借鉴。需要补充的一点是，这个办法还比较笼统，需进一步完善评审机制。在高门槛准入的前提下，建立健全衡估现代文化自觉意识的能进能退的评委团队，以遴选出真正具有前沿现代文化意识的作品为标杆，起引领作用，以面广量多的其他思想作品来托底，起激发作用。

总之，只有真正发挥精神文化这个“软实力”的现代化引领与启蒙作用，为宁夏建成全面小康社会撰写新时代新篇章，才会有开启新纪元的精神气象。

二、2017年宁夏文化事业发展态势与发展趋势分析

（一）2017年文化事业顶层设计的导向态势

自2016年末到2017年末，文化部共出台了9个规划，与文化事业相关的有7个，涉及古籍保护、图书馆、公共数字文化建设、群众文艺、文艺创作以及“十三五”时期我国文化改革发展等方面的内容。这些顶层设计规划，为文化事业各个领域的繁荣发展提出了目标、制定了实现目标的措施，勾勒出了文化事业各个领域的发展态势。在构建现代公共文化服务体系方面，坚持政府主导、社会参与、重心下移、共建共享，以基本公共文化服务标准化均等化为突破口，通过国家级文化设施建设工程、贫困地区公共文化服务体系建设项目、基层综合性文化服务中心建设项目、公共数字文化建设项目、全民文化艺术普及项目、特殊群体文化产品扶持计划、全国文化志愿服务行动计划、边境地区文化建设工程等的实施以及蓬勃开展群众文艺活动等，构建起体现时代发展趋势、符合文化发展规律、具有中国特色的现代公共文化服务体系。在文艺生产创作方面，坚持“二为”方向、“双百”方针，把创作生产优秀作品作为文艺工作的中心环节，通过国家舞台艺术精品创作扶持工程、国家艺术基金项目、戏曲振兴工程、剧本扶持工程、民族音乐舞蹈杂技扶持工程、民族歌剧传承发展工程、国家美术发展和收藏工程以及“深入生活、扎根人民”主题实践活动的这些文艺创作生产系列工程的实施，积极鼓励文艺要努力创作生产出更多传播当代中国价值观念、体现中华文化精神、反映中国人审美追求，思想精深、艺术精湛、制作精良的文艺精品。在非物质文化遗产保护传承方面，坚持“保护为主、抢救第一、合理利用、传承发展”的指导方针，通过中国传统工艺振兴计划、中国非物质文化遗产传承人群研修研习培训计划、非物质文化遗产记录工程、文化生态保护区建设工程、民族民间文化典藏与传播工程的实施，希望以此提高保护传承水平，推动非物质文化遗产保护事业深入发展。在文化人才建设队伍方面，为加快各类文化人才成长步伐，通过实施全国省、地、县文化厅局长轮训工程，以及新型文化智库建设计划、海外高层次文化人才引进计划、国家艺术基金人才资助项目、“三区”人

才支持计划文化工作者专项、专业艺术人才培训计划、全国基层文化队伍培训计划、文化经营管理人才培养计划、文化科技人才培养计划、文化技能人才培养计划，持续为文化发展改革提供坚强的人才保障和广泛的智力支持。在文化体制改革方面，要深入推进文化体制改革，推进文化事业单位改革。推动公共图书馆、博物馆、文化馆等建立事业单位法人治理结构，吸纳有关方面代表、专业人士、各界群众参与管理，健全决策、执行和监督机制。

（二）2017年宁夏文化事业发展态势

2017年，全区文化事业建设发展以坚持围绕中心、服务大局为出发点，以坚持小省区办出大文化、办好大文化为目标，以国家对文化发展的顶层设计为指导，结合宁夏实际，制定并全面实施文化建设“十大工程”，着力推进文艺精品创作、公共文化服务体系建设、文化遗产保护传承、新型智库建设、主流舆论引导、媒体深度融合、外宣能力的提升、对外文化交流、文化改革创新，文化事业持续、全面、稳定发展中亮点突出。

1. 全面推进现代公共文化服务体系建设工程，补齐中南部山区基层文化设施短板，公共文化数字建设既是重点，也成亮点

一是2017年初颁布了《宁夏公共文化服务体系 “十三五”建设规划》。

二是以公共文化基础设施相对薄弱的中南部9县（区）为切入点，奋力补齐基层文化设施短板。全面推进宁夏图书馆、文化馆、乡镇综合文化站和村综合文化服务中心全覆盖、标准化、均等化建设。全面实施文化扶贫工程村综合文化服务中心建设工程，大力推动文化扶贫惠民工程，中宣部支持资金6060万元，自治区财政配套资金6090元，全面完成贫困地区606个村综合文化服务中心建设。完成555个村功能提升任务，建成县区“两馆”3个，新建8个标准化乡镇文化站，实现“四到”目标，即文化设施到村、文化服务到户、文化普及到人、文化扶贫到根，率先在全国实现了贫困地区村综合文化服务中心全覆盖。

三是推动吴忠市第三批国家公共文化服务体系示范区创建、地市数字文化馆建设。宁夏文化馆率先建成全国首家省级公共文化服务数字化平台，

实现了西部地区在公共文化服务领域的跨越发展，为中西部地区乃至全国在互联网+省级文化馆建设方面提供了可推广的参考样本。

四是开展“深入生活、扎根人民”主题实践活动，丰富群众文化生活。以具有代表性的广场文化活动的“清凉宁夏”“湖城之夏”“星海之夜”“彩色周末”“农民艺术节”等品牌，扎实推进1500场广场群众文化演出，持续着群众文化天天有、广场文化周周有、节庆文化月月有、大型活动年年有的局面。送戏下乡惠民文艺演出1600场以上，实现全区所有乡镇、街道全覆盖的任务。“戏曲进校园”演出585场。

五是免费开放公共文化场馆，实现公共文化场馆免费开放服务群众100万人次以上。

六是有序推进4万场农村放映电影的任务，年终完成全区每个行政村每月为群众放映电影不少于1场的计划目标。七是持续补充和充实农家书屋的各类图书和影像资料。

2. 以创作生产优秀文艺产品为中心，鼓励原创，提升、打磨已有作品，力创舞台文艺精品

以宁夏演艺集团为骨干，舞台艺术作品借力国家各种精品扶持工程、各种奖项评选赛事，着力于提升文艺作品的影响力和竞争力。话剧《闽宁镇移民之歌》和京剧《庄妃》入选文化部2017年度国家舞台艺术精品创作扶持工程重点扶持剧目和名录；秦腔《王贵与李香香》入选文化部西部及少数民族地区艺术创作重点扶持剧目；歌舞诗画《红旗漫卷六盘山》、眉户小戏《人间总有真情在》和《认干亲》3个剧本获得文化部戏曲剧本孵化计划扶持；秦腔《卧虎令》参加第28届“梅花奖”评选；舞蹈《花·花儿》入围第十一届“荷花奖”决赛；鼓励扶持《镜子》《警钟》等小型戏曲作品创作；资助扶持音乐剧《守望》、秦腔《煤·油·人》、京剧《花漫一碗泉》、话剧《闽宁镇移民之歌》《西夏轶事》《丝路天歌》《天鹅梦》等11部新创、打磨、提升的重点剧目。

3. 大力实施外宣能力提升工程，扩大宁夏及宁夏文化的影响力

一是加强媒体的对外宣传能力。组织“中外媒体看宁夏”“海外华文媒体宁夏行”“全国卫视看宁夏”等，举办“2017网上丝绸之路大会”。

二是文化艺术对外交流，对接“一带一路”建设，开展系列国内外文化交流活动，宣传宁夏、展示宁夏文化地域特色。实施与文化部驻外中国文化中心年度文化交流合作计划，积极参与文化部对非合作计划，与贝宁、坦桑尼亚、南非、莱索托等非洲国家开展文化交流；宁夏文艺团在欧盟 4 国 9 个城市开展“欢乐春节·神奇宁夏”访问展演 17 场，宁夏杂技团赴台湾演出 25 场；推动宁夏文化项目参与欢乐春节、国家文化年（节）等国家对外文化交流活动，承办非洲画家客座采风活动；举办第 15 届中国戏剧节、中国宁夏“锦绣杯”WDC 国际标准舞艺术节、第十五届丝绸之路·中国西部民歌（花儿）歌会；积极参加第八届中国京剧艺术节、全国基层院团戏曲汇演、第四届中国西部交响乐周等全国展演活动。

4. 加强文物的保护利用，提高非物质文化遗产保护传承水平

一是坚持立足于保，切实加大文物保护力度。划定和公布自治区文物保护单位保护范围和建设控制地带；编制并公布《宁夏长城保护总体规划》和固原北朝隋唐墓地等全国重点文物保护单位保护规划；实施明长城中卫姚滩段、战国秦长城原州区长城梁段等重点区段长城加固保护工程，实施中卫高庙、田洲塔等重点文物保护单位保护工程，实施西吉将台堡革命旧址等长征史迹革命文物保护工程，实施董府、须弥山石窟等全国重点文物保护单位保护利用建设项目。

二是依托中国传统工艺振兴计划、非物质文化遗产记录工程、中国非物质文化遗产传承人群研修研习培训计划，加强“非遗”保护传承工作。加强非物质文化遗产保护名录体系建设，认定公布第四批自治区级“非遗”代表性传承人，资助一批优秀传承基地和代表性传承人；实施传统工艺振兴计划，重点扶持具有一定生产规模和发展前景的传统工艺项目；继续推进“非遗”濒危项目保护及代表性传承人抢救性记录工作。

5. 借力文化改革发展促进工程，建立、完善公共文化服务设施运行机制，促进建、管、用协调发展

一是结合贯彻落实《公共文化服务保障法》和《文化馆管理办法》《各级文化馆业务规范》《各级图书馆业务规范》，推进文化馆、图书馆规范化管理，完善图书馆总分馆制，推进文化馆总分馆制的建立。

二是加强乡镇文化站、综合文化服务中心管理运行机制建设，建立和完善设施建设、管理使用、考核评价等制度办法，提高资源设施利用率和综合服务效能，让公共文化场馆、基层文化阵地用起来、动起来、火起来。

三是积极探索在图书馆、博物馆以组建理事会为试点的公共文化单位法人治理结构改革。推进县级公共图书馆、文化馆总分馆制建设。

6. 媒体深度融合工程的实施，加快了宁夏媒体融合发展的步伐

为了着力打造一批新型主流媒体，按照传统媒体和新兴媒体优势互补、一体发展思路，宁夏通过实施媒体深度融合工程，进一步加快了宁夏媒体从相“加”向相“融”发展的进度。

一是推进宁夏日报报业集团和宁夏广播电视台按照“四个一”建成“中央厨房”融合媒体中心。宁夏日报报业集团全力推进宁夏融合媒体服务云平台、融媒体智能传播服务平台建设，完成了融媒体智能传播服务平台的基本搭建；宁夏广播电视台在对播出系统进行升级改造的基础上，搭建起了媒体融合发展的技术新平台；银川新闻传媒集团以报纸、广播、电视、网站、新媒体五大平台为基础，构建 5^n 现代传播体系，筹建了以集团“中央厨房”为核心的全媒体中心，实现全媒体联动，初步实现了全媒体策划与全媒体采编联动和一次采集、多种生成、多平台传播。

二是优先发展移动媒体，宁夏日报报业集团建设自治区门户级移动客户端，使其成为本土新闻资讯、生活实用服务和交流互动的入口。

7. 实施新型智库建设工程，切实提升社会科学研究的智库功能

一是根据中央《关于加强中国特色新型智库建设的意见》和自治区《加强宁夏新型智库建设的实施办法》，制定了一系列配套文件，启动了新型智库建设工程。

二是宁夏社科院、中共宁夏区委党校（行政学院）、宁夏大学中国阿拉伯国家研究院、宁夏大学回族研究院入选“中国智库索引”首批来源智库名单。

三是在宁夏新型智库建设工作推进会上发布了第一批新型智库选题，随后正式确立了 30 个自治区新型智库课题，这标志着宁夏新型智库建设进

入全面推进阶段。随着新型智库的逐步推进，宁夏将逐步构建起以思想理论建设智库、民族团结进步工作智库、融入“一带一路”建设智库、经济发展战略智库、公共政策智库、科技创新智库六类智库为核心的宁夏特色智库体系。

8. 实施骨干人才培养工程，着力拓展培养培训渠道

一是通过自治区“青年拔尖人才”“313 人才工程”“塞上文化名家”“四个一批”等人才推荐评选等重点人才培养机制体系，加大骨干人才的培养力度。

二是加大针对各级基层文化人才的培训提升，不断完善人才培训体系，大力提升文化人才素质。依托宁夏艺术职业学院和各级文化单位培训专业艺术人才、基层文化骨干、乡土文化人才 3000 人次以上；利用文化部“三区”人才支持计划文化工作者专项，重视区市文化单位选派的专业技术人员和志愿者对基层文化工作者的带动作用；实施“一员三能”工程，提升农村文化管理员的政治素养、专业技术和服务管理能力；培养选拔高端文化艺术人才等。

（三）宁夏文化事业发展趋势分析

从现在到 2020 年，是全面建成小康社会的决胜阶段。全面建成小康社会是我国“十三五”时期既定的奋斗目标，促进文化繁荣发展、建设社会主义文化强国是全面建成小康社会的重要内容。坚定文化自信，办出大文化，促进文化繁荣发展，实现文化小康，为宁夏实现与全国同步建成全面小康社会的目标贡献文化力量，必然成为宁夏文化事业发展的奋斗目标。中国特色社会主义进入新时代，解决好人民日益增长的美好生活需要与不平衡不充分的文化发展之间的矛盾，为人民提供丰富的精神食粮，满足人民过上美好生活的新期待，是宁夏文化事业进入新时代、迈上新征程必须要完成的文化使命。为了实现奋斗目标、完成肩负的文化使命，推进文化事业发展的新作为必然带来文化事业发展的新气象，文化事业发展的新气象反映出来的就是文化事业的发展趋势。宁夏文化事业发展趋势具体表现在：

一是公共文化服务体系建设方面，随着基本公共文化服务标准化均等

化的全面推进，区域间、城乡间公共文化服务更加均衡协调；通过公共文化固定设施、流动文化设施以及数字文化设施的统筹规划、均衡配置，公共文化设施网络将进一步完善；对接国家扶贫攻坚战略，加大对中南部贫困地区资金、项目、政策的倾斜力度，不断补齐公共文化服务短板，文化扶贫进一步见成效；以县级文化馆、图书馆总分馆制和基层公共文化服务监督评价机制的建立健全，公共数字文化建设、以效能为导向的评价激励机制的建立等公共文化服务效能将会进一步提高；通过政府购买公共文化服务机制的建立健全及文化类社会组织的培育等，公共文化服务社会化发展水平将会进一步提升。

二是文艺创作方面，对接国家“一带一路”艺术创作扶持计划，通过精品战略的实施、文艺评价激励机制的不断完善、艺术传播渠道的不断创新等，会有更多传播当代中国价值观念、体现中华文化精神，能讲好宁夏故事的思想精深、艺术精湛、制作精良的文艺精品的出现。

三是文物与“非遗”方面，对接国家“一带一路”文化遗产长廊建设计划，通过坚持“保护为主、抢救第一、合理利用、加强管理”的文物保护利用方针，以及坚持“保护为主、抢救第一、合理利用、传承发展”的非物质文化遗产的保护传承的方针，文物保护利用与“非遗”的保护传承将会出现新的局面。

四是对外文化交流方面，以“一带一路”建设为契机，通过对接国家“一带一路”文化交流合作机制、文化交流合作平台，充分发挥中阿博览会品牌效应，宁夏对外文化交流将会进一步拓展出深度、扩展出广度，文化传播将会进一步增强。

五是主流舆论引导力方面，通过媒体深度融合工程的实施，“中央厨房”融合媒体中心的不断完善，随着媒体传播手段的建设和创新，主流舆论引导力、传播力、影响力、公信力将会进一步加强，由此将会营造出清朗、纯净的网络空间。

六是人才队伍建设方面，通过文化人才发展体制机制的持续完善，基层文化队伍培训计划的实施、文化人才培训体系的不断健全，将会为宁夏文化事业的发展，提供更加坚实的人才保障和智力支持。

三、2017年宁夏文化产业发展态势与发展趋势

（一）2017年宁夏文化产业顶层设计的导向态势

2016年末到2017年末，文化部出台了9部规划，与文化产业有关的是《“一带一路”文化发展行动计划》《“十三五”时期文化发展改革规划》《“十三五”时期文化产业发展规划》《“十三五”时期文化科技创新规划》等4个规划。这些顶层规划的出台，为文化产业的繁荣发展提出了发展目标，制定了实现目标的措施，展现出了文化产业发展顶层设计的导向态势。“十三五”时期，我国文化产业发展目标是：到2020年，文化产业成为国民经济支柱性产业。为此，一是要以供给侧结构性改革的推进，推动文化产业的转型升级和提质增效。运用“文化+”和“互联网+”的发展模式，培育文化产业新业态，促进文化产业转型升级，推动文化产业与制造、建筑、设计、信息、旅游、农业、体育、健康等相关产业的融合发展。二是以国家区域发展总体战略为基础，按照“一带一路”建设、京津冀协同发展、长江经济带发展为优化文化产业布局的依据，划分出了丝绸之路文化产业带建设、京津冀文化产业协同发展、长江经济带文化产业发展、特色文化产业发展工程、藏羌彝文化产业走廊建设5个文化产业发展带。三是通过培育一批核心竞争力强的骨干文化企业，扶持“专、精、特、新”中小微文化企业发展，进一步完善文化产业示范园区建设，提升文化产业园区的引领示范效应，增强文化产业各类市场主体发展的内生动力。四是通过拓宽社会资本进入领域、创新融资方式、优化融资服务等方式，健全投融资体系，激发投资活力。五是实施文化消费计划，扩大和引导消费。六是增强文化科技创新能力，促进文化科技成果转化。七是以完善网络文化内容监管体系、健全文化市场信用体系等措施，促进现代文化市场体系的完善。八是培育一批具有国际竞争力的外向型文化企业，形成一批具有核心竞争力的文化产品和服务，打造一批具有国际影响力的文化品牌，坚持走出去和引进来相结合，在不断提升我国文化产业面向国际市场的综合能力的同时，形成全方位的对外文化贸易格局。九是以创新驱动为动力，促进演艺业、娱乐业、动漫业、游戏业、创意设计业、网络文化业、文化旅

游业、艺术品业、工艺美术业、文化会展业、文化装备制造业 11 个重点行业的发展。

（二）2017 年宁夏文化产业发展态势

2017 年，宁夏文化产业继续着力于文化产业主体市场的培育，以文化产业园区建设推动产业发展的集聚、集约效应，以文化产业示范基地培育文化企业的骨干力量，以文化产业示范户的评选，扶持文化产业小微企业的发展，加大文化与旅游融合的力度，为文化企业发展搭建走出去的平台，创新文化企业融资渠道，拓展文化企业发展的资金渠道，文化产业发展形成了新局面。

1. 着力于培育市场主体，以实体经济的发展，推动文化产业的发展

一是开展第二批自治区级文化产业示范园区、第八批自治区级文化示范基地、第三批自治区级文化产业示范户的评选命名工作，充分发挥文化产业示范基地、示范户的示范带动作用。

二是推动银川 iBi 育成中心文化创意园、银川特色文化产业园、岩羊青年文化创意产业园、801 文化创意园、吴忠中阿文化创意园、海原非物质文化遗产创意基地、中宁枸杞文化产业园、方特主题乐园、新闻文化传播园、观点文化产业园、中阿友谊雕塑园等园区和基地建设，加快文化产业集聚化、集约化发展。

三是对 2016 年新增 11 家规模以上文化企业，给予了自治区文化产业发展专项资金 110 万元的资金扶持；对 20 家进入小微文化企业库的重点小微文化企业给予了 200 万元产业资金的扶持；对具有鲜明的经营特色和较强的发展潜力的 16 家优秀演艺院团给予了一定的资金奖励扶持。通过资金扶持，培育市场主体的发展壮大。

2. 通过多种渠道争取发展资金，以缓解文化企业资金瓶颈，推动文化产业发展

一是以申报国家文化产业相关项目的资金支持为抓手，为文化企业发展争取项目资金。2017 年，宁夏积极组织文化企业申报了中央文产资金项目、国家文化创新项目、“一带一路”文化贸易重点项目、“双创”服务体系建设项目等项目，报送了符合条件的文化创意和设计服务类项目 4 个，特色文化产业类项目 5 个，文化金融扶持类项目 3 个，优秀戏曲院团类项目 10 个，国家文化创新类项目 10 个，“一带一路”重点文化贸易类项目 3 个，“双创”服务体系建设类项目 1 个。

二是采取路演的形式为文化企业融资搭建平台。与银川市政府举办中小微文化企业投融资路演活动，通过路演，成功促成了 7890 中国村落年代文化主题村庄创意项目、宁夏银川非物质文化遗产产业园等 8 个项目与金融机构的有效对接。

三是文化产业投融资公司发挥融资平台、信用平台、投放平台以及投资主体的作用，为文化企业缓解融资之忧，推动文化产业发展。如通过设立的“宁夏文化旅游产业种子基金”，持续为中华回乡文化园二期工程、华夏河图·黄河艺汇、新科动漫 3D 电影《西夏权杖》等重点文化项目和五十余家中小微企业提供融资支持，截至 2016 年年底，累计逾 15 亿元；发挥信用平台，为中华回乡园二期工程、宁夏艺术学校新校建设、新科动漫等十多家企业提供资金贷款的信用担保服务等。

四是银川市通过资产重组，融资 4 亿多元组建了银川市文投公司。

3. 促进影视业对文化产业发展的推动作用

一是围绕党的十九大、自治区成立 60 周年等拍摄纪录片《六盘山》《宁夏百万大移民》；拍摄电影《沙海绿洲》《灵州盛会》；拍摄好莱坞大片《阿修罗》。其中《沙海绿洲》《灵州盛会》《六盘山》的拍摄，自治区文化产业发展资金给予了 840 万元的资金支持。

二是《贺兰山》2017 年 1 月在中央电视台科教频道黄金时段播出，取得良好社会效益；电视连续剧《灵与肉》正在协调在延时播出。

三是 2017 年首届中国银川互联网电影节的举办，成为宁夏影视业一个新亮点。此次互联网电影节旨在搭建国际型互联网电影交流展示发展平台，推进中国互联网电影发展，鼓励和扶持互联网电影、互联网影视剧、导演新人，奖励优秀创作团队，共同促进全国互联网电影事业的繁荣发展，更重要的是推动宁夏影视业的发展。

4. 搭建平台，支持文化企业走出去，推动文化产业发展

一是成立银川市文化产业联合会。

二是组织文化企业参加第十届海峡两岸（厦门）文博会。

三是支持新科动漫有限公司COSER团队参加杭州举办的第十三届中国国际动漫节。

四是在区内与西夏区政府联合举办了首届宁夏AFN动漫节、第二届中阿动漫节、2017年首届银川文化艺术创意节、2017年首届中国银川互联网电影节等文化创意活动。

5.加强文化产业统计监测工作，促使文化产业统计数据更加准确、翔实，为制定文化产业发展政策，提供关键的基础性依据支持

一是开展规模以下文化及相关产业监测统计工作。2017年，自治区文化厅与自治区统计局联合召开规模以下文化产业统计监测工作培训会议，组织各市县文化部门对全区文化企业进行统计报表填报工作。

二是健全文化产业发展动态监测工作机制，建立全区统一的文化产业统计单位名录库。指导各市县完成了全区5128家文化及相关企业名录库的核对，制定统计报表制度，编制统计软件，推动市县文化部门建立数据统计机制，实现文化创意企业和融合类企业应统尽统。宁夏文化产业统计监测工作创新，得到了文化部通报表扬，并在2017年全国文化产业工作会议上进行了经验交流，成为全国文化产业统计工作的亮点。

6.着力于现代文化市场体系建设，推动文化产业发展

随着宁夏文化市场营商环境逐步优化，新登记市场主体数量和资本总额总体保持增长趋势，文化市场新业态、新主体、新产品层出不穷，小微企业活力迸发。截至2017年11月，宁夏共有各类文化经营场所（单位）7200余家，现已经形成了网吧（上网服务业）、娱乐、艺术品、演出、电影、印刷复制、出版物、音像、网络文化等市场门类。这些涉及广泛、门类繁多的小微企业，是推动宁夏文化产业发展不可或缺的市场主体力量。

7.推动文化创意产品开发，推动文化产业发展

一是推动文物单位文化创意产品开发。举办2017宁夏博物馆首届文创产品设计大赛，评选出优秀作品26件（套）。目前，宁夏博物馆等3家试点单位已开发出西夏文物、贺兰山岩画、回族文物等系列文创产品共计45种1300多件。2017年这些文创产品实现收入35万元。

二是与大学和艺术院所合作，开发特色文化旅游纪念品，鼓励文化企业开展动漫、网络游戏及文化衍生产品开发。

三是2017首届中国·银川文化艺术创意节的举办，吸引了文化创意作品近千件参展，创意项目路演及签约会上达成合同资金1亿元，协议资金近17亿元。

（三）宁夏文化产业发展趋势分析

“十三五”时期是我国全面建成小康社会的决胜阶段，虽然文化产业发展正处于大有作为的重要战略机遇期，但要推动文化产业成长为宁夏国民经济支柱性产业，却面临着不少困难和问题。准确把握文化产业发展新态势，在巩固和提升现有的发展成就的同时，以问题为导向拓展文化产业的发展宽度和深度，引领文化产业发展，就成为宁夏今后文化产业发展的必然趋势。

一是培育壮大各类文化企业，增强市场主体发展的内生动力，是现在也是将来宁夏文化产业发展的必然路径。2015年全区规模以上文化及相关产业法人企业97家，2016年是99家，比2015年增长2.1%。宁夏2016年的规模以上文化企业数量名列全国31个省（区、市）的倒数第三，仅高于青海和西藏，规模以上文化企业数仅占全国的0.2%。全区规模以上文化企业实现增加值15.16亿元，增速比全区文化产业增加值低11.7个百分点，比规模以下文化企业低16.4个百分点。因此，鼓励各类市场主体公平竞争、优胜劣汰，推动形成不同所有制文化企业共同发展、大中小微文化企业相互促进的文化产业格局，推动文化企业，特别是规模以上文化企业成长为宁夏文化产业发展的主力军，是宁夏文化产业今后的发展主攻方向。

二是着力解决金融服务有效供给与文化产业发展实际需求间的矛盾，是宁夏推动文化产发展的必然选择。宁夏文化企业发展面临的问题有很多，其中资金不足最为关键，这是制约宁夏文化企业繁荣发展的瓶颈。不断建立、健全多层次、多元化、多渠道的文化产业投融资体系，缓解宁夏文化企业发展的资金困境，是推动宁夏文化产业发展的重要任务。如可以探索实施文化金融创新工程、PPP模式以及创建文化与金融合作示范区模式等。

三是通过确立重点发展行业，优化文化产业发展结构，走特色化、差异化发展之路，是宁夏文化产业发展的必然趋势。以国家区域发展总体战略为基础，深度融入“一带一路”建设发展为引领，以国家确定的 11 个重点行业为依据，立足宁夏实际，确立重点发展行业。2016 年，宁夏文化产业增加值占比最多的六个行业依然是：文化创意和设计服务 18.50 亿元，占 24.88%；文化休闲娱乐服务 14.55 亿元，占 19.57%；新闻出版发行服务 12.55 亿元，占 16.88%；广播电影电视服务 8.62 亿元，占 11.59%；文化产品生产的辅助生产 6.09 亿元，占 8.19%；文化艺术服务 6.55 亿元，占 8.81%。文化创意和设计服务增长 87.1%，文化信息传输服务增长 83.2%，工艺美术品的生产增长 73.9%，广播电影电视服务增长 24.1%。投资额最多的行业仍是文化休闲娱乐服务业，投资额达 63 亿元，占文化产业总投资额的 44.9%。根据国家促进文化产业发展的导向以及宁夏文化产业这一发展现状和发展特点，宁夏文化产业的重点行业不外乎是隶属于文化休闲娱乐服务业的文化旅游业（其中可以采取演艺+旅游、工艺美术+旅游的融合模式，用旅游业带动演艺业和工艺美术业的产业化发展）、隶属于网络文化业的文化信息传输服务、创意设计业等，重点培育行业为动漫业。以重点行业的跨越式发展努力助推宁夏文化产业成为国民经济支柱性产业。

总而言之，在中国特色社会主义进入新时代时期，面向未来的文化建设中，我们必须要坚持马克思主义，要牢牢掌握意识形态工作领导权，要持续不断地培育和践行社会主义核心价值观，要加强思想道德建设，要繁荣发展社会主义文艺，推动文化事业和文化产业发展，这是党的十九大为我国文化建设指明的发展方向，也是宁夏文化建设的发展方向。站在新的历史起点上，面对新形势新要求，我们要以党的十九大精神为引领，大力推动中华优秀传统文化创造性转化、创新性发展，扎实推进文化的繁荣发展，坚定文化自信，全面提升文化发展水平，更好地构筑中国精神、中国价值、中国力量，为人民提供精神指引。

领域篇

LINGYU PIAN

宁夏农村精神文明建设调研报告

刘恒泉　朱君南

2017年全区各地以培育和践行社会主义核心价值观为根本，高度重视农村精神文明建设工作，加快构建农村公共文化服务体系，深化文明村镇创建活动，用新时代中国特色社会主义正能量拉长农业这条“短腿”，补齐农村这块“短板”，稳住“三农”这块“压舱石”。努力培养新型农民，建设文明乡风，加强农村环境综合治理，广泛开展文明单位与贫困村“结对帮扶、文明共建”活动，以精神文明建设的新成就扮亮美丽乡村、美丽宁夏，使广大农民群众从中得到美的享受，养成美的品行，过上美的生活，不断推动公民思想道德素质和社会文明程度不断提升。

一、宁夏农村精神文明建设的路径

党的十八大以来，全区按照“三个美起来”的目标，以培育和践行社会主义核心价值观为根本，以美丽乡村建设为主题，以民风建设、移风易俗为重点，坚持问题导向，强化标准意识，注重核心价值引领、先进典型带动、优秀文化浸润、有效载体推动，积极探索符合农业发展、农民小康、农村和谐的文明创建路径，农村精神文明建设工作成效显著，为打赢脱贫

作者简介　刘恒泉，自治区党委宣传部农村处调研员；朱君南，自治区党委宣传部未成年人工作处副处长。

攻坚战、决胜全面建成小康社会提供了精神动力。

（一）推动移风易俗，培育文明乡风

推动移风易俗、树立文明乡风，是推动社会主义核心价值观落地生根的必然要求，是实施脱贫攻坚战略的现实需要，是深化美丽乡村建设的重要途径，对于加强新形势下农村精神文明建设、促进“两个文明”协调发展、推进农村社会治理具有重要意义。

2017 年以来，全区农村精神文明建设工作聚焦农村存在的天价彩礼、婚丧大操大办等不良现象，切实加强“推动移风易俗、树立文明乡风”工作，把推动移风易俗、树立文明乡风作为改善民生、提高村民素质、促进乡风文明、助力脱贫攻坚的重要抓手，积极有序推进。组织开展移风易俗大调研活动，深入到多个县区农村，调研了解农村天价彩礼、婚丧喜庆大操大办等情况，召开近 20 场征求意见座谈会，在全国省级层面率先出台《关于推动移风易俗、树立文明乡风的指导意见（试行）》，明确了全区推动移风易俗、弘扬时代新风的阶段性工作目标。4 月，在同心县组织召开全区推动移风易俗树立文明乡风现场推进会，交流经验做法、安排部署工作，提出提前到 2017 年底实现行政村红白理事会全覆盖的目标。编写印发《推动移风易俗树立文明乡风宣讲提纲》1 万册，指导市、县、乡、村做好移风易俗教育引导工作，推动移风易俗宣传教育进村入户、落地生根。西吉县以推动移风易俗、抵制高额彩礼为主题的舞台话剧《兰兰的婚事》和以脱贫攻坚为主题的《丁香花开》花儿剧，在全县各乡镇巡演，受到群众好评。指导各市、县（区）深化宣传教育，加快建设村居红白理事会、修订村规民约，推动党员干部、公职人员发挥示范带头作用，激发农民群众参与的积极性、主动性。

自治区文明委各成员单位发挥自身优势，为推动移风易俗工作营造良好氛围。坚持问题导向，加强督导检查，引入第三方测评，推动工作落实。到 11 月初全区县乡级行政村红白理事会建设、村规民约修订如期实现两个全覆盖的目标，高价彩礼得到有效遏制，农民群众感受到新变化新气象。中宣部《每日要情》和《宣传工作》刊发了《宁夏多措并举推动移风易俗》的做法，《人民日报》先后以《宁夏明确移风易俗路线图——村村将建红自理事会》（2017 年 4 月 16 日第 4 版）和《宁夏对“天价彩礼”、红白喜事大操大办等陋习说“不”——塞上劲吹文明清风》（2017 年 6 月 25 日第 11 版）为题进行集中报道，引起良好社会反响。

（二）深化文明创建，建设美丽乡村

文明村镇荣誉在百姓心目中地位崇高，是群众眼中的“金牌”荣誉。这一荣誉，意味着本村本镇环境面貌、农民群众生活质量在总体上有了一个显著的改善和提升，意味着农民群众分享到了更多改革发展的红利和农村精神文明创建的成果，意味着农民群众切实感受到了自己身边的发展变化。

按照中央文明办和自治区文明委要求部署，自治区文明办在全区组织开展了第五届全国文明村镇、第十七批自治区文明村镇、第二届自治区美丽乡村文明创建工程示范村镇推荐评选表彰活动，并对 24 个往届全国文明村镇和 84 个 2017 年年底到届重新申报的自治区文明村镇进行复查验收。本着以评促建、以验促建原则，持续用力、步步深入，着力培育文明乡风、着力整治农村环境、着力加强农村文化建设，实现民风示范村乡乡引领、“身边好人”村村推出、家风家训户户参与、道德讲堂普遍设立、守望相助渐成风气。农民群众既富了“口袋”又富了“脑袋”，美丽乡村既有了“颜值”又有了价值，美丽的村庄更多了，淳朴的乡风更浓了。自治区文明委先后授予 33 个村镇“自治区文明村镇”荣誉称号、28 个村镇“自治区美丽乡村文明创建工程示范村镇”荣誉称号；中央文明委授予宁夏贺兰县金贵镇银河村等 16 个村镇第五届“全国文明村镇”荣誉称号，是宁夏荣获全国文明村镇荣誉最多的一届（前四届，宁夏荣获全国文明村镇荣誉的村镇累计有 24 个）。10 月，在中卫市组织召开全区农村精神文明建设工作座谈会，推动文明村镇创建以社会主义核心价值观为引领，把“三个美起来”进一步落到实处。据统计，全区县级及以上文明村占比由上年末的 38.8%增长到 44.4%，增长 5.6 个百分点；文明乡镇占比由上年末的 52.8%增长到 61.6%，增长 8.8 个百分点，提前完成了“十三五”确定的“50%”的计划目标。2017 年 4 月，中央文明办一局张志勇局长一行专程来宁调研农村精神文明建设工作，对“宁夏做法”给予了充分肯定。

中华传统节日凝结着中华民族的文化血脉和思想精华，是滋养社会主义核心价值观的重要资源。2017年以来，我们坚持持续深入推动开展“我们的节日”主题活动，在春节、元宵节、清明节、端午节、中秋节、重阳节等传统节日节点，及时下发通知，动员组织各地及相关社会组织深入开展送温暖和走访慰问活动，开展节日期间学雷锋志愿服务活动，开展“送文化”“送欢乐”活动，举办祭奠英烈、清明诗会、扫墓踏青等活动，让传统节日文化走进群众的日常生活、浸润群众的精神世界，让传统节日成为弘扬核心价值观的重要载体。

（三）注重典型示范，弘扬道德新风

评选表彰一批道德模范、文明家庭，在群众身边树立起一座座昂然挺立的道德灯塔。近年来，宁夏重视发挥先进典型对践行核心价值观、弘扬时代新风尚、遏制不良习俗的示范引领作用，坚持以示范引领推动实践养成、激发道德自觉，引导人们向往和追求讲道德、尊道德、守道德的生活。

自治区文明办先后组织开展了推荐评选表彰第六届全国道德模范、第五届自治区道德模范、第三届“宁夏好人”、第三届自治区“百孝之星”和第一届自治区文明家庭等重大道德典型选树活动，发动基层群众推出一大批群众身边的道德典型。自治区文明委先后授予32人“自治区道德模范”荣誉称号、50人“宁夏好人”荣誉称号、30个家庭“自治区文明家庭”荣誉称号；中央文明委授予宁夏平罗县陶乐镇施家台子村村民白琴为第六届全国道德模范，刘在环等9人获第六届全国道德模范提名奖荣誉，截至10月底，有10人入选2017年“中国好人榜好人”，100名第三届自治区“百孝之星”推荐评选工作目前正在进行。

自治区文明办会同有关部门（单位）扎实做好分层推选先进典型工作，积极推动农村设立“善行义举四德榜”，评选表彰一批“好媳妇、好公婆、好儿女”及“最美家庭”“星级文明户”“乡村（社区）好人家”“移风易俗模范户”等道德典型，在农村社会文明新风建设中发挥出重要示范引领作用，引导人们向上向善、孝老爱亲，忠于祖国、热爱人民。坚持全民行动、干部带头，从家庭做起，从娃娃抓起，以自治区文明委名义制定下发文件，在全区开展“家和万事兴中国梦宁夏美”主题实践活动，推动党员干部争做践行好家风的表率，推动好家训进庭院厅堂、进道德讲堂、进学校课堂“三进”活动，推动广泛开展书香家庭等特色创建活动，倡导广大干部群众培育好家风、传承好家训、建设好家庭，深化家庭文明建设，使社会主义核心价值观通过家风、家训、家教的形式得到广泛弘扬和践行。深入开展道德模范学习宣传活动，用好道德典型这一“精神富矿”。组织拍摄道德模范专题片，支持指导推出电影《槐秋》、微电影《还要过日子》《无“礼”的幸福》等道德主题力作，在自治区主要媒体开设“德耀宁夏”“道德模范在身边”等专栏专题，努力让道德理念传播动起来、活起来、美起来，引导人们把对榜样的敬佩转化为修身齐家立业的实际行动，达到引领风气、潜移默化、润物无声的效果。以自治区文明委名义制定下发《宁夏回族自治区礼遇帮扶道德模范实施办法（试行）》，明确4项礼遇方式、6项帮扶方式，建立完善礼遇帮扶道德模范常态长效机制，体现党委、政府和全社会对道德模范的关心关爱，激励人们向上向善、见贤思齐，推动形成讲道德、尊道德、守道德的良好社会风尚。

（四）实施文化惠民，丰富精神生活

实施文化惠民，共享文化成果。提升公共文化服务水平，巩固公共文化服务体系创建，建设综合文化站、农村文化广场、农家书屋、农村文化广场等，实现乡镇综合文化站、村（社区）文化活动室、农家书屋全覆盖，农村广播电视实现“户户通”，宣传文化阵地得到了巩固和加强。丰富群众精神文化生活，利用重要传统节日、法定节日和重大纪念日，组织文化科技卫生“三下乡”等活动，充分发挥民间艺术团作用，开展“三下乡”“乡村大舞台”“送欢乐下基层”及“大篷车”送戏、图书流动借阅等活动。组织“传递书香见证成长”“文化惠民为您服务”等各类文化志愿服务1200场次。组织区、市、县三级图书馆、美术馆、文化馆等下基层结对帮扶，开展业务指导辅导1500余场次，下乡惠民演出1600场次，组织广场文化演出1500场次。扶持示范性文化大院、民间文艺团队96个，指导开展小戏小品、文艺节目、农村广场舞创排表演。开展送戏下乡、下基层活动，丰富群众文化生活，提升群众获得感。

为了把社会主义核心价值观“24字”“种”进群众心灵，吴忠市竖起

1600多面“民风墙”以及20万平方米“文化墙”，打造106个主题广场，覆盖了所有行政村。银川市不断丰富农村群众文化活动的内容和形式，在所有的乡镇设立了文化站，在行政村普遍建设了文化活动场所，打造了120个示范性农民文化大院，大力推进农村文化广场节目“天天演”、数字电影“天天看”、广场舞蹈“天天跳”、百姓讲堂“周周讲”。石嘴山市以“我们的节日”为主题，组织村民开展节日民俗和文化娱乐活动，开展秦腔、社火、文艺演出、体育健身、书画摄影、劳动技能比赛。吴忠市拍摄《你好，康桂英》等200多部主旋律微电影，把1000余场次文艺巡演送到千家万户。原州区杨郎村利用赫光纪念馆，在村部设立了“红色讲堂”，打造独具特色的人文家园。

2015年12月，中宣部启动贫困地区“百县万村”综合文化服务中心示范工程，支持宁夏建设了110个村综合文化服务中心。2016年9月，中宣部安排专项资金6060万元，全力支持宁夏贫困地区606个村综合文化服务中心建设项目。着眼于保障群众基本文化权益，采取免费开放形式，对接群众文化需求，实现设施良性运转，让文化阵地用起来、文化能人动起来、基层群众乐起来。

二、宁夏精神文明建设中存在的主要困境

随着城市化的进程，乡村出现了一些问题：比如，村庄的空心化、人员的老龄化，甚至留守儿童、留守妇女、留守老人成为乡村的主角；乡村文化断层、产业的空心化、传统种植业等农业形态难以托起群众致富奔小康的希望等等。乡村出现的问题，既是城镇化的必然过程，也有发展方式粗放的因素以及对乡村价值忽视的因素。存在的主要问题：对农村精神文明建设的重要性认识还不到位。通过调研发现，部分乡镇领导干部对农村精神文明建设的重要性认识还不到位，认为这项工作是“软任务”，不如物质文明摸得着、看得见，对于本乡镇乡村文明建设工作缺少深入的思考和长远的规划，资金投入不足。激励机制不健全。各级对农村精神文明建设考评、问责、监督等机制不健全，缺乏一套完善健全的考核机制，考核体系缺乏规范化，指标模糊、考核指标没有针对性，缺乏可信性，缺乏可以

量化的指标；考评分值偏轻偏松，激励机制不足；人民对美好生活需要和农村发展不平衡问题比较突出。随着农村社会经济结构、组织形式、农民生活水平提高、人口构成日益多样化，农民的思想观念、道德意识、价值取向、文化认同也趋于多样化，艰苦奋斗精神、勤劳致富精神、守法经营、诚实守信、关爱“空巢”老人等美德和体现真善美的做人准则有所弱化，封建迷信活动仍然存在，农村个别地区影响了农民整体文明素质的提高。

三、拓展农村精神文明建设路径的建议

农村精神文明建设的重点是建设乡风文明，乡风文明是实施乡村振兴战略的重要内容，乡村文明是中华民族文明史的主体，村庄是乡村文明的载体。农村精神文明建设不是一件孤立的事，要从经济建设、干部作风建设等多方面着手推进。钱包鼓了，村民对美好生活的向往才会更足；村干部的作风正了，带动村民讲文明时腰杆才能更硬。农村社会文明程度高了，村民精神文化生活才更丰富多彩，致富路上才更有奔头。

一是加强组织领导，加大农村精神文明建设投入。进一步落实党委、政府抓农村精神文明建设的责任意识，建立健全党委统一领导，强化部门一把手对精神文明建设的重视，定期研究部署，定期检查落实，同时加大对精神文明建设的投入，确保乡村文明建设工作有效开展。积极争取市、县（区）对农村文化进一步加大投入力度，健全乡镇文化站、村（社区）文化活动室及流动文化服务设施，继续做好国家公共文化服务体系示范区创建工作，全面落实各项任务，建成覆盖城乡、设施完善、运行有效的公共文化服务体系，全面改善农村村容村貌。

二是丰富活动载体，切实提升和繁荣农村精神文化生活。配齐文化专干，稳定队伍，加大对农村文艺骨干和基层文化从业人员的业务培训，以及民间文艺团体的扶持和奖励，将民间文艺团体纳入购买公共文化服务范围，调动农村文艺骨干和民间文艺团体的积极性。利用春节、清明、端午、中秋等重要传统节日，组织农民开展生动活泼、丰富多彩的节日民俗活动、文化娱乐活动，弘扬中华民族优秀文化传统，引领文明乡风。

三是广泛发动宣传，充分调动广大农村群众的积极性。坚持从农村和

农民实际出发，深入开展爱国主义教育、社会主义核心价值观宣传教育，引导广大农民群众发扬中华民族艰苦奋斗、自强不息的优良传统，树立文明意识、健康意识、卫生意识、节俭意识、生态意识，逐步养成良好的生活方式。面向社会广泛深入地开展移风易俗主题宣传活动。以市、县（区）为主导，以村镇（社区）为重点，采用多种形式，大力开展移风易俗宣传教育。以“除陋习、树新风”为主题，深化理想信念教育、开展文明新风教育、加强科学知识普及和法制教育，引导人们崇尚科学、破除陋习、遵纪守法，树立节约光荣、浪费可耻的观念。加快建立红白理事会组织机构，发挥红白理事会在刹歪风、正民风方面的作用。

宁夏国防教育基地建设发展报告

何淑芳　田学海

国防教育基地是组织开展全民国防教育的重要场所，是推动全民国防教育经常化和社会化的有力保障。多年来，宁夏建设了各具特色的国防教育基地，做到利用资源搞建设、严格规章抓管理、丰富活动求实效，充分发挥国防教育功能，不断强化干部群众的国防观念，有效促进了全民国防教育工作的深入开展，受到了中央军委领导和国家国防教育办公室的充分肯定。

一、宁夏国防教育基地基本情况及其产生的社会效果

目前，宁夏已有六盘山红军长征纪念馆、银川黄河军事文化博览园等国家级国防教育基地等8个（银川2个，吴忠3个，固原3个），有石嘴山市革命烈士陵园、吴忠市国防教育中心等34个自治区级国防教育基地（银川5个，石嘴山5个，吴忠4个，固原5个，中卫6个，部队9个）。国防教育基地类别多样，其中，纪念馆4个，烈士陵园7个，烈士纪念碑1个，战斗纪念碑1个，纪念广场1个，博物馆6个，主题公园3个，学校4个，部队军史馆8个，训练基地1个，其他6个。在单位性质上，有财政拨款

作者简介　何淑芳，自治区国防教育办公室专职副主任；田学海，自治区讲师团教研室副主任。

的行政事业单位27个，部队单位8个，村级单位2个，企业单位5个。现阶段宁夏无自治区级国防教育基地的有4个县（区）。

国防教育的特点是潜移默化，久久为功。宁夏各地每年利用八一建军节、国庆节、抗日战争胜利纪念日、国家公祭日、全民国防教育日等时机及清明、端午、中秋等中华民族传统节日，组织各种纪念和宣传活动，全区国防教育基地每年接待党员干部、青年学生、各界群众达百万人次。通过一个个国防基地教育，增强了全区广大干部群众、广大青少年的爱国情怀和保家卫国的责任感，树立了牢固的国防意识和建设国家的担当意识，营造了爱我国防爱我军的浓厚氛围，形成了全社会关注国防、支持国防、建设国防的生动局面，唱响了爱党爱国爱军的时代主旋律。

二、宁夏实现国防教育基地作用的基本途径

宁夏注重发挥国防教育基地的作用已成为加强国防教育工作的重要途径，其主要做法和措施体现在以下方面。

（一）自治区党委、政府对国防教育工作的重视是开展国防教育基地建设的坚实基础

自治区党委、政府始终把国防教育列入重要议事日程，建立了军地联合办公、大型活动联席会议等长效机制和制度。先后出台了《关于进一步加强领导干部国防教育工作的实施意见》《自治区国防教育基地评选命名管理办法》《关于县（市、区）国防教育办公室机构设置等有关问题的通知》《宁夏回族自治区实施〈中华人民共和国国防教育法〉办法》等一系列文件。同时，把国防教育纳入各级党委中心组理论学习，纳入军警民双拥共建活动和双拥模范县（城）的评选内容，在全区构建了党政、军队、社会、学校、家庭“五位一体”的国防教育网络，在全社会营造了加强国防建设和国防教育的浓厚氛围，为国防教育基地的建设在机构上、经费上提供了坚实的政策基础和保障。

（二）传承红色基因，充分利用红色资源优势建基地

宁夏是革命老区，是红军长征的途经地、会师地，红色资源厚重，历史遗存众多。在彪炳史册的红军长征中，三军会师将台堡，标志着举世瞩

目的长征胜利结束。红军翻越六盘山，毛主席写下了《清平乐·六盘山》的光辉诗篇。在宁夏的红色热土上，红军在同心县成立了我党领导的第一个回族自治政权，盐池县更是著名的边区。在抗日战争和解放战争中，宁夏大地上也留下了可歌可泣的英雄事迹。宁夏各级党委、政府，以及部队和广大人民群众，高度重视这些极其宝贵的红色资源，以缅怀先辈功勋，传承红色基因，利用和挖掘全区红色资源，投入财力物力，打造红色课堂，先后建成了六盘山红军长征纪念馆、将台堡红军长征纪念园、盐池县革命烈士纪念园、陕甘宁省豫海县回民自治政府旧址暨红军西征纪念馆、西吉单家集单南清真寺、彭阳乔家渠毛泽东长征宿营地等为代表的一批国防教育基地，成为广大干部群众重温长征历史、缅怀革命先烈、发扬长征精神、接受爱国主义教育的重要场所。始建于1996年的六盘山红军长征纪念馆，以丰富的内容不断提升革命传统教育影响力和吸引力，前来缅怀、参观的人员络绎不绝，在全国的知名度日渐扩大。近年来，多位中央主要领导同志亲临参观。接待其他国家领导人及省部级领导、军以上干部60多位参观。接待各级党政机关、社会团体、部队、学校等社会各阶层人员200多万人次。不计其数的人参观后留下了发自肺腑的感言，在开展红色教育及宣传宁夏等方面做出了重要贡献。2017年“七一”期间，该馆接待人数达4.1万人次，盐池革命烈士纪念园接待参观人员达1.3万人次，创历史新高。

为纪念红军胜利会师，始建于1996年的西吉将台堡红军长征胜利会师纪念园，每年接待参观的各界群众达到10万人，每年组织各类爱国主义教育活动30多次，成为传播红色文化的窗口和亮丽名片。2016年7月18日，习近平总书记来到这里，在红军长征会师纪念碑前敬献花篮。习近平总书记说：“长征永远在路上。这次专程来这里，就是缅怀先烈、不忘初心，走新的长征路。今天是实现‘两个一百年’奋斗目标的新长征。我们这一代人要走好我们这一代人的长征路。”在这里，总书记发出了走好新的长征路的伟大号召，使全国人民更加坚定了实现“两个一百年”奋斗目标的信心和决心。将台堡，又一次成了吹响新征程号角的地方。

（三）开阔视野，勇于创新建基地

宁夏在国防教育基地建设上，既着眼本地资源的开发利用，又注重开阔视野，勇于创新。一是2012年10月，服役40年的“银川舰”光荣退役。宁夏发扬“小省区能办大事情”的精神，在自治区党委和政府的大力支持下，银川市抢抓机遇，凝心聚力，于2012年底启动了以“银川舰”落户银川为标志的黄河军事文化博览园建设工程。银川黄河军事文化博览园的建成在宁夏国防教育史上写下了浓墨重彩的一笔。该园总占地面积4000亩，预算总投资20亿元，集军事博览、主题纪念、拓展训练、互动体验、独家休闲为一体，以政府投资、企业运作的方式建设，计划分三期完成。“银川舰”的回家，创造了人民海军舰艇退役安置历史上的“三个第一”：第一艘退役后移交命名城市的战舰；第一艘退役后安置于黄河岸边成为“母亲河第一舰”的战舰；第一艘退役后在西北腹地以主战舰艇为平台进行国防和爱国主义教育的战舰。同时为纪念我国自主研发的第一代导弹驱逐舰“银川舰”而建立的主题纪念展馆，向广大群众展示了我国海军的发展历程和肩负的历史使命，激发了广大群众的爱国之情和报国之志，现已成为人民群众了解海洋、海军和战舰的窗口。银川黄河军事文化博览园自2013年9月开园以来，与北海舰队签约，联手打造西北蓝色海洋观教育基地，实现国防教育层次的高起点，先后与7所中小学创办了“银川少年海军军校”基地，与宁夏大学等高等院校建立国防教育基地。银川黄河军事文化博览园被评为国家、自治区、银川市三级国防教育基地。军博园现累计参观人数173万多人次，组织青少年学生和机关企事业单位人员开展军事化训练和国防教育活动20万人次，充分发挥了国防教育基地的重要作用，让人们在身临其境中增强了爱国意识和国防意识，现已成为西北独有的军事主题公园，为宁夏国防教育搭建了广阔平台。二是吴忠市建成全区第一家国防教育中心，新建的国防教育主题公园达12.4万平方米。三是石嘴山市新建的“双拥主题公园”和“双拥一条街”，使广大市民在休闲娱乐中潜移默化地接受爱国主义和国防教育。四是2017年年底，中卫市依托云计算与大数据资源优势，加快推进火星探索基地（新一代国防教育中心）项目建设，着力打造国家级军民融合产业示范区，将为宁夏国防教育基地建设增添新的一笔。

(四)发挥驻军资源优势建基地

部队在国防教育中具有不可替代的独特优势，驻宁部队在国防教育基地建设中，主动作为，勇于担当，发挥了典型示范和带头引领的作用。宁夏军区军史馆、宁夏军区给水团团史馆、武警宁夏总队训练基地等 8 个部队国防基地，面向社会开放，在宁夏的国防教育中发挥着重要作用。社会各界人士走进营地，近距离感受部队。军队国防教育基地以其光辉的历史、英雄的足迹、丰富的内容、珍贵的实物、高质量的解说教育感染着每一位参观者，给人们以教育和鼓舞，有效地激发了广大干部、职工、学生的爱党爱国爱军的热情。每年，前往部队国防教育基地参观学习的广大干部、职工、学生和社会各界近 5 万人，其中宁夏军区军史馆还被团中央命名为“全国青少年学生社会主义核心价值观培育基地”，每年接待参观近万人次。

(五)加大资金投入，完善基地服务功能

为充分挖掘现有各级国防教育基地服务功能，全区注重加大各级国防教育基地建设资金投入，近三年来，已累计投资数亿元，逐步完善配套国防教育基地设施建设。黄河军事文化博览园已投资 4.2 亿元。2016 年，投资 1500 万元对盐池革命烈士纪念馆重新布展，并于同年 8 月底开馆。六盘山红军长征纪念馆、固原博物馆等一批国防教育基地都重新进行了布展，以更加丰富的内容和馆藏呈现在人们面前。同时，加大投入，坚持把现代科技手段融于国防教育基地建设，在长征纪念馆、烈士陵园、教育中心、博物馆等国防教育基地增加声、光、电效果，以此达到设施齐全、手段先进、功能配套、环境优美，增强了国防教育基地的时代感和感染力。

(六)发挥优势主动作为，丰富基地实践活动

近年来，全区力求在服务质量和教育效果上下功夫，通过开展丰富的活动，不断发挥和拓宽国防教育基地的宣教功能。区、市、县始终坚持从讲求实效出发，认真筹划和组织经常性、群众性国防教育活动。每年清明节、烈士公祭日前后，组织各级党政机关人员、企事业单位干部职工、学校师生到各烈士陵园祭奠革命先烈，缅怀革命先烈的丰功伟绩。依托各级国防教育基地的鲜明主题教育，利用清明节、七一、八一、国庆节等重大节假日，采取学生进园、部队进园、干部进园、展览进校等形式，组织

"缅怀革命英烈，传承革命先辈精神"，重温入党誓词、入团宣誓，高唱少年先锋队队歌，向革命烈士敬献花篮等丰富多彩的活动，对广大干部群众、团员青年进行爱国主义和国防观念教育。各基地每年开展的各类活动累计达500多次。

三、宁夏国防教育基地建设发展中存在的主要问题

宁夏在国防基地建设中取得了一定的成绩，但是也存在一定的困难和问题，主要有以下方面。

一是经费投入不足。这是带有普遍性的问题。因资金投入不足，文物的征集、展示的扩展、先进设施的配备等受到制约。建议在经费方面，各级政府应加大投入，同时争取国家有关部门的支持。

二是红色文化的开发整合不够。目前，发挥红色教育旅游功能处于探索和起步阶段，随着宁夏全域旅游示范区的确立，红色资源的开发和整合需要加快步伐；推动不同艺术门类和红色文化相互融合也不够；一些著名的历史事件急需加大收集整理力度。

三是探索和尝试社会力量建设国防基地的办法和途径不多。目前，尚无国防教育基金会，发挥社会力量开展国防教育的潜力缺乏鼓励和挖掘。

四是奖励机制不够。目前没有出台相应的考核奖励机制，在有些方面影响了国防教育基地积极性的发挥。

习近平总书记在党的十九大报告中强调，"我们的军队是人民的军队，我们的国防是全民国防。我们要加强全民国防教育，巩固军政军民团结，为实现中国梦强军梦凝聚强大力量"，这为加强全区国防教育基地建设指明了方向。相信宁夏在建好用好国防教育基地方面，有党的十九大精神的指导，发扬"不到长城非好汉"的精神，努力解决宁夏国防教育基地建设发展中存在的主要问题，将会不断推动国防教育基地发挥出更大的辐射和带动作用，使全区的国防教育基地建设发展迈上新台阶。

宁夏乡村学校少年宫建设现状与探索

朱君南

2011年以来，为丰富农村未成年人课外文化生活、加强农村未成年人思想道德建设，中央文明办、财政部、教育部以各乡镇中心学校为依托，建设中央彩票公益金支持乡村学校少年宫。建设乡村学校少年宫，是贯彻群众路线、加强和改进农村未成年人思想道德建设、推进美丽乡村创建工程的重大举措。各级文明办、财政、教育部门以立德树人为目标，坚持以人为本，贴近农村实际、贴近未成年人成长，着眼培养广大未成年人爱学习、爱劳动、爱祖国，争做社会主义的合格建设者和可靠接班人。

截至2017年年底，全区建成少年宫456所，总投入达6340万元。其中，中央支持建设乡村学校少年宫117所，中央项目累计投入3634万元，各地自建少年宫339所，地方财政累计投入2706万元。特别是宁夏的8个国贫县95个乡镇中，建有中央支持乡村学校少年宫的乡镇61个，占总数的64.2%。

各地建立乡村学校少年宫以来，相关部门之间加强组织领导、加强统筹协调、加强资源融合，相关学校严格按照上级要求和建设标准，抓好项目建设管理、落实建设标准、规范资金使用、丰富活动内容，宁夏农村未成年人活动阵地不断增加、课外活动日益丰富、成长环境进一步优化、综

作者简介　朱君南，自治区党委宣传部未成年人工作处副处长。

合素质得到较大提升，思想道德建设取得一定成效。

一、宁夏乡村学校少年宫建设情况

近年来，自治区文明办、财政厅、教育厅3家单位每年都要联合组成督查组，对宁夏中央彩票公益金支持建设的乡村学校少年宫，采取实地考察、听取汇报、座谈交流、问卷调查等方式，围绕建设管理、经费使用、器材配备及活动开展等四个方面进行督查检查。2017年我们抽取了其中48所学校，其中：优秀9所，占18.8%；良好26所，占54.1%；中等9所，占18.8%；比较差4所，占8.3%。总体来看，随着乡村学校少年宫的建设逐渐正规，全区农村未成年人思想道德建设质量不断提升。

一是建设标准不断提高。近年来，各项目学校按照要求，及早动手、提前规划、加紧建设，落实"覆盖广、花钱少、抓得住"的要求，立足自身实际，成立管理机构，完善规章制度，明确各类职责，有力地保障了乡村学校少年宫的日常运转和活动开展。各乡村学校少年宫建设坚持公益性、普及性、整合性和开放性原则，免费向未成年人提供文化服务，组织道德实践活动，不开办收费特长班、培训班等任何赢利性的经营活动；对未成年人普遍进行兴趣爱好和基本技能的培养，结合民族优秀文化和地域文化形成特色；实现有安排部署、有实施流程，各项工作制度化、规范化程度较高。

各项目学校还立足自身特点，不断健全管理制度、认真完善档案资料，进一步规范乡村学校少年宫器材管理，完善《少年宫主任岗位职责》《少年宫副主任岗位职责》《辅导员岗位职责》等，制定《辅导员管理制度》《活动项目管理制度》《考勤登记》等规章，规范活动内容和标准。及时建立档案管理制度，对每个场所器材配备、兴趣小组、活动开展、考勤情况等记录归档。各学校还充分利用学校现有资源、周边公共设施和社会各界力量，实现资源整合，共建共享；鼓励广大农村未成年人和留守儿童积极参与，培养高尚的道德情操和思想品行。银川市芦花中学将少年宫管理制度做成展板悬挂在学校门厅，吴忠市利通区高闸镇中心学校制作规范的少年宫活动标志，彭阳县草庙小学不断完善少年宫活动记录，等等。乡村学校少年宫项目实施 7 年来，自治区组织 9 次推进会，培训项目学校负责人 120 多人、学校辅导员 600 多人，组织进行乡村学校少年宫成果展示，大力推广和宣传项目取得的成绩和经验。

二是活动内容日渐丰富。各项目学校突出“以技促能、以乐促智、以读养德”要求，抓好活动设计，打造品牌活动，不断丰富活动内容，一些有地方特色的品牌活动、亮点项目逐渐吸引广大未成年人积极参与。开展唱读讲传活动，以读养德。指导各项目学校积极组织开展经典诵读活动，引导学生从传统文化中汲取道德营养，把经典诵读与学习道德模范结合起来，追求讲道德、尊道德、守道德的生活。以“我们的节日”和“做一个有道德的人”主题活动为重点，组织开展好“童心向党”“网上签名寄语”“童谣传唱”等活动；持续开展“日行一善”和“美德少年”评选，培育未成年人的道德观念和健全人格。组织文体娱乐活动，以乐促智。结合未成年人身心特点，各项目学校因地制宜，充分利用电视、网络、校报等信息平台，广泛开展未成年人喜闻乐见、乐于参与的文学欣赏、音乐、绘画、书法等文艺活动，引导学生做到“中国人写中国字”，传承中华传统优秀文化。要让文体娱乐活动成为乡村学校少年宫最普遍、最基本的活动形式，让农村中小学生放学后有地方去、有场所玩，在健康快乐的活动中得到锻炼和提高。举办技能培训活动，以技促能。利用各项目学校师资、场地、设施等条件，指导开展科技、手工、书画、礼仪等活动，还根据地域文化和学校特色，开展陶艺、编织、彩绘、剪纸、民乐、木刻板画等活动，提高农村未成年人的动手能力和实践能力。开展文化体育活动，以动促长。乡村学校少年宫是未成年人的课外活动乐园。要针对孩子生性好动的特点，指导组织开展田径、球类、游泳、体操、武术、跳绳、腰鼓、棋艺等体育活动，以及猜灯谜、放风筝、舞龙灯等乡土特色活动，培养青少年英勇顽强的意志、活泼开朗的性格和健康强壮的体魄。各项目学校在丰富活动内容的同时，结合当地实际，发掘本土特色，创新性地开展有自身特点的活动，形成一校一特色、一校一亮点，打造好活动品牌。

银川市金凤区良田中学的“绣美空间”手工刺绣制作、西夏区兴泾回民中学的“踏脚舞”、石嘴山市新民小学的快板小组、平罗县渠口九年制学校的安塞腰鼓、青铜峡市叶盛中心小学的专题手抄报、盐池县冯记沟小学的中华武术、隆德县张程中心小学的种植培育和农耕体验、中宁县五中的自行车修理等特色活动不断丰富着广大未成年人的课外活动。

三是作用发挥更加突出。各乡村学校少年宫建成后，严格遵守规定的开放时间，坚持每天放学后、节假日和寒暑假开放，每次开放不少于1个课时。开放对象主要面向少年宫所在学校的在校学生，鼓励具备条件的乡村学校少年宫面向周边中小学校学生开放。各地在推动乡村学校少年宫开展活动中，突出思想道德内涵，以立德树人为根本，以培育和践行社会主义核心价值观为抓手，坚持把乡村学校少年宫建设成为农村未成年人思想道德建设的重要阵地。各项目学校充分利用学校现有场地、教室和设施，进行修缮并配备必要的设备器材，依靠教师和志愿者开展活动和进行管理，在课余时间和节假日组织开展普及性课外活动，使乡村学校少年宫成为农村未成年人的思想道德建设阵地、文体活动平台、科普活动场所和社会实践基地。

通过丰富多彩的实践性、趣味性、教育性、灵活性很强的活动丰富农村学生课外生活。灵武市泾灵燕宝小学开展大课间经典诵读，平罗县头闸九年制学校利用“翰林文化”开展校园文化宣传，中卫市沙坡头区第六小学开设“红领巾”广播站……把乡村学校少年宫建设与文明校园创建紧密结合起来，以“做一个有道德的人”为主题，广泛开展“我的中国梦”实践活动，使乡村学校少年宫作用发挥更加突出。

四是品牌活动更具特色。各项目学校立足自身特点，广泛开展德育教育，为提高农村未成年人的科学文化素质、思想道德素质和身体健康素质创造良好的育人条件和成长环境。银川市兴庆区第二十九小学在全校成立了“姚基金”篮球队，吴忠市利通八小开展了“厨房味道”厨艺培训，银川市西夏区华西希望中学开展了智能机器人兴趣小组，固原市原州区第十三小学成立了秦腔戏曲小组。各项目学校采取校内老师兼职、校外聘请等方式，努力加强辅导员队伍建设，激发辅导员内在动力，挖掘专业老师的潜能，提高辅导员能力，扩大辅导员参与活动的覆盖面，增强活动实际效果。目前，全区项目学校专、兼职辅导员达4678名。

通过成立各种兴趣小组，打造具有特色的未成年人思想道德建设校外活动阵地，乡村学校少年宫成了留守儿童驻足的温馨港湾、孩子们课外的快乐天堂、家长放心的教育阵地、村民满意的文化中心，丰富了广大农村未成年人的课外生活，提升了文化素养。

二、乡村学校少年宫建设中存在的主要问题

总体来看，全区乡村学校少年宫建设使用管理大部分比较规范，作用发挥也比较好，但通过督查调研，我们也发现存在一些问题和薄弱环节。

部分县（区）重视不够，建设标准参差不齐。我们感到，部分县（区）和学校，思想上不是很重视，存在依赖思想，自认为是贫困地区，条件差一些、工作标准降低一些，都情有可原；有些地方依靠上级检查时促一促工作，平时指导、管理不够及时到位。思想上的不重视造成了部分学校建设标准不高，建设相对滞后。有的主管部门和学校负责人对建设标准不熟悉，对职责不明确；有的学校标准不高，简单地挂个牌子了事，有的学校把少年宫标志和教学标志混在一起；有的学校功能室设置比较分散，造成管理混乱；有的学校专项经费管理不规范，器材采购存在违规现象。

部分学校活动设置缺乏科学性，特色活动和品牌活动不突出。在实际落实上，很多学校活动设计缺乏新意，对一些当地的“非遗”项目挖掘不够、传承不够，对农村传统活动项目重视不够，开设的活动大都是音乐、美术、舞蹈、球类等平时开设的文体活动，特色活动不明显，品牌活动不突出。一些学校贪大求全，设立功能室数量很多，但是由于缺乏专门的辅导员，实际发挥作用有限；有些学校把少年宫大部分经费用于少数学生参加的兴趣小组活动，与中央要求的大部分学生受益的精神不符。

辅导员队伍力量薄弱，业务水平有待提高。活动开展的好坏与辅导员队伍力量关系密切。一些开设了特色活动的学校，辅导员队伍力量相对强一些；活动内容缺乏新意的学校，辅导员队伍相对弱一些，有的甚至没有专业老师来兼任辅导员。还有一些学校的辅导员自身能力、业务水平不高，难以胜任辅导员工作，造成项目学校活动单一、缺乏特色。

三、完善乡村学校少年宫建设的思路

一要提高认识，协调抓好项目建设。乡村学校少年宫建设是文明办、财政、教育三个部门共同抓的一项工作，三个部门要形成合力、齐抓共管。文明办要切实做好牵头作用和组织协调作用，及时协调会商其他两个部门，做好项目建设的监管工作。各地要组织文明办、财政、教育三个部门，在2017年放暑假前全部督查一遍，开展“三查三看”活动（查资金，看管理是否正规；查设备，看使用是否正常；查活动，看开展是否经常），切实掌握项目学校运行的实际情况，各地文明办要及时协调财政、教育和学校，做好2017年新建项目学校的设施修缮和器材采购工作，确保9月底前所有项目要投入使用。

二要形成合力，进一步建立“统建”机制。要提高对乡村学校少年宫建设管理工作的思想认识，把乡村学校少年宫建设和学校教学、学生思想品德培养、文明校园创建紧密结合起来，不能单打独斗，要形成合力建设、整体推进的“统建”机制。要对照文明校园创建标准，推动工作基础好、活动效果好的乡村学校少年宫项目学校创建文明校园，以少年宫建设提升校园文化、深化创建活动，以创建文明校园丰富少年宫活动内涵、提高建设使用管理水平。各地在评选文明校园时，要优先推荐少年宫建设好的学校，扩大文明校园创建在农村学校的覆盖面和影响力。

三要补齐短板，注重促进建设质量。各项目学校要深刻认识乡村学校少年宫建设存在的差距，在项目建设上，克服等靠思想，要主动作为，要借鉴“先启动后规范、先自主投入后上级补助、先开展活动后丰富内容”的建设经验，把建设工作做在前面；在设施器材采购上，要严格规范程序、严格采购标准、严格经费管理，确保器材全部用于广大农村未成年人课外活动，而不是教育教学器材；在活动内容设置上，要开设一些投入小、覆盖广、易参与、受欢迎的普及性活动，尽量满足大部分未成年人，不能设置活动门槛，只培养特长生，把大多数学生排除在外。要把乡村学校少年宫的活动列入学校课程表，参照课程进行管理，但同时也要注意不能成为学校的教辅阵地和课堂延续。

四要强化培训，提高辅导员队伍整体水平。山区师资力量相对欠缺，这是个实际问题，要鼓励老师、辅导员参加有关专业培训，同时，组织有兴趣的教师与学生一起积极参加校外专业辅导员和民间艺人等开设的活动项目。要利用好文化志愿者和大学生志愿服务西部计划项目，各项目学校要积极发挥好志愿者作用，设计符合特长的活动内容，让志愿者就近就便到当地乡村学校少年宫开展点对点服务。各县（区）要想办法，整合当地教育和特色活动师资力量，建立县级师资资源库，哪个学校需要哪种活动内容的教师，县里就能选择派遣，形成资源共享、资源共用的局面。要进一步壮大校外辅导员队伍，发掘所在地周边民间艺人、有特长的学生家长、实习大学生等人参与活动辅导，支持学校发展。

宁夏青少年思想道德建设调查研究

狄国忠

青少年的思想道德的素养，直接关系到我国社会主义现代化战略目标和中华民族伟大复兴的实现。党的十九大报告指出：“青年兴则国家兴，青年强则国家强。青年一代有理想、有本领、有担当，国家就有前途，民族就有希望。”因此，我们必须立足实际，扎扎实实加强青少年的思想道德建设。

一、青少年思想道德的现状分析

青少年作为中国特色社会主义事业建设的中坚力量，他们思想道德素质的发展状况直接关系到社会主义事业的未来。从调查的情况看，宁夏青少年思想活跃，接受新鲜事物快，知识面较广，有个性，有一定的主见，大部分青少年有正确的价值判断。

（一）大部分青少年对人生的价值有清晰的认识

青少年时期是人生价值观塑造和形成的关键时期。青少年人生价值观塑造和形成的过程就是人的社会化过程。马克思主义认为，人是社会化了的人，人的本质是一切社会关系的总和，因此“人生价值是什么，只能在个人与社会的关系中，在人生的实践过程中去确定”[①]，衡量人生价值的标

作者简介　狄国忠，中共宁夏区委党校、宁夏行政学院教授。

①罗国杰. 伦理学[M]. 北京:人民出版社,1989:327.

准以贡献为前提。应该说，一个人的社会价值，主要看他对社会、对人民、对人类是否有贡献，以及贡献的大小。贡献大，价值就大；贡献小，价值就小；没有贡献，就没有价值。调查显示，有83.8%的被调查者认为，衡量人生价值的主要标准是在为他人和社会做贡献中实现自我发展；44.6%被调查者认为，希望将来成为“个人事业有所成就，自我价值实现”的人，45%被调查者认为，希望将来成为“为国家和人民做出贡献，对社会有用”的人；有39.9%被调查者认为，人生中最大的幸福是“既成就自己，又造福社会”，有37.8%被调查者认为，人生中最大的幸福是“拥有美满和谐的家庭”。从中可以看出，宁夏大部分青少年对人生的价值较为清晰。

（二）大部分青少年具有良好的道德意识

青少年正处于世界观、人生观、价值观尚未成熟时期，青少年思想道德状况事关他们全面发展和社会道德意识。“一个国家的前途，不取决于他国库的殷实，不取决于他城堡的坚固，也不取决于他的公共设施之华丽，而在于他公民品格之高下。”[①]青少年是中国特色社会主义事业建设的中流砥柱，青少年思想道德状况，无论是对于青少年身心全面发展，还是对于社会主义现代化强国建设都有非常重要的意义。从调查情况看，宁夏青少年具有一定的道德意识。问卷调查显示，在食堂或超市是否按秩序排队的问题上，有87.8%的被调查者选择自觉排队，也有16%的被调查者选择了“看环境情况（别人不排队的话，自己也不排队）”；在看待别人闯红灯的问题上，有90.5%的被调查者意识到这是一种违法行为；当问及好孩子的首要标准时，被调查者的选择依次是诚实43.9 %、乐于帮助别人23.6%、善良12.8 % 、能吃苦4.7 % ；当问到你在公共汽车上看见老、弱、病、残或孕妇，一般怎样做时，有93.19%的被调查者认为应该“主动让座”；如果你捡到一个钱包，内有贵重财物，一般怎样做时，他们的选择依次是交给警察48% 、交给老师18.9%；当问到你在家是否帮父母做家务时，经常做64.2% 、偶尔做29.1% 、父母让做时才去做5.4% 。当问到实现个人价值取决于一个人的什么时，人格23.6%、高尚的品德57.4%、为社会贡献的大

①塞缪尔·斯迈尔斯. 品德的力量[M]. 福州：海峡文艺出版社,2004:53.

小 14.2%。从中可以看出，宁夏大部分青少年有良好的道德意识。

（三）青少年的思想道德呈现出多元化现象

在全球化和时代变革的大背景之下，青少年思想道德也受到一定的冲击。他们对于转型时期的社会环境、飞速发展的信息技术、升学的压力以及家长过高的期望等产生了更多的困惑、迷惘，再加上其自身心理不成熟、易受外界诱惑，使得青少年的思想道德状况呈现出多元化趋势。复杂的社会环境、多元的文化和价值观的冲击下形成的青少年的道德观的开放化，必然衍生出他们认知与追求、交织与碰撞的现象。他们不仅接受传统道德教育和社会主义教育，也适应市场经济的要求，接受和践行市场经济的道德标准。调查显示，被调查者认为，一个人成功的最重要因素是努力的占 37.6%，是文化水平的占 12.8%，是品德的占 36.5%，是人际关系的占 5.4% 。从中可以看出，宁夏年青少年的思想道德呈现出多元化现象。

二、青少年思想道德建设中存在的主要问题

近年来，青少年道德建设取得了一定的成效，但仍然存在着一些不可忽视的问题。

（一）青少年理想信念教育有待加强

在信息社会，网络、手机、电脑等通信手段的迅速普及的时代，多种信息渠道传播的诸多信息泥沙俱下，使青少年沉溺在虚拟世界中寻找精神寄托和支柱，许多青少年与家人、朋友面对面沟通交流的机会越来越少。有的甚至沉迷于游戏之中，无法自拔。再加上娱乐晚会、选美大赛等对青少年的反复刺激，使他们产生强烈的模仿和自我意识，甚至一部分青少年渴望如娱乐节目中的人物一样一夜成名，以至于使青少年理想信念虚拟化。调查中，不少青少年想成为影视明星。问卷调查数据显示，37.2%的被调查者认为“人活着是为了理想”，25.7 %的被调查者认为“人活着是为了报答父母”，还有 20.3 %的被调查者认为“人活着是为了其他目的”，17.6%的被调查者认为“人活着是为了自己”。从中可以看出，2/3 的青少年认为，人活着都是直接或间接地为了自己而努力奋斗，在看到青少年主体意识较

强的同时，也反映出他们的社会责任感不强。

（二）青少年价值观有待引导

价值观是人们区分好坏、美丑、损益、正确与错误、符合或违背自己意愿等的标准，是指导人们行为的心理倾向系统。价值观在人的成长和发展过程中起着十分重要的作用，有没有正确的价值观将直接影响青少年的健康成长和其个性的形成。因此，对青少年的价值观教育是现代教育中的一个重要课题。调查显示，在衡量人生价值的标准上，近7%的被调查者表示“说不清楚”，这反映出部分青少年的价值观模糊。面对同学逃课，60.1%的被调查者“绝对不会帮他向老师或家长说谎”，但33.1%的被调查者需要“看情况”，这一数据表明虽然大部分青少年在是非观念上原则性很强，但仍有部分青少年是非观念不强，立场不坚定。

（三）青少年学习的动机需要引导

青少年明确学习目的和动机是调动自身学习主动性和积极性的重要手段。从调查的情况看，宁夏部分青少年在思想上存在着“为谁而学”的问题，存在着学习没有动力、没有压力、没有责任感。虽有一部分青少年能够刻苦学习，成绩也不错，但他们仅仅局限于眼前实际，只重视分数，而忽视了思想道德对人的发展的影响。问卷调查显示，在学习目的上，被调查者选择最多的依次是报效祖国35.8%，出人头地、提高社会地位24.3%，能有个好工作23%，为了给父母争光14.1%。从数据分析可以看出，宁夏大部分青少年的学习目的是为了“出人头地、提高社会地位”“能有个好工作”或“为了给父母争光”，而“报效祖国”在学习目的中仅占三分之一多一点。在理想职业的选择中，被调查者选中的职业排名依次是军人18.2%、教师14.9%、企业高层管理者13.5%、医生13.5%、个体老板8.1%、科学家7.4%。从被调查者选择的答案可以看出，技术工人和农民都不是青少年选择的职业，这说明青少年的择业观还需要进一步引导。而择业观在某种程度上恰恰是青少年价值观、人生观的外在体现。

（四）青少年心理比较脆弱

当代社会大部分青少年从小生活优越，父母为他们撑起了巨大的保护伞。在面对挫折和失败时，他们往往心理承受能力弱，易冲动，甚至会因为一些小挫折就心灰意冷，对生活失去信心，对社会产生抱怨和不满，抵触社会公德，有的甚至采取过激行为伤害自己和他人。有些青少年心胸狭窄，对人对事斤斤计较，不能承受任何刺激，稍有不顺心就闷闷不乐，是非不辨，讲义气，报复情绪强，有了错误不能正确接受别人的批评，反而用破坏捣乱来发泄内心的不满。有些青少年蛮横任性，目空一切，好逞强，爱表现自己。有些青少年独断专横，讲个人主义，缺乏协助力和参与意识。有些青少年注重物质利益，过分实际，胸无大志，一旦遇到困难就一蹶不振。

（五）社会环境有待净化

青少年生活在社会、社区、校园、班级与家庭的现实环境之中，这些环境中的风气习俗、文化氛围、伦理道德等都会直接或间接地影响思想道德的形成、发展与成长的方向，特别是在信息社会，网络、电视、手机、书刊媒体既是青少年课外学习、娱乐、交往的重要虚拟平台，同时又存在大量的虚假、低俗、消极因素。从调查和访谈的情况看，网络、电视、手机、书刊是一些青少年获得不良信息的主要来源。问卷调查显示，当问到对青少年生活与学习影响最大的因素时，被调查者选择最多的依次是同学或朋友 25 %、社会大环境 23%、教师 18.9%、母亲 14.2%、影视内容 12.8%、英模人物 4.1%。因此，净化青少年思想道德形成的环境，既要靠技术手段，又要靠管理手段；既需要家长全面参与，又需要学校积极谋划以及媒体管理部门的大力支持。

（六）青少年在学校思想道德教育的形式单一

学校是青少年思想道德建设的主阵地，学校思想道德教育的方式方法也影响着青少年的思想道德水平。在学校进行思想道德教育采用方式的调查中，传统的“思想政治课上进行教育”的占 53.49%，“召集学生大会，由校领导进行说教”的占 25.7%，“办主题墙报，张贴名言警句”的占 6.1%，“参观爱国主教育基地”的占 6.8%，“进行社会实践活动”的占 6.1%，而类似“请模范、先进做报告”“开班会，同学自主发言”等教育方式则采用的较少。学校德育教育方式方法落后，必然影响青少年的思想道德水平。

三、进一步推进青少年思想道德建设的措施

当前，解决青少年思想道德中存在的许多不容忽视的问题，政府、学校、家庭和整个社会需对此引起足够的重视，并采取有力的措施。

（一）加强青少年理想信念教育

青少年是我们祖国的未来、民族的希望，是国家、民族、社会未来发展的主力军。他们的健康成长和发展将会直接决定我们国家和民族未来的发展前景，他们具有积极的社会责任和奉献意识，树立崇高的社会理想，我国各项社会主义事业才能够有序发展。我们要重视青少年自我理想信念教育，让所有青少年树立积极健康的理想信念。我们应当采取各种手段，让当代青少年树立坚定的社会主义理想信念。无论是社会还是学校或者家庭，都应该努力地平等地欣赏、对待身边的每一位青少年；为青少年提供均等的发展机会，让每一位青少年都能健康成长；培养青少年良好的习惯，教会他们如何做人，如何学习，如何生活；尊重每一个青少年的人格，努力发现和开发每一个青少年的潜在优秀品质。通过对青少年的无私关爱，潜移默化地让青少年在学习、生活各个方面树立信心。

（二）推进青少年思想道德和价值观养成教育

校园是培养学生良好道德品质的主阵地，对学生形成正确的价值观具有潜移默化的作用。我们要充分挖掘校园资源，不仅要在硬件上做文章，让校园的每一棵树、每一个角落、每一面墙壁都体现道德教育的意义，更要在软件上下功夫，如校园艺术节、每周的主题活动、班会等，让每一次校园活动都能发挥道德教育的作用，营造一个快乐、积极、向上的校园文化环境，使学生实实在在地感受到激励、尊重和团结，感受到和谐与温暖，把社会主义核心价值观内化成青少年的自我行为，进行自我督促，从而引导自身的健康成长。要搭建青少年思想道德建设网络交流平台，将思想道德建设工作的触角延伸到网络，主动占领网络思想阵地，增强主流意识形态对青少年的说服力、影响力，帮助青少年对网络信息中蕴藏和宣扬的负面信息做出准确鉴别和判断，引导青少年树立正确的是非观念和道德意识。

(三) 引导青少年形成良好的学习动机

教师是对学生进行思想道德教育的主体，教师与学生接触面广、机会多、时间长，因而对学生的了解比其他教育者更全面、更透彻。教师的行为是一种无声的教育力量。青少年可塑性强，教师的价值观念、价值取向和行为对青少年有着巨大的影响力，这种影响是深远的。问卷调查显示，有 68.2%的受访者认为，学校的思想道德教育对自己“有很大帮助”，有 33.1%的受访者认为，学校的思想道德教育对自己“有点帮助”。因此，我们必须加强教师的思想道德建设，提高教师队伍的思想道德素养。在教育实践中，通过教师广博的才学教给学生科学文化知识，更要重视将教师的道德与正义融入一言一行之中，用实际行动引导青少年形成良好的学习动机，引导学生、启迪学生、规范学生，增强学生的道德意识，培养学生的道德责任感，形成为实现富强民主文明和谐美丽的社会主义现代化强国、实现中华民族伟大复兴而奋斗的价值追求。

(四) 增强青少年身心健康

开展主题实践教育活动，激发青少年的正能量。学校、社区和各级部门要创造条件，深入宣传学习全国道德模范的先进事迹，开展符合广大青少年特点的“社会主义核心价值观”主题教育实践活动，引领广大青少年崇德向善、见贤思齐，激发他们的历史责任感，使他们在学习、参观、反思、实践中找到前进的动力和目标，点燃梦想，并勇于追梦、勤于圆梦，让每个青少年都努力为实现中华民族伟大复兴增添自己的正能量。要从他们的心理问题抓起，尽量去鼓励他们好好学习，让他们明白在遇到任何事情时，都要培养他们乐观向上的心态，在进行品德教育课时，也可以适当地放一些教育性、激励性的影片，帮助他们坚定生活的信心和做成大事的决心。对于青少年存在的心理健康问题，要定期对他们进行心理辅导，如在班级中经常进行心理问卷调查、个别访谈或是简单的信箱联系，帮助他们及早地发现心理上的问题，做好预防工作，让青少年健康乐观地成长。

(五) 加强社会环境的综合治理

加强青少年思想道德教育，仅靠教育部门和学校的力量是无法完成的，需要全社会都积极行动起来，共同营造全民践行社会主义核心价值观、发展社会主义先进文化的氛围。大众媒体要按照“积极创造未成年人健康成长的良好社会环境”的要求，切实增强大众传媒的社会责任感，清除不良文化，多出一些适合青少年成长需要的精品读物和影视作品。司法机关要严厉打击危害未成年人身心健康的违法犯罪活动，净化社会风气和文化市场，在全社会形成尊重青少年、关心青少年、帮助青少年的良好氛围，努力完善学校、家庭、社会三者联动的青少年思想道德教育体系，形成合力，促进青少年健康成长。从调查情况来看，对学生思想道德和价值观念产生负面影响较大的社会因素包括腐败丑闻、网络不良信息、家庭氛围、交往的同学、电视节目等。孩子是一面干净的镜子，照射出的是成人世界、现实环境、社会风气的真实面孔。建设适合青少年健康成长的社会环境是管理者和教育者不可推卸的责任，决策管理部门与文化教育主管部门要加强对不良社会环境的整治，加强报纸杂志、电影电视、广播和网络媒介的管理，切实为青少年健康成长提供一个积极、良好的社会环境。

（六）创新学校思想道德教育方式

学校教育是青少年思想道德建设的主渠道。学校的德育内容、德育活动对青少年思想道德的形成起着至关重要的作用。如果学校的思想道德教育方式还停留在传统说教、口号宣传等空洞层面，势必无法引起青少年内心的共鸣。因此，学校思想道德建设方式应多样化，要积极引导全区青少年参与各种社会实践活动，如社区服务、公益劳动、志愿者活动等，以使其在不同的角色实践中自觉践行价值规范和道德规范，不断提高自身的道德水平。“要丰富未成年人节假日参观、旅游活动的思想道德内涵，精心组织夏令营、冬令营、革命圣地游、红色旅游、绿色旅游以及各种参观、瞻仰和考察等活动，把深刻的教育内容融入到生动有趣的课外活动之中，用祖国大好风光、民族悠久历史、优良革命传统和现代化建设成就教育未成年人”①。要充分运用每年两个假期和传统节假日加强青少年思想道德教育。积极动员全社会力量，发挥各类资源在

① 中共中央国务院关于进一步加强和改进未成年人思想道德建设的若干意见［M］. 北京：人民出版社,2004.

青少年思想道德教育中的重要作用，在实践中提高青少年的爱国主义觉悟，激发青少年的爱国热情，使他们把国家的前途与个人的人生价值统一起来，增强社会责任感和使命感，使他们认识到自身的发展离不开国家的繁荣与民族的振兴。

宁夏文明乡风建设发展报告

刘恒泉

党的十九大提出“弘扬科学精神，普及科学知识，开展移风易俗、弘扬时代新风行动，抵制腐朽落后文化侵蚀”自治区第十二次党代会要求大力倡导移风易俗。对宁夏来说，推动移风易俗、树立文明乡风，是推动社会主义核心价值观落地生根的必然要求，是实施脱贫攻坚战略的现实需要，是深化美丽乡村建设的重要途径，对于加强新形势下农村精神文明建设、促进“两个文明”协调发展、推进农村社会治理具有重要意义。2017年初，按照自治区党委、政府的决策部署，自治区文明委聚焦宁夏一些地方存在的天价彩礼、婚丧喜庆大操大办等不良习俗，在对全区，特别是脱贫攻坚重点县区广泛调研的基础上，启动了遏制不良风气、不良习俗、不良现象的系列举措。

一、画出路线图、明确时间表，确立推动移风易俗树立文明乡风的指导思想、基本原则和总体目标

经过调研，提出推动移风易俗树立文明乡风的指导思想是：高举中国特色社会主义伟大旗帜，全面贯彻党的十八大和十八届三中、四中、五中、六中全会精神，深入贯彻习近平总书记系列重要讲话精神和党中央治国理

作者简介 刘恒泉，自治区党委宣传部农村处调研员。

政新理念新思想新战略，贯彻落实自治区党委十一届八次、九次全会和全区宣传思想文化工作会议精神，牢固树立和贯彻落实新发展理念，以培育和践行社会主义核心价值观为根本，把反对天价彩礼、婚丧喜庆大操大办等陋习作为农村精神文明建设的重要内容，把推动移风易俗与全面从严治党结合起来、与打赢脱贫攻坚战结合起来、与深化美丽乡村建设结合起来、与社会综合治理结合起来，推进专项治理，破除陈规陋习，树立新风正气，切实减轻人情消费负担，提升农民文明素质和农村社会文明程度，让乡风民风美起来，树立社会主义新风正气，进一步推进开放富裕和谐美丽宁夏建设。

基本原则是：坚持价值引领、破立结合，按照社会主义核心价值观要求，推动移风易俗树立文明乡风，倡导婚丧事简办、其他喜庆事不办的文明新风尚；坚持党员示范、干部带头，把党员干部带头破陋习、树新风落实到实际行动上，影响和带动群众追求健康文明生活方式，增强农民群众的认同感和获得感；坚持因地制宜、分类指导，结合不同地区实际，既继承传统又转化创新，使民间习俗与时代精神相契合相适应；坚持问题导向、注重实效，抓住移风易俗的重点，哪个方面问题突出就解决哪个方面的问题，综合施策，刹住陈规陋习蔓延势头；坚持统筹协调、形成合力，把政府推动与群众自治结合起来，把教育引导与典型示范结合起来，标本兼治，推动形成良好的社风民风。

总体目标是：以县域统筹推进为重点，到2017年年底，县级及县级以上文明村镇全部建立“一会”（红白理事会）、形成“一约”（婚丧喜庆村规民约），发挥示范作用；到2018年年底，所有行政村普遍建立红白理事会、完善村规民约，做到有人管事、有章理事、规范办事，结婚彩礼、婚丧喜庆费用等明显下降，农村陈规陋习蔓延现象得到有效遏制；到2020年，实现农村移风易俗工作与全面建成小康社会协调发展，婚事新办、丧事简办、文明理事的社会风尚基本形成。

二、抓重点、补短板，不断强化教育引导、实践养成、制度保障，推动各项工作深入开展

（一）深化宣传教育工作，营造推动移风易俗树立文明乡风的浓厚氛围

面向社会广泛深入地开展移风易俗主题宣传活动。以市、县（区）为主导，以村镇（社区）为重点，采用多种形式，大力开展移风易俗宣传教育。自治区党委宣传部、文明办印发《推动移风易俗树立文明乡风宣传教育提纲》1万册，指导市、县、乡、村做好移风易俗教育引导工作，推动移风易俗宣传教育进村入户、落地生根。各地以“除陋习、树新风”为主题，深化理想信念教育、开展文明新风教育、加强科学知识普及和法制教育，引导人们崇尚科学、破除陋习、遵纪守法，树立节约光荣、浪费可耻的观念。不断丰富宣传教育载体，通过发放移风易俗倡议书、设立宣传栏、组织专题宣讲等形式，确保宣传教育村不漏组、组不漏户，扩大覆盖面和影响力。

加大推动移风易俗树立文明乡风新闻宣传和舆论引导力度。加强正面宣传、加强舆论引导，充分发挥报刊、广播、电视、网络等传播优势，在自治区和市属媒体开设“推动移风易俗　树立文明乡风”专题专栏，报道各地推动移风易俗的经验做法，曝光一批婚丧喜庆大操大办等反面典型，增进人们对推动移风易俗的认知认同。强化舆论监督，旗帜鲜明地反对和批评天价彩礼、婚丧喜庆大操大办、封建迷信等陈规陋习。一些县区、乡镇、村社创新宣传教育方式，运用全媒体多样化传播形式，吸引人们参与互动，促进交流和提高。各地普遍加大移风易俗公益广告刊播力度，拿出重要版面和时段，形象生动地传播社会主流价值。

注重发挥文化环境对人们转变观念、抵制陋习的熏陶作用。推出了一批反映移风易俗内容的通俗读物，创排了一批体现移风易俗主题的文艺节目，拍摄了一批展示移风易俗新风的微电影等，引导人们养成良好道德情操和行为习惯。发挥文化科技卫生“三下乡”“文化进万家”“我们的节日”等品牌活动的带动作用，组织开展广场舞、“邻里节”、书画摄影、劳动技能比赛等，发挥民间文艺社团作用，演身边人、说身边事，实现农民

群众自我教育、自我提高。用好村规民约、家风家训等乡风教化资源，运用民间小戏等形式，加强对农村天价彩礼、婚丧喜庆大操大办等习俗的引导，用文化涵养乡风文明。

（二）强力推动实现村居红白理事会全覆盖，发挥群众组织推动移风易俗树立文明乡风的积极作用

4 月份，自治区文明委在同心县组织召开全区推动移风易俗树立文明乡风现场推进会，交流经验做法、安排部署工作，提出提前到 2017 年年底实现行政村红白理事会全覆盖的目标。在党委、政府统一领导下，各县（市、区）普遍建立移风易俗工作领导小组，对党员干部参加和操办婚丧喜庆事宜做出明确规定。坚持把政府推动与村民自治结合起来，在村“两委”积极推动下，加快建立红白理事会组织机构，发挥红白理事会在刹歪风、正民风方面的作用。村居红白理事会成员由党员、村民代表选举，吸收老党员、老干部、老教师和新乡贤参加。红白理事会会长由村党支部书记或村委会主任兼任。红白理事会通过制定章程，明确了组织形式、工作范围、操办事务，明确了红白事宜办理流程，明确了理事会掌握信息、主动介入、填表备案、事主签字确认等路径，并在村居张榜公布，接受社会监督。

红白理事会发挥了引导群众、服务群众的作用。各地加强对红白理事会的工作指导，帮助提高政策把握能力和服务水平。红白理事会以“宣传、引导、监督、服务”为基本职责，按章理事、主动作为，探索建立了“婚丧事简办承诺书”制度，组织村民签订，增强其道德约束力，实现自我管理、自我监督。理事会对不良倾向和苗头性问题做到早发现、早提醒、早制止，在村居设立移风易俗事务公示栏，及时公示红白事办理情况。一些县（市、区）民政、宣传等部门密切配合，加强对红白理事会的业务指导，对村居红白理事会会长、秘书长进行轮训，提高其服务能力。

（三）普遍修订村规民约，引导村民遵守，有效遏制天价彩礼、婚丧喜庆大操大办等陋习蔓延

各地把到 2017 年年底实现行政村村规民约修订全覆盖，作为重要工作目标，发动村民共同参与制订婚丧喜庆公约，纳入村规民约。村居按照县乡党委、政府要求，参照县乡划定的结婚彩礼、婚丧喜庆事宜等相关标准，召开党员和村民代表会议，依据当地经济社会发展和农民收入情况，共同商讨结婚彩礼、红白宴席、操办规模和随礼标准等，制定形成“婚丧喜庆公约”，引导村民遵守。

倡导婚事新办，引导广大家长和青年做抵制天价彩礼、奢侈婚礼的践行者和推动者。贯彻落实国家卫计委、民政部等《关于“十三五”期间深入推进婚育新风进万家活动的意见》，以村规民约为引领，倡导婚事新办，旗帜鲜明地反对大操大办、炫富攀比和借婚姻索取财物，崇尚和追求文明健康生活方式，促进家庭幸福。引导群众转变观念，鼓励女方家长少要或不要彩礼，以“家庭和美、自创家业”为荣，倡树婚俗新风。引导广大青年树立新型婚恋观，在村居推行集体婚礼、旅行婚礼等，把精力和资金投入到发展家庭经济上，让红事充分体现传统文化、家风传承和感恩教育。倡导喜庆事宜简办或不办，减轻农民群众人情消费负担。倡导乔迁、庆生、祝寿、就业、升学、参军等喜庆事宜不办，反对铺张浪费、相互攀比，引导农民群众确立科学合理的消费观念。

倡导丧事简办，树立厚养薄葬观念，弘扬孝老敬老传统美德。贯彻落实中办国办《关于党员干部带头推动殡葬改革的意见》，破除丧葬陋俗，反对利用丧事活动大操大办、盲目攀比，树立文明节俭办丧事的新风尚，以好的党风带社风促民风。倡导厚养薄葬理念，发挥村规民约的约束作用，红白理事会主动协助事主简化丧葬程序、控制规模、节省丧葬支出，反对大摆宴席，反对封建迷信，让白事充分体现对逝者的追思、对生命的尊重。把提倡厚养薄葬与弘扬孝老养老传统美德结合起来，村定养老事、签养老状、贴养老榜，让老年人老有所养、老有所依。

强化公共政策和道德价值导向，建立遏制天价彩礼、婚丧喜庆大操大办等陋习的奖惩机制。一些县区出台政策，把推动移风易俗与扶贫攻坚和强农惠农政策的落实有机结合起来，与落实涉农惠农政策结合起来，与加强农村精神文明建设结合起来，确保有效治理陈规陋习，评选命名一批文明村镇、文明家庭等，持续推进“寻找最美家庭”、评选“好公婆、好儿媳”等活动，评选表彰一批移风易俗先进单位、先进村居、先进红白理事会和先进个人。

（四）突出重点人群，充分发挥广大党员干部等在推动移风易俗中的示范带动作用

各级党组织，号召广大党员干部、公职人员在推动移风易俗方面走在前、做表率。加强党性锻炼和道德修养，明大德、守公德、严私德，敢于抵制不良风气，反对铺张浪费，从不必要的人情往来和应酬中解脱出来，把更多的精力用于服务群众，以良好的形象影响和带动群众。强化纪律规矩意识，带头执行中央和自治区关于党员干部带头推动殡葬改革的意见、自治区纪委《关于重申严禁党和国家工作人员大操大办婚丧等事宜借机敛财的规定》。市、县（区）党委结合党纪党规的贯彻落实和当地实际，普遍制定了《关于发挥党员干部带头作用推动移风易俗工作的意见》，严格限制和禁止党员干部以任何方式参与婚丧喜庆大操大办、助长天价彩礼等陋习行为。对违反纪律的党员干部，按照有关规定给予严肃处理。

发挥各类先进典型在树立文明乡风中的示范作用。用群众身边的榜样教育群众、影响群众，发挥各类道德模范和“身边好人”“最美人物”等引领作用。从基层干部、乡村教师、退伍军人、创业人士等群体中发现和培养新乡贤，发挥他们植根乡土、贴近群众的优势，用他们的嘉言善行感召群众、垂范乡里。选树和表彰一批自觉抵制歪风邪气，婚事新办、丧事简办的先进典型，用身边事教育身边人。加强对移风易俗先进典型学习宣传，运用农村“道德讲堂”“善行义举榜”“移风易俗光荣榜”等载体，开展“讲学用”活动，引导群众投身除陋习、树新风的生动实践。

三、绵绵用力、久久为功，切实加强对推动移风易俗树立文明乡风工作的组织领导

各级文明委按照党委、政府要求加强统筹和督促指导。在党委、政府统一领导下，把移风易俗工作摆上重要议程，协调各方力量，加强工作指导，扎实推动这项工作。各级宣传部门把移风易俗作为农村精神文明建设的重要内容，协调建立县级统筹、乡级监管、村级抓落实的工作机制，把移风易俗纳入精神文明建设目标责任管理和考核体系，抓好落实，推动形

成健康文明的婚丧喜庆新风俗。各级文明办做好联络协调、督促检查和典型宣传等工作，推进移风易俗持续深入发展。自治区文明办将委托第三方调查机构，采取到实地暗访、群众满意度电话调查等方式，2017 年年底对县（区）推动移风易俗工作按成绩进行排名。排名倒数后 3 位的县（区），年度精神文明建设考核要扣除一定分值。

相关部门和单位要明确责任，形成推动移风易俗工作的合力。纪检监察机关负责对违反党纪政纪的党员干部和公职人员进行查处；民政部门强化婚丧事务管理，负责对红白理事会业务指导和培训；公安部门严厉打击买卖婚姻、聚众赌博等造成社会危害的行为；教育部门在高校中进行社会主义婚育观宣传教育；工青妇组织发挥联系广泛的优势，引导广大职工和青年摒弃陋习，追求健康文明风尚。

各地在工作中切实做到掌握政策界限，把除陋习与树新风紧密结合起来。按照中央和自治区党委工作要求，注意区分推动移风易俗与尊重传统礼俗的关系，既保持红白事摆宴待客的传统习俗，又弘扬勤俭节约的传统美德。坚持破立结合，大力发展农村群众性文化事业，加强村综合文化服务中心和农民文化大院等阵地建设，丰富农民群众文化生活；开展“新农村、新生活”培训，培育当代有文化、会经营、能致富的新型农民；结合精准扶贫，引导农民群众艰苦创业、发展产业、勤劳致富，帮助提高困难群众家庭收入。通过标本兼治，确保推动移风易俗工作取得实效。

到 2017 年年底，从第三方调查结果来看，宁夏推动移风易俗工作取得了阶段性成效。中央文明办一局张志勇局长一行专程来宁调研，对“宁夏做法”给予了充分肯定。2017 年，自治区文明委先后授予了 33 个村镇“自治区文明村镇”荣誉称号，授予 28 个村镇“自治区美丽乡村文明创建工程示范村镇”荣誉称号；中央文明委授予宁夏 16 个村镇第五届“全国文明村镇”荣誉称号，农民群众既富了“口袋”又富了“脑袋”，美丽乡村既有了“颜值”又有了价值，美丽的村庄更多了，淳朴的乡风更浓了。据统计，宁夏县级及以上文明村占比由上年末的 38.8%增长到 44.4%，增长 5.6 个百分点；文明乡镇占比由上年末的 52.8%增长到 61.6%，增长 8.8 个百分点，提前完成“十三五”确定的“50%”的计划目标。但一些不容忽视的问题，需要在实际工作中进一步补短板、强弱项。比如一些县区的行政村“一会”（红白理事会）、“一约”（婚丧喜庆村规民约）制度不够健全的问题、移风易俗主题宣传覆盖面知晓率较低的问题、开展移风易俗先进典型选树活动少的问题等，都需要在今后的工作中切实加强。

宁夏传统文化的传承和发展研究

刘智远　狄国忠

宁夏地处中国西部的黄河上游，是一个多民族聚居的地方，黄河纵贯北部全境，滋养出了悠久的历史与古老的文明。在这片 6.64 万多平方公里的土地上，地域文化、民族文化与中华优秀传统文化交相辉映，孕育出了一道亮丽的文化风景线。宁夏作为中华远古文明的发祥地之一，同时也是中华优秀传统文化传承发展的重镇，更是集中展现“以高度文化自觉体现高度文化自信”的典范和窗口。

一、宁夏传统文化的传承和发展综述

宁夏东邻陕西省，西、北部接内蒙古自治区，西南、南部和东南部与甘肃省相连，正处于古老的中原文明与西北少数民族文化交汇处，拥有得天独厚的地理优势，这也为文化的发展创造了更多机遇。特别是近一年来，在中华优秀传统文化的传承和发展上，依托地域文化优势开拓创新，呈现出了良好的态势。

（一）文化惠民工程，守住优秀传统文化的根脉

文化惠民工程是一项传承和发展中华优秀传统文化的大工程。党的十

作者简介　刘智远，宁夏警官职业学院教师，西安交通大学中国哲学专业博士生；狄国忠，中共宁夏区委党校、宁夏行政学院教授。

八大以来，宁夏即大力实施文化惠民工程，送戏下乡文化惠民演出、“清凉宁夏”广场文化演出、“欢乐宁夏”全区群众文艺会演、“新春乐”全区社火大赛等品牌文化活动已经常态化、制度化，年惠及观众达300多万人次。与此同时，宁夏公共文化场馆也逐步实现了无障碍、零门槛向公众免费开放，年服务群众达100万人次以上。自治区党委、政府高度重视“文化惠民”，每年把“文化惠民”列入民生计划，致力于让老百姓切身感受优秀文化的魅力、用文化充实生活、以文化促进民风、让文化构建和谐。

文化惠民工程的实施守住了中华优秀传统文化的根脉，尤其是自去年以来，群众主动参与、积极服务文化活动的热情明显得到了提高，自觉保护本土优秀文化、主动借鉴、主动“引进文化”的现象也日益增多。通过文化活动的长期熏染，老百姓的精神观念也在发生着变化，“送戏下乡”逐渐转变为了“请戏下乡”，被动接受逐渐转变为了主动寻找，地方文化活动更是如雨后春笋，在宁夏大地发芽开花。

（二）播散文化种子，唱响优秀传统文化的主旋律

为了让全区学生了解戏曲知识，感知戏曲艺术魅力，2017年以来，宁夏开展了“戏曲进校园”试点活动，全年计划演出600场，并举办戏曲通识教育、戏曲演出辅导、戏曲社团建设等活动。预计到2020年年底，实现宁夏大中专院校、中小学校“戏曲进校园”全覆盖。在活动中，宁夏戏剧家协会和宁夏演艺集团秦腔剧院的戏剧名家一板一眼地向千余名同学普及戏曲动作，戏剧演员们还表演了《闹龙宫》《秦香莲》《芦花荡》等经典片段。

在中共中央办公厅、国务院办公厅印发的《关于实施中华优秀传统文化传承发展工程的意见》（以下简称《意见》）指导下，特别是结合《意见》中“以幼儿、小学、中学教材为重点，构建中华文化课程和教材体系。编写中华文化幼儿读物，开展‘少年传承中华传统美德’系列教育活动，创作系列绘本、童谣、儿歌、动画等。修订中小学道德与法治、语文、历史等课程教材。推动高校开设中华优秀传统文化必修课，在哲学社会科学及相关学科专业和课程中增加中华优秀传统文化的内容。加强中华优秀传统文化相关学科建设，重视保护和发展具有重要文化价值和传承意义的

'绝学'、冷门学科"要求，自治区教育工委、教育厅组织区内高校部分教师编写了《中华民族歌》（小学版）、《中华民族歌》（中学版），并将其纳入教材目录、列入课表，在小学五年级、中学七年级分别开设该课程。《中华民族歌》还被列为中小学晨读、队歌的内容；全区各校围绕教材深入开展第二课堂，以"弘扬中华优秀传统文化、唱响民族团结主旋律"为主题的活动更加丰富了校园文化生活，浸润了师生心灵。

（三）将传承与创新发展相结合，彰显优秀文化的影响力

近年来，宁夏致力于艺术精品传承与创作，聚焦中国梦等主题，立足特色文化资源，创排了《花儿声声》等34部优秀剧目，创作了"颂歌献给党"等15台主题晚会，实施"回族音乐汇宁夏"和"宁夏美术收藏计划"项目。宁夏各类优秀文艺作品获得国家级奖项73个，其中2部作品荣获中宣部"五个一工程"奖、2部剧目摘得文华大奖和文华剧目奖，填补了在文华大奖上的空白。5个舞蹈作品获全国群星奖、5部剧目入选国家舞台艺术精品工程重点资助剧目，4人获中国戏剧梅花奖、2人获上海白玉兰戏剧表演艺术奖。话剧《回民干娘》在全国巡演引起强烈反响，纪录片《神秘的西夏》被评为2015年中国电视纪录片十优作品。

（四）开展全民阅读，搭建传播中华优秀文化的平台

2017年年初，宁夏新闻出版广电局印发了《宁夏2017年全民阅读工作方案》，着力推动全民阅读，营造书香宁夏人文氛围，为中华优秀传统文化的传承和发展提供了平台、创造了机遇。全民阅读活动得到了社会各界的广泛关注，系列活动赢得了良好口碑。活动鼓励实体书店、民间读书会、少儿培训教育等机构发挥自身作用，提升阅读推广的专业性、规范性，培育一批在社会上具有广泛影响力的阅读推广机构。

为提升宁夏广大农民群众的文化生活水平，重塑耕读人家、书香门第，推进社会主义新农村文化建设，宁夏还以"建设两个一批""办好四项活动"为目标举办了首届宁夏农民读书节。此外还有宁夏第二届经典诵读演讲大赛、"书香之家"和"书香之乡（镇、街道）"评选活动、中华传统文化公益讲座以及书报漂流亭建设等等。一年来，宁夏在优秀传统文化的传承和发展中所取得的成绩是卓越的。一系列创新性探索和实践在改变着宁夏的人文风貌，这使我们看到，宁夏的快速发展不仅仅体现在物质方面，更体现在精神层面。

二、宁夏传统文化的传承和发展思考

党的十九大报告指出："文化是一个国家、一个民族的灵魂。文化兴国运兴，文化强民族强。"宁夏要以高度的"文化自信"，传承和弘扬中华优秀传统文化，推进地区文化建设。结合宁夏传统文化的传承和发展实践，同样有几个问题需要我们思考。

（一）"三大文化"交相辉映，形成立体式发展格局

党的十九大报告中关于"文化自信"的论述为我们指明了方向。报告中进一步指出："中国特色社会主义文化，源自于中华民族五千多年文明历史所孕育的中华优秀传统文化，熔铸于党领导人民在革命、建设、改革中创造的革命文化和社会主义先进文化，植根于中国特色社会主义伟大实践。发展中国特色社会主义文化，就是以马克思主义为指导，坚守中华文化立场，立足当代中国现实，结合当今时代条件，发展面向现代化、面向世界、面向未来的，民族的科学的大众的社会主义文化，推动社会主义精神文明和物质文明协调发展。要坚持为人民服务、为社会主义服务，坚持百花齐放、百家争鸣，坚持创造性转化、创新性发展，不断铸就中华文化新辉煌。"给我们的启示是：传承和发展中华优秀传统文化，要坚持创造性转化、创新性发展，同样要把熔铸于党领导人民在革命、建设、改革中创造的革命文化和社会主义先进文化纳入其中，以"三大文化"共同来充盈精神世界，坚定文化自信，打造立体式发展格局。

一是把中华优秀传统文化的保护和传承作为一项持久的工程来深入推进。中华民族五千多年文明历史所孕育的中华优秀传统文化是滋润中华儿女心灵世界的幽谷和秘境，中华优秀传统文化的知识可以促就一个人高雅的格调，使传统文化的魅力转变为人自身的魅力，对提高一个人的道德自律及其社会实践能力有极大的帮助。优秀传统文化中的诸多元素是牵系人与人之间感情、维护社会和谐的精神纽带。诸如古先贤名言、典故，甚至是古典音乐、古诗词，都可成为一个集体之间展开沟通的桥梁。应当让古

圣贤站出来替我们说话，让广大群众在文化精神的感召中逐渐凝聚一种力量。中华优秀传统文化的传承和发展不仅要惠及民生，更要成为地域人文环境中的一道亮丽风景线，成为人人都能看得见、摸得着、感受得到的一种文化氛围和空气，要长流水、不断线。

二是深入挖掘和利用好宁夏本土革命文化的一系列优秀成果，在锻造精神世界中发挥更大的作用。宁夏是一个有着光荣斗争历史的地区，宁夏的民族统战史和军战史的内容很丰富。六盘山、同心西征纪念园等一大批革命文化教育基地都是我们开展革命文化传播的重镇，要积极倡导全民开展对革命文化的认知、理解和学习。此外，对诸如《红岩》《林海雪原》《青春之歌》等红色经典书籍也要有情感上的回应，对红色歌曲有一定的了解。丰富的革命文化是中国文化的一笔宝贵财富，熔铸着一代又一代无产阶级革命家的血和泪，是用鲜血熔铸的精神丰碑，可以很鲜活、具体、直接地影响到我们的思想世界。所以，能够更加切近老百姓生活，更加容易被接受和传播。

三是引导全民对积极健康向上的社会主义先进文化产生浓烈兴趣，营造有格调、有品位的文化氛围。社会主义先进文化是指以马克思主义为指导，以培养有理想、有道德、有文化、有纪律的四有公民为目标的面向现代化、面向世界、面向未来的民族的科学的大众的社会健康积极向上的具有中国特色社会主义的文化，它对我们今天指导人民追求真善美、追求理想信念、追求道德担当有巨大的指导意义。因此，依然需要要有广泛的传播。对社会主义先进文化的推动学习要遵循与时俱进的原则，要把最新的、最热的文化信息及时传递到每一个角落。诸如自2003年开播以来的《感动中国》，先进人物事迹、颁奖词都是我们可以借鉴并用来创新文化发展工作的重点，要在全社会传递正能量、弘扬主旋律，引导人们关注先进模范事迹、聚焦社会正能量。再如《记住乡愁》《辉煌中国》等优秀的纪录片，《中国震撼》《中国触动》等经典书籍，弘扬社会正气倡导新风尚的优秀歌曲、公益广告等等，将大量地丰富我们的文化活动。

“马克思主义中国化发展的理论逻辑告诉我们，文明特别是思想文化是一个国家、一个民族的灵魂。无论哪一个国家、哪一个民族，如果不珍惜自己的思想文化，丢掉了思想文化这个灵魂，是立不起来的。”面对新的时代，面对新的使命，我们需要以“文化自信”为支点来努力提升传承和发展优秀文化的境界。

(二) 保护优秀文化是一项持久的工程

自治区领导曾经在宁夏宣传思想文化工作会议上指出：“我们既需要有春节晚会、新年音乐会等，也需要基层群众喜闻乐见、积极参与的传统文化大戏。当然，我希望新年音乐会少一些西洋元素，多增加一些中华名曲，更能引起观众的共鸣。那么，如何激活中华优秀传统文化资源，《意见》提出了切实可行的路径和措施。希望宣传部、文化厅尽早制定宁夏优秀传统文化传承的实施意见，对一些传统文化传承人青黄不接的问题要高度重视，采取切实措施补上这一短板。要研究如何提高‘非遗’保护传承水平，确保后继有人，增强传承活力。各地各部门特别是全区文化和新闻出版广电系统要深入学习贯彻，把思想和行动统一到党中央、国务院的决策部署和文件要求上来，通过多种形式，增强地方党委、政府的文物保护责任意识。要加强优秀传统文化研究挖掘和创新发展，赋予新的时代内涵和现代表达形式。把优秀传统文化全方位融入思想道德、文化知识、艺术体育、社会实践教育各环节，贯穿于教育领域的各阶段。要抓紧启动并扎实推进‘戏曲进校园工程’，举办好‘中国戏剧节’。要加强文化遗产保护，推动遗产资源合理利用。要引导广大文艺工作者，善于从中华传统文化资源宝库中提炼题材、获取灵感、汲取养分，把优秀传统文化的有益思想、艺术价值与时代特点和要求相结合，运用丰富多样的艺术形式进行当代表达，推出一大批底蕴深厚、涵育人心的优秀文艺作品。还要强调一下，要高度重视文物保护，尤其是古长城保护。还要继续努力，做好准备，力争西夏陵申遗和固原丝绸之路申遗早日成功。”宁夏是一个有着深厚文化底蕴和悠久历史的地区，有许许多多的民间文化，包含了中华优秀传统文化的基因，亟须我们去保护和传承，民间剪纸工艺、秦腔、木工匠艺等等，需要后继有人。所以，在中华优秀传统文化的传承和发展中，要着力提高文化保护意识，将那些沉睡在大地上的文化唤醒，将陈列于博物馆的文化实物利用起来，将民间文化艺人挖掘出来，逐渐搭建文化保护和传承体系，形成一个良好的发展模式。

习近平总书记在文艺工作座谈会上的讲话中指出："中华民族在长期实践中培育和形成了独特的思想理念和道德规范，有崇仁爱、重民本、守诚信、讲辩证、尚和合、求大同等思想，有自强不息、敬业乐群、扶正扬善、扶危济困、见义勇为、孝老爱亲等传统美德。中华优秀传统文化中很多思想理念和道德规范，不论过去还是现在，都有其永不褪色的价值。"石泰峰书记在宁夏回族自治区第十二次代表大会上的报告中也谈到，要"深入开展民族团结进步宣传教育，继承和发扬民族团结优秀历史文化传统，唱响'中华民族一家亲、同心共筑中国梦'的时代主旋律，积极培育中华民族共同体意识，使'三个离不开''五个认同'思想深深扎根各族群众心中。积极促进各民族交往交流交融，广泛建立相互嵌入式的社会结构和社区环境，创造各族群众共居、共学、共事、共乐的良好氛围。深化民族团结进步创建活动，创新活动载体和工作方式，推进'585'创建行动计划，大力培育和宣传民族团结进步先进典型，让民族团结之花开遍宁夏大地。"

为此，我们应该承担起传播优秀文化的责任，并呼吁保护优秀的传统文化。保护好文化就是保存历史，要让我们的人民能够记得起历史的沧桑、看得见岁月的留痕、留得住文明的根脉。

文化现代性与《人民的名义》剧热背后的问题

牛学智

写这类文章，我有一个基本考虑，就是希望透过现象看到本质。

2014年以“韩剧热”为视点，想透视的便是当前中国都市人群中首先掀起的“文化传统主义”价值现象。那种现象之所以在一段时间内形成了某种文化价值趣味的集体无意识，是因为人们对于剧烈变化着的社会生活，失去了把握的信心。这势必产生莫名的焦虑、无助和茫然感，而最好的疗救措施自然是回到自己及小家庭内部，这也是当下人们把小家庭的美满和小孩子的前途看得重于一切的根本原因。紧接着，传统文化中具体的道德伦理方式方法，便成了人们自觉不自觉的价值选择，人们对此的信仰大多带有暂以聊表自慰的性质。

2015年以文学界出版或发表的几部“热书”为例，特别是宁夏作家季栋梁出版的长篇小说《上庄记》、河南籍作家梁鸿之前和是年出版的《中国在梁庄》《出梁庄记》等，不难看出人们在阅读追逐中所反映出的精神诉求。这诉求简而言之，大概可以用关注民生来总结。这意味着在这一年，人们的意识开始走出自我、走出小家庭了。这对于公共文化意识的形成的确是个积极的信号。

2016年长篇电视连续剧《琅琊榜》《芈月传》以及有着同类价值追求

作者简介　牛学智，宁夏社会科学院文化研究所副所长、副研究员。

的电影《港囧》《夏洛特烦恼》的流行，前面好不容易初见端倪的公共意识显而易见被拦腰斩断了，人们的观念重新被牵回玄幻的、虚无的历史时空坐以待命。似乎大家还是觉得经营好自己的小天地才是上策，又或者如何在阴险、恶劣的人性较量中撤出，删繁就简，活得尽可能快乐、幸福才是明智之选。这就与非常自我且从内心里彻底排斥他人感受的中国式广场大妈舞旋律更接近了，而不是与底层社会普遍的艰难困顿有关，积极的思想诉求于是被迫中断。

2017 年 3—4 月，茶余饭后、微信转载、见面寒暄，话题差不多都是看没看《人民的名义》，甚至凤凰男祁同伟、达康书记、育良书记、季检察长等等，早已成了人们价值判断的依据，甚至被当作另一个自己的化身而存在。最搞笑的一个例子，即是网上热传的一醉酒男子闹事被当地派出所控制之后，竟称自己是反贪局局长侯亮平，振振有词地大声喊叫让派出所民警通知季检察长、沙书记来“捞人”，派出所没资格处理他。人们入戏如此之深，倘若把这些现象仅仅当作所谓的“正能量”，恐怕未免太简单了。角色的置换之外，更引人注意的是现实中人对戏中世俗价值的信奉与移植。

电视连续剧《人民的名义》的热自不待说，关键是在其热的整个过程中，特别是当剧中人物被日常生活化和径直被价值神经所提炼的时候，这部电视剧所携带着的几乎所有信息恐怕就是被模仿和效颦的过程。那么，不要说人们会在反腐中得到什么教训了，就连一般的生活方式也许都将被打乱，面临调整和洗牌。从这一层面看，这部连续剧的负面作用不可谓不大。而此中问题的根源就在于，当反腐或腐败本身成为一种普通群众消费对象时，反腐过程中所借用的价值武器与腐败本身便转而成为“成功”的秘诀，以“好生活”的面目进入人们的脑神经，此时政治腐败就与普通群众经过购买潜规则维持最低限度运转的日常生活无关了，剩下的只不过是隔岸观火式的喟叹和袖手旁观式的好奇。思考这种悖论，有利于思考按摩式的大众文化影视剧的怕与爱，也更有利于重新思考我们的国民性。

一

观众一般只是在反腐的层面来观看这部长剧的，我同时也相信，这部长剧能播映，国家新闻出版广电总局恐怕也是在推进“廉政文化”建设的层面给予授权的，这一点很重要。它关系到这部长剧最初的内容定性和审美界定。

不妨先来看看剧中的几组人物及其赖以生存的文化土壤。大的方面划分，只有两类：一类是正义力量及其代表人物，包括反贪局局长侯亮平、省检察院检察长季昌明、省委书记沙瑞金、市公安局局长赵东来等；另一类是邪恶势力及其代表人物，比如省公安厅厅长祁同伟、商人赵瑞龙、省政法委书记高育良等。细划分就没这么非此即彼了。导演、编剧在塑造他们的时候，基本是按照平均人性论的公式来编写和展示的。正义力量一边，在观众充分肯定或报以热烈掌声的人物中，经常会聆听到“霸道”“专权”“强势”一类词语。言外之意，虽然作风强悍、霸道，虽然用权专断、独裁，虽然为人强势、果断，但结果却是良好的，效果却是明显的。沙瑞金可以不经过任何程序，召见处级干部的反贪局局长，私自授权办案；处级干部侯亮平也可以随意晤见省委书记，而无须逐层报告。这样的安排，自然是针对当前反腐现实中的“好人主义”和“形式主义”，由此，正义力量还可以细分为以下两类：其一是为了提高效率而避免冗繁程序的“铁腕人物”，比如沙瑞金、侯亮平；其二是本质不坏、恪守程序却又因程序繁杂而多少耽误大事，自己反而一脸委屈的“消极正面人物”，其中孙连城最为典型。前者孕育于中国传统文化中的英雄主义土壤，后者则是中国古典哲学中“中庸”思想的当代翻版。邪恶势力也可以用此方法进一步分解。比如，高育良属于不贪不占，但有政治野心并有意打造帮派团伙力量的人物，同时也是个本本主义者和地道的纸上理论家，能按传统文化削足适履，改变法学理论以适应本土习惯，因此他一边维持着“老师”的纯洁颜面，一边享受着“绅士”的权威待遇，显得运筹帷幄、决胜千里，是颇为典型的玩“道”的人物。他所有为政之道有其渊源可循，他最崇信的座右铭恐怕并不是其张口闭口必谈的《万历十五年》及其史观，而是20世纪五六十年代刘世吾的口头禅：“就那么回事。”（《组织部来了个年轻人》，王蒙）邪恶势力的二号人物是祁同伟，深得乃师高育良衣钵，兼具高育良精髓的同时，还有其创新之处，那就是把中国传统文化中的英雄主义和中国传统社会男性文化中的“侠气”发挥到了极致，两边都讨好。一边讨弱势女性的青睐，一边则博得帮派文化和江湖文化中“义”的美名。所以，邪恶人物也是两类：一类是将中西文化嫁接的准现代文化代表，如高育良；一类是嫁接后看起来水土完全顺服的极端化传统文化代表，如祁同伟。

如果暂时不管该剧中顺从官场规则的“检察帮”和“秘书帮”“师生帮”，而只取其文化资源，这部剧所显示的当前中国文化集体无意识，其实就是两种突出的文化。一种是中庸，长于打太极；一种是人格楷模，善于道德表演。这两种文化也深得两方面的青睐。对于观众，因为是自身行为方式的集中体现，故而容易引发共鸣；对于现实官场，正因现代法治机制的缺席，故而突出的孤胆英雄及所谓良知楷模，似乎又格外容易转变为所谓有利力量，这也正应了以人事为突破口的体制改革的当前现实。翻一翻“八项规定”“四风建设”“从严治党”“自我净化”等文本，不都是围绕个体人在做文章吗？这样的戏，不消说，肯定会得到现行“廉政文化”建设的首肯。

二

有了如此麻袋，所绣出来的花就可想而知了。

第一，道德人品感叹的段子，太脆弱，以至于成为长剧的“僵尸”，这说明传统文化的确已死。省检察院退休的原副院长陈岩石就是个典型例子，在这个人物身上，编剧和导演下了些功夫，但依我看效果正好相反。为什么这么说呢？首先他身上倾注了中国共产党前三十八年流血牺牲的历史，有了这个前历史，他就必然与晚生代领导之间的衔接就有了某种合法性。所以，在剧中，上至省部级领导，下到黎民百姓，他老人家的威望仿佛最高，显得最忙，操的心也最多，好像效果也最明显。其实不然。甚至从陈岩石这个角色的安排上，暴露了周梅森创作此类题材影视作品的终结。在叙事学上，这样的角色算是“不可靠叙事者”，因为他是当前官场体制的不知情者。在底层社会一边来说，他也是一个不合格的见证者。以这样一个极弱功能的人物来打通高层与底层之间隔着千山万水的鸿沟，唯一的现实依凭大概是现阶段退休人员的“返聘”这样一个普遍存在的事实了。因此，

“余热”与“绅士”的双重筹码，都崩溃于不可靠叙事。更何况，前三十八年与后六十八年没有必然联系，单凭陈岩石这个“传统”，是无法有效焊接革命与资本逻辑的，它充其量是个镜子，不可能内在于资本运行逻辑机制，所以这个角色正好表明了周梅森的终结和周梅森这样理解传统文化的终结。

第二，制度掌声的情节，太江湖，以至于成为私人约定，这说明现有的维系类似题材的价值纽带已老化。在李达康书记身上，编剧下的功夫也不少。当然，单作为一个艺术人物，达康书记也算有棱有角了。问题在于，到55集结束，省纪检委书记田富国忧虑的一句话才勉勉强强、半遮半掩说出来。什么话呢？就是“平级监督”这句话。再倒着往前推，达康书记的铁面无情、冷血、敢作敢为等等，其实一直是在个性推动下的黑暗中运行。评估达康书记的政绩，肯定不能“有功推断”，否则，那真就成了一笔糊涂账。劳民伤财，是一种政绩；悉心解决民生问题，是一种政绩；提升现代性、建立现代社会机制，更是一种政绩。达康书记是哪一种呢？至少不是最后一种。之所以说涉及制度的情节太江湖，价值观也太老化，是因为把达康书记视为该剧制度与政绩之间的纽带的话，在他身上好像只有燃烧正旺的个性之火，但除了田富国那句顾虑重重的话外，看不见有什么“灭火器设备”。

第三，新生事物必胜的细节，太残暴，以至于动用丛林法则取而代之，这说明新旧过渡之间的文化机制确已缺席。网名为“爱哭的毛毛虫”的郑胜利观众肯定记忆犹新，他是大风厂工会主席郑西坡的儿子。戏中可不是老子英雄儿好汉的搭戏模式，周梅森来了个彻底反转，让普通职工家庭的孩子迷恋最时髦的电子技术。这不是不可以，而是让儿子以“赚钱”名义革老子的命，置老子于完全呆傻的地步，的确有些玩性太大。戏中直线时间观非常明显，很有新的就一定是好的有价值的和成功的马首是瞻的味道在里面，这充分表明周梅森及其剧作，对现代文化、现代社会机制及其意义价值太陌生。

第四，正义力量的故事，太超人，以至于到了把吃五谷杂粮的人神化的程度，这说明孕育正义力量的土壤已经严重沙化。戏中师生、同学口口声声称作“猴子”的反贪局局长侯亮平，就具有非人乃至超人的意志和力量。诚如微信中传得很疯的那句总结：《人民的名义》的原型其实是《西游记》，主要讲了一个老师和他的三个学生的故事。那个老师一脸深沉喜欢装蒜，一个学生是猴子且充满正义，另一个学生被高小姐迷住了，还有一个学生整部戏都没多少台词……侯亮平的所谓正义、敢于面对祁同伟的枪口、深陷被诬告而不惧等等，大有未卜先知之嫌。这些都一再表明，他只不过是沙盘上一个虚构的超人化身罢了。背后支撑他的除了几个为数不多的个体以外，别无得力的现代法治机制。也因此，这样的反腐，一言以蔽之，实际是脚疼医脚的“维稳”思维，不会也无力给现代法治建设提供任何有益的价值借鉴。如果说尼采笔下的超人，矛头指向古希腊神话的“酒神精神”，是为了矫枉过正；那么侯亮平的超人形象，其实是针对乃师高育良的“中庸”，取高育良的另一极端，唯独与现代性无关。

最为世俗化的大众文艺尚且如此，由此可见，现代文化的不完善已到了何种程度。在满篇×××危机的诉求中，其实最大的危机是现代文化危机，可是许多人好像还在为所谓传统文化招魂呢!

三

可以说，是文化现代性才使这部剧暴露出了它主要以娱乐、收视率为圭臬的面目。倘若在别的角度看，情况正如热议的那样，非但没有问题，而且还是近年来主流影视剧的标本和政治意识形态的象征信号呢！那么，什么是文化现代性呢?

主体性是文化现代性哲学内涵中的基础概念，强调现代人作为主体所显现出来的力度与向度，是现代人对现代理性和价值的规定。现代人解放了个体，以工具的、立法的理性提升了改造自然和社会的力量，同时提出以财富、民主、公正、自由等为主体的价值理想。但是主体性的力度与向度并未得到和谐发展，随着现代性的进一步发展，现代性的主体性观念受到了严厉批判，其所带来的意义失落、自由丧失的种种事实表明，人类需要再度为自身立法。时空维度是文化现代性的存在形式，包括文化时间和文化空间两种形式。时间意识在文化现代性中徘徊在自由与理性之间。现代人的时间体验表明，现代文化在时间上既具有断裂性，也具有承续性。

在文化空间上，现代性与全球性相互塑形，形成了文化现代性的全球性面貌，当今的数字化生存即是其典型图景。在现实领域，文化现代性业已构成被多数人认同的实质内容，由于理性的分化，现代性在社会实践的各个领域取得了相应的独立性和自主性，涉及经济、政治、道德、文学艺术、科学技术乃至宗教等主要领域。

文化现代性在各领域的体现具有相同之处，即从神性世界走向人性世界，凸现了现代人的主体性、理性和价值。现代人在经济上通过经济人假设，以商品体系和工业主义为手段，把财富作为价值追求的主要目标；在政治上，沟通其与自然法的关联，确立了天赋人权、社会契约的观念；在科技上，通过自然的祛魅，建立了数理逻辑和经验理性的方法论基础，并使自然科学方法向整个社会实行全面的人文移植；在道德上，德性追求风光不再，以“凡人的幸福”为论据的功利主义成为道德的基本范式；在审美趣味上，古典主义为浪漫主义所取代，并发展到了后现代主义。各领域之间在文化上既相互贯通、相互渗透，又呈现出深刻的矛盾逻辑。

就我所知，自从“现代性”进入文学及文艺理论批评话语生产流程以来，人们言说“现代性”时，就已经涉及“文化现代性”了。需进一步强调的是，“文化现代性”比通常的审美现代性、社会现代性、哲学现代性更世俗，眼光也就更微观，内涵也就更贴身。以该思想为尺度论述问题的学者，比如英国文化理论家阿兰·斯威伍德《文化理论与现代性问题》（2013）和吉尔·布兰斯顿《电影与文化的现代性》（2012）等，往往不会以具体学科为界限小心谨慎地封锁其边界，而是把人作为目的，认为无论大众流行文化、文学艺术，还是相关人类社会学、政治经济学等，它们本来塑造并培养着处在观念意识深位的个体的价值走向。如果不以如此意识土壤为总底盘，那么，分解后隶属于各种不同学科的“现代性”诉求，就很有可能只是一种不痛不痒的话语繁殖，或者彻底堕落成扛着专业主义大旗的“室内游戏”，久而久之，一定会丧失其思想能量。只要不把各学科的知识生产仅看作是例行作业式的寻找“增长点”，而是视为人文知识者的“以言行事”。现代文化秩序的完善，就不会成为某种轻描淡写的装饰。紧接着，把“传统”仪式化也好，给“传统”封加一些包治百病的徽号也罢，其本质上与文化现代性之间的机制错位，就不可能不显在。

就当前中国语境而言，中国的文化现代性则完全处在不同于西方现代社会的一种思潮中，特别是处在不同于西欧民主福利社会的一种集体无意识中，并以此为存在形式。混杂着宗法宗族为其特点的传统文化程式，讲究具体的传统道德伦理方式方法，《弟子规》《了凡四训》、黄老哲学、庄子的“逍遥游”、只求“得”不问“舍”的“舍得”观等到处弥漫，人异化成了自私自利的物化符号，外加谁也惹不得的一点自恋，正是钱理群所说的“精致的利己主义”；掺和着个性灵异学说与怪异人性修炼术，并以此为特点大行于市井、网络的神秘主义文化色彩，教导人们敬畏根本不可见的“博大精深”和无法证伪的“权术谋略”。翟鸿燊、刘一秒、王林等江湖骗子之所以横行于精英阶层，实质还是飘飘忽忽、似是而非但又深刻揣摩人们普遍性焦虑、迷茫之心理渊薮的所谓“道”“国学”在起作用，人因彻底变成了抽象精神符号的奴隶，只敬抽象之物而不敬人本身。仅以上两点突出表现来说，当前中国个体的现代性程度，可见何其之低了。

与前现代甚至传统社会相比，文化现代性要求自觉地把人作为目的而不是手段，这就意味着它必须更加彻底的世俗化。如此，才能祛除一切遮蔽人、神化人、圣化人的神秘主义文化。从这一层面来看，《人民的名义》其实是以前现代甚至传统社会文化处理方式来反腐。这里有些内容必须进一步强调。诚如前文所述那样，如果不打群众所痛恨的“师生帮”“秘书帮”“家族帮”这张牌，看点可能会受到严重威胁，也不太符合当前官场腐败的一般暗箱逻辑。但是打好了这张宗族宗法社会文化培植的牌，“安全消费”之后，如何以既有情节冲突、人物关系、故事节点，来拆解这个层层叠叠的网状东西呢？由戏中的几乎所有一切情节机制无力地终结于第55集便可推知，这部剧实在是没有找到突破口。一切的一切只能在观众喟叹一声、唏嘘一声之后，疲疲沓沓又回到原来的起点。没有足够情节支持循环，单凭个人魅力推动剧情，恐怕只能是另一形式的循环。剧中的主要信息强有力地暗示着，个体人及其人格魅力仍然也必定是建立健全现代法治社会的关键因素。毫无疑问，这是即将走到现代法治社会门槛时的一种胆怯回撤，撤回到伦理道德为核心的传统社会文化秩序中去了。因为只有在那个世界，才有支持道德伦理的审美条件，才有支撑人格魅力的经济生活方式，更有迎接“王者荣耀”的文化氛围。

总之，如果把《人民的名义》视为一个测试大众文化的 pH 试纸，编剧、导演之所以那么用心于其背面的庞杂文化资源，观众之所以也如此受用，简而言之，正表明的是当前我们的大众、政治、精英，对文化现代性的惊悸，而不是拥抱。这一点，其实也早已暴露于几年前了，只不过没想到，它来得如此之不约而同，来得如此之防不胜防。

从当代社会思想道德建设看儒家“五常”思想的现代意义

贾 峰

在党的十九大报告中，习近平总书记站在时代发展和文化传承的高度指出：“深入挖掘中华优秀传统文化蕴含的思想观念、人文精神、道德规范，结合时代要求继承创新，让中华文化展现出永久魅力和时代风采。”

综观世界历史，一个国家、一个民族要屹立于世界民族之林，都离不开文化的积极引领。文化既是凝聚人心的精神纽带，又是增进民生福祉的关键因素。一个文化认同感强的民族，是最能够紧密团结抵御外来侵犯的，往往不会受外来力量影响而分裂解体。思想道德价值观是民族文化发展的高度浓缩和提炼，具有强大的凝聚力和引领力，正确的价值观能够使全体人民在理想信念、价值理念、道德观念上紧紧团结在一起，拧成一股绳，劲往一处使。只有人民有信仰，国家才有力量，民族才有希望。以“五常”思想为代表的儒家文化是中华民族世界观、人生观、价值观、审美观形成的文化基因之一，是我们民族有别于其他民族独特的文化标识，长期以来对维系社会稳定、民族认同，塑造中国形象、中国风格、中国气派发挥了重要作用。

作者简介 贾峰，宁夏社会科学院文化研究所助理研究员。

一、“五常”思想的文化内涵与价值外延

孔子最初提出“仁、义、礼”的伦理学说，孟子又将其扩展为“仁、义、礼、智”，西汉思想家董仲舒根据当时社会发展的状况将其延伸为“仁、义、礼、智、信”，后世儒家学者称此为“五常”。“仁”是儒家学说的核心，也是“五常”思想的根本，“是最高原则，也就是说对人类、对人性、对生命的终极关怀和爱护，应当是最终目的，是至上的道德原则”[①]。即“仁者安仁”（《论语·里仁》）。“义”与“仁”同出自《周易》：“立人之道，曰仁与义。”“义”所强调的并非江湖道义，而是重义轻利、见利思义，它所反对的正是“精致的利己主义者”，倡导由“义以为上”而至“中庸”。“礼”是“仁”的形式化表达，“仁”是“礼”的实践逻辑，所谓“克己复礼为仁”（《论语·颜渊》）。“孔子的思想体系是以其仁学为根基的；同样，作为他的礼学思想，孔子亦是立足于其仁学来审视与探讨的。正因为孔子主张把礼建立在仁的基础之上，所以才会有‘人而不仁，如礼何？’之慨叹。”[②]因此，人唯有知“仁义”，方会有“礼”。“智”亦可作“知”字来解，是关于人的认识论的实现途径，是“格物致知”中的“知”，是掌握知识前的路径选择，是掌握知识后的实践性思考。从“五常”思想构建逻辑上来看，“智”是对“仁义礼”的认知与思辨。“信”位于“五常”之末，有“不二”“真”“诚”“不欺”四个德目。《大学》中有“欲齐其家者，先修其身。欲修其身者，先正其心。欲正其心者，先诚其意”之说。可见诚信是正心之基础，是修身的先决条件。

儒家的“三纲”“五常”“十德”思想长期引领着古代中国社会伦理道德秩序规范，为个人修为、家庭和睦、社会和谐、政治稳定提供了理论依据，发挥了重要的作用和价值。儒家学说不是中国传统意义上的宗教文化，也不同于逻辑思辨式的西方哲学，从学理上很难给予其一个明确的学科属性，它更近似于一种为人之学、处世之学、道德之学，或是一种治世

① 赵璐. 仁、义、礼、智、信与当前中国社会道德文明建设[J]. 丝绸之路，2012(12).

② 李友广. 经与权的统一：孟子之礼再考察[J]. 中南大学学报(社科版)，2010(4).

之学。从一开始，它就着眼于人与人、人与自然、人与社会的伦理秩序构建。“儒家不能容忍人性丑恶且不能改变之说，也不能容忍人本性自私且自私无可非议之说。”①儒家所主张“仁义礼智信”的道德范畴基本指向就是“养成君子”，这一点从后世尊称孔子为“圣人”、孟子为“亚圣”就可见一斑。“大家不要小看儒家讲仁义礼智，讲父慈子孝，讲家庭亲情，这正是中华民族的凝聚力、融合力的根本性的东西。”②

自汉武帝时代起，实行“罢黜百家，独尊儒术”的治国方略。儒家取代法家广泛参与到社会生活与政治秩序的构建中，逐渐形成了儒家式的社会秩序形态。以儒家伦理纲常学说为中心的宋代理学，更是将儒家的“成德之教”上升为道德哲学的高度，并就道德哲学实践的落脚点归结为“心性”与“工夫”的问题上。明代盛行的理学、心学、气学，都是在儒家学说的基础上进行阐释和评述的。现代新儒家在吸收柏格森“生命哲学”、康德“自由意志”、黑格尔“精神现象学”等西方哲学思想的基础上，以发扬儒家学说的心性理论，适从近现代科学与民主的发展潮流，并倡导中国传统文化不仅应该现代化，还应世界化。

“五常”思想作为儒家文化的重要组成部分，为中华伦理道德秩序的构建发挥了核心作用，是一套传统的成体系的价值观念。在今天社会道德价值观多元发展背景下，尤其是城镇化的快速发展，使得中国自古以来形成的以农耕文化为基础的家族聚居、家族观念、家族形态发生了根本性的改变。近代以来西方文化的多层面传入与广泛融合，使得大众的意识形态与道德标准逐渐多元化。那么，传统的儒家文化与当代的先进文化是否相容？儒家文化的道德优势与社会主义核心价值观是否具有内在联系？笔者试图从儒家“五常”思想与当代社会思想道德建设关系的角度做一些探讨。

二、“五常”思想在当代社会秩序建设中的道德优势

近代以来，很多学者深受“西方中心论”的影响，大肆宣扬中国文化

---

①张岱年，程宜山．中国文化精神[M]．北京：北京大学出版社，2015.

②陈来.中华文明的核心价值:国学流变与传统价值观[M]．北京：生活·读书·新知三联书店，2015.

的现代化就是西方化。支撑他们理论的依据大多从西方文化、西方社会优势的一面展开。客观来看，这种观点虽有一定的合理性，但问题在于他们只看到了文化流变的时代性，而忽略了文化发展的民族性，是一种“弱者心态”的表现，是文化不自信的体现。

一个延绵两千五百多年的文化传统必然具有一个经典的核心价值观，具有一套成熟而完整的价值体系。“五常”思想在历史发展的过程中，质疑的声音从来没有停息过。“五四”运动喊出了“打倒孔家店”，在“文化大革命”中儒学更是受到了毁灭性的打击，儒家价值观广泛存在的基层社会组织系统遭到崩塌式的颠覆。改革开放后，为了快速改变我们国家落后的经济发展现状，缩小与发达国家悬殊的经济实力，我们提出了“以经济建设为中心”。经过几十年的不懈努力，当今中国的经济总量已跃居世界第二，人民物质生活得到了前所未有的提高，即将建成全面的小康社会。但是社会道德建设离社会主义现代化的理想要求仍有较大差距，人的“自我欲望”膨胀，“以自我为中心”“精致的利己主义者”等价值观念盛行，对社会弱势群体的漠视与冷漠已不是个案。

近年来，诸如“老人跌倒了该不该扶”“危难时刻该不该见义勇为”“如何保护幼儿不受侵犯”等话题时常充斥着各类媒介的头条。此外，“官二代”“富二代”“星二代”等带有贬义性质词汇的频繁出现和使用，在一定程度上反映了当下社会道德滑坡的现实，凸显了对青少年思想道德建设缺失的根本性问题。一个家庭对后代价值观的教育和引导，会直接作用于其在社会团体与个体中的具体表现。所谓“才犹材质，人之能也。人有是性，则有是才，性既善则才亦善”[①]。朱子这一教化理念所强调的正是全面人格的塑造，旨在以文化人、以文育人。家庭是社会最基本的单元，对个人道德意识的蒙养具有先天优势，家庭应该为青少年“扣好人生的第一粒扣子”。诸多学者将青少年的不良表现主要归结于社会道德的整体滑坡、学校教育的功利化等因素，而对于青少年的“第一课堂”与“终身课堂”的家庭教育研究远远不够。客观来说，经济的快速发展，物质的极大丰富，

---

①朱熹. 四书章句集注[M]. 杭州：浙江大学出版社，2012.

网络生活的悄然占据，传统家风教化观念受到了“自我”“个性”“非主流”等思想的强烈冲击。尽管传统家风思想仍保持其恒久的核心地位与最高准则，但其原有的道德优势逐渐模糊却是不争的事实。因此，当我们以“看热闹”的心态围观完了热点话题以后，应该思考如何优化社会道德秩序，如何将儒家“五常”思想的道德优势与社会主义核心价值观的品牌塑造有效地结合起来，解决当下社会所面临的诸多难题。

“传承‘孝亲’‘友善’‘诚实’‘敬业’等优秀传统家风对新时期加强思想道德建设、优化社会风气等具有不可替代的作用。”①这种不可替代性，正是当下社会发展过程中需要进一步强化的，而不是减弱或任其自由发展。“儒家重视教育，但他们所论教育主要不是知识教育，而是伦理教育，即如何做人的教育，儒家的愿望是通过道德教化以造就志士仁人的理想人格。”②从文化社会学的角度来审视，“五常”思想本身所具有的道德优势早已深入人心，它所表现出道德范畴的连续性与规范性正是治愈当代社会道德下滑的一剂良药，可以为再塑当代社会道德规范贡献智慧。

如果说以“五常”思想为代表的儒家伦理文化仍受当代社会所倡导，原因就在于它长期处于人伦道德标准的核心地位，具有无可替代的道德优势。这种优势的根源在于它是塑造中华民族文化性格与人伦关系的根本思想之一，始终扮演着道德范畴意义上的基因作用，这是无法改变和脱离的。如果脱离了“五常”思想教化意义上的道德优势，我们将丧失对民族传统道德秩序的认知法门，以及民族文化自信与文化归属感。因此，无论今天还是未来，“儒家并未也不可能‘博物馆化’，而必将参与现代中国治理秩序之塑造和再造”③。

三、“五常”思想对社会主义核心价值观形成的影响及其内在联系

“培育和弘扬社会主义核心价值观必须立足中华优秀传统文化。牢固的

①周春辉.论家风的文化传承与历史嬗变[J].中州学刊,2014(8).

②邵汉明,刘辉,王永平.大众儒学[M].北京:人民出版社,2014.

③姚中秋.儒家式现代秩序[M].桂林:广西师范大学出版社,2013.

核心价值观，都有其固有的根本。抛弃传统，丢掉根本，就等于割断了自己的精神命脉。博大精深的中华优秀传统文化是我们在世界文化激荡中站稳脚跟的根基。中华文化源远流长，积淀着中华民族最深层的精神追求，代表着中华民族独特的精神标识，为中华民族生生不息、发展壮大提供了丰厚滋养。”①“五常”思想具有长期的普适价值和深厚的文化内涵，是中国传统文化的珍贵遗产和中华民族传统道德的优良品牌。从现实意义上来看，它与社会主义核心价值观有着高度的吻合，一隐一显，在日常生活中儒家思想被我们“旧用而不知”。

“富强、民主、文明、和谐、美丽”是我国实现社会主义现代化国家的建设目标，也是从价值目标层面对社会主义核心价值观基本理念的凝练。儒家强调“入世”思想，“世”实际上就是人的社会关系。儒家把自身内修看作是手段，通过对本体的内在修为来实现“修己以安人”的人生理想，也就是修身、齐家、治国、平天下。孔子不惜辛劳奔走列国“推销”自己的治国理念，其目的就是实现富强和谐、天下大同的理想社会。儒家思想和中国历史上存在的其他学说都坚持经世致用原则，注重发挥文以化人的教化功能，把对个人、社会的教化同对国家的治理结合起来，达到相辅相成、相互促进的目的。

“自由、平等、公正、法治”是社会主义现代化的理想社会形态，也是从社会层面对社会主义核心价值观基本理念的凝练。《说文》云：“仁，亲也。”“仁”所倡导的社会伦理观是建立在人与人互爱的基础之上，是不掺杂功利心的“仁者爱人”，“在道德观念上已经突破封建的社会，也突破了血缘关系，而进至于更一般的人与人关系”②。这与当代中国“以人民为中心”的发展理念，人民大众所认可的以德治国是一致的，具有崇高的文化认同感。正如朱子所言：“百行万善总于五常，五常又总于仁。”

“爱国、敬业、诚信、友善”是公民基本道德规范，是从个人行为层面对社会主义核心价值观基本理念的凝练。《白虎通》中释“信，诚也，专

① 习近平. 在中央政治局第十三次集体学习时的讲话[N]. 人民日报,2014-2-24.

② 陈来. 中华文明的核心价值:国学流变与传统价值观[M]. 北京:生活·读书·新知三联书店,2015.

一不移也”。诚信近似于儒家所讲的“表里如一”（《朱子全书》），亦暗含忠诚之意。“礼”是社会道德秩序发展到一定阶段的产物，它的发展与完善形成了社会习俗、规矩、律法，并时常以道德的标准推行社会习俗、规矩、律法在社会生活中的实现。“礼的作用不是消灭欲望，而是节制欲望、激情、情绪，从而塑造健全的生命，也塑造合宜的人际关系，所谓‘文质彬彬，然后君子’。”①有“礼”社会与人类才能和谐发展，最终走向自由与平等的理想社会。因此，重建礼仪，乃当代先进文化深入大众之关键。

中华民族独特悠久的文化传统、跌宕起伏的历史命运、当代发展的基本国情，注定我们必然坚守根植于中华沃土又具有当代中国特色的价值观。以儒家文化为代表的中华优秀传统文化不仅是根植于国人心中的民族基因，也是当代中国发展最深厚的文化软实力，它是我们增强文化自觉与文化自信的精神源泉。社会主义核心价值观是对中华优秀传统文化的继承与转化，是当代中国精神的集中体现，凝结着中国人共同的价值追求。只有引导广大人民群众树立正确的历史观、民族观、国家观、文化观，大力弘扬中华民族讲仁爱、重民本、守诚信、崇正义、尚和合、求大同的社会风尚，坚持培育和践行社会主义核心价值观，增强文化的凝聚力和向心力，强化中华民族共同体意识，才能更好地构筑中国精神、中国价值、中国力量，为人民提供强有力的精神指引。

四、“五常”思想在构建当代社会道德秩序中所存在的时代局限性

“传统文化在其形成和发展过程中，不可避免会受到当时人们的认识水平、时代条件、社会制度的局限性的制约和影响，因而也不可避免会存在陈旧过时或已成为糟粕性的东西。这就要求人们在学习、研究、应用传统文化时坚持古为今用、推陈出新，结合新的实践和时代要求进行正确取舍，而不能一股脑儿都拿到今天来照套照用。”②

“五常”思想对封建社会道德秩序构建起到了重要的支撑作用，是华夏

① 姚中秋. 儒家式现代秩序[M]. 桂林：广西师范大学出版社，2013.

② 习近平. 在纪念孔子诞辰2565周年国际学术研讨会暨国际儒学联合会第五届会员大会开幕会上的讲话[N]. 人民日报，2014-9-25.

民族家国观念形成的主要思想来源之一。我们在继承和发扬儒家“五常”思想优良传统的同时，也要反思其在当代社会主义思想道德建设中所存在的时代局限性。儒家思想作为封建社会伦理道德的价值核心，无法避免受当时社会制度影响所形成的时代局限性，难免会受到当时人们认识水平所造成的陈旧与糟粕性的价值观念。如“君为臣纲，父为子纲，夫为妻纲”，又如孟子的“无恻隐之心，非人也”等等。这与当下社会所倡导的民主、和谐、自由、平等、公正的社会主义核心价值观有相悖之处，表现出一定的不适应性。

因此，我们要以辩证和批判的眼光继承和发扬儒家“五常”思想，取其精华，去其糟粕。同时要以发展和传承的眼光对其进行时代精神的价值转化，使之与现代文化相融相通。要从文化传承的高度认识到，“中国的‘现代性’就是对中国传统文化所做的‘现代性转换’”[①]，而不是“西方化”。

五、结语

习近平总书记在多个重要场合强调：“坚定中国特色社会主义道路自信、理论自信、制度自信，说到底是要坚持文化自信。”我们的文化自信从哪里来？这其中就包括从儒家“五常”思想在内的中华优秀传统文化里来。笔者在前面就谈到以“五常”思想为代表的中华优秀传统文化的道德优势和品牌价值，这是由中华民族几千年历史发展形态所决定的，是民族文化基因所造就的。

我们要清醒地认识到：社会思想道德建设与提高是一个漫长的发展过程，我们只有坚定文化自信，不断完善中国式文化价值表达，才能提升中国在世界文化格局中的话语权，抢占文化价值的制高点。只有大力实施社会主义核心价值观铸魂工程，不断加强公民思想道德建设，充分依靠包括“五常”思想在内的中华优秀传统文化思想的道德优势，把中华优秀传统文化思想体现在市民公约、乡规民约、家规家训中。在全社会弘扬诚信文化、孝亲文化，挖掘和整理家书文化、家训文化，建设新乡贤文化。把培育和

---

① 王富仁.“现代性”辩证[J]. 北京师范大学学报(社科版),2013(5).

践行社会主义核心价值观、继承和弘扬中华优秀传统文化作为精神文明创建的根本任务，体现到“文明城市”“文明村镇”“文明单位”“文明家庭”“文明校园”创建活动的各个方面。进一步树立“感动中国”“道德模范”“孝亲敬老之星”“中国好人榜”等新时代模范人物，充分发挥其行为世范的榜样力量。唯有如此，才能永葆以“五常”思想为代表的中华优秀传统文化的永恒价值和道德示范作用，才能不断赋予其新的时代精神与文化内涵。

宁夏互联网建设发展报告

崔　跃　王国华

当前，宁夏互联网发展正处在创新突破的重要关口，从大规模投资建设到深化应用、取得效益阶段，从互联网普及到“互联网+”深度融合阶段，从立足区内发展到积极融入“一带一路”阶段，从完善云计算设施到推动大数据发展应用阶段，从全面推进信息化建设到培育信息产业、发展互联网经济阶段。

一、互联网资源普及应用

（一）基础电信网络建设

截至2016年12月，宁夏全区3G/4G网络建设高速推进，基站数量3万个，基本实现全区城市、县城以及主要乡镇、高速公路、风景区的热点覆盖。全区室内分布系统超过5735套，WLAN接入点（AP）数达到3.6万个。光缆总长度达到16.1万公里，同比增长41.2%，其中接入网光缆线路长度达到13万公里，同比增长88.4%。2016年，完成“宽带宁夏”项目投资27亿元，县级以上城市光纤宽带接入小区达4000余个，覆盖率达98%。光纤宽带覆盖用户达到190万户，覆盖率达到86%。新建4G基站3065

作者简介　崔跃，自治区互联网信息办公室网络信息管理处处长、编审；王国华，自治区互联网信息办公室网络信息管理处干部、助理研究员。

个，4G 网络实现市县乡连续覆盖。争取国家电信普遍服务补偿资金 2.89 亿元，带动基础电信运营企业投资 13.4 亿元。完成 971 个行政村、4516 个自然村的光纤覆盖；发展农村宽带用户 2.59 万户、互联网电视用户 2.66 万户。电信普遍服务试点地区光纤带宽达 20M，初步实现了信息惠民的目标。全区 20M 以上宽带用户占比达 85.9%，全国排名第 4 位。截至 2016 年 12 月，宁夏互联网省际出口带宽达 2TB。

（二）应用基础设施发展

发展云计算产业，是宁夏抢抓“一带一路”战略机遇、对接国家“信息丝路”计划、构建网上丝绸之路宁夏枢纽工程的重要抓手，对促进宁夏产业结构调整和转型升级、建设开放宁夏具有重要意义。作为云计算产业的基础设施，2016 年，互联网数据中心配套基础设施进一步完善，一批数据中心项目有序推进，呈现出快速聚集发展的良好态势。2016 年，宁夏誉成云创数据投资有限公司两栋机房已经建成并投入使用，在建数据中心积极推进。中国移动数据中心办公楼及数据中心配套机房主体已经封顶，计划一年内建成投入使用。中国联通数据中心已完成土地使用证、建设用地规划许可证办理，计划招投标并开工建设。中兴智慧银川大数据中心已投入使用机房面积 1800 平方米，主要承载智慧城市系统、公众服务系统、企业服务系统、游戏电竞产业及云计算等各类业务。宁夏誉成云创数据投资有限公司中卫云数据中心、中兴智慧银川大数据中心已被确定为国家绿色数据中心试点。截至 2016 年年底，宁夏除基础电信运营企业外，互联网数据中心业务经营单位达到 8 家，全年总收入 505 万元，全年总支出超过 2000 万元，从事互联网数据中心业务的企业人员不到 200 人，全部主机数量 953 台，用户托管的服务器数量超过 8000 台，总机房面积 3.1 万平方米。

（三）技术研发与创新

近十年来，宁夏互联网领域申请专利数量整体呈上升趋势，但与东部地区发达省份相比差距明显。数据通信领域，2013 年专利申请量 33 件，随后两年回落至 2015 年 7 件，2016 年增加至 45 件，2017 年专利申请量 13 件。云计算和大数据领域，2016 年专利申请量 33 件，2017 年专利申请量 6 件。人工智能领域，2016 年申请 4 件，2017 年申请量 1 件，全区人工智能相关领域技术薄弱，专利申请量极少。物联网领域，2016 年专利申请量 32 件，2017 年专利申请量 2 件。工业互联网领域，2014 年专利申请量 25 件，随后申请量明显回落，2017 年专利申请量 4 件。

（四）网民规模与应用特点

宁夏互联网发展势头良好，网民规模、互联网普及率继续增长。截至 2016 年 12 月底，宁夏网民规模达到 339 万，同比增长 3.7%，互联网普及率为 50.7%。在全国各省区市排名中，宁夏互联网普及率位居第 20 位。网民数量的不断增长，让互联网与经济社会深度融合的基础更加坚实。调查结果显示，2016 年手机是宁夏网民最主要的上网设备，网民对互联网的使用程度加深，主要表现在平均每天上网时长以及各类网络应用的使用率都有明显的增加。性别结构，《第 39 次中国互联网络发展状况统计报告》显示，2016 年，中国整体网民男女比例为 52.4∶47.6。宁夏网民男性和女性分别占比为 66.4%和 39.6%，男性网民比例远高于全国平均水平，反映出宁夏网民性别结构不均衡。年龄结构，2016 年，宁夏网民以 20—49 岁群体为主，占整体的 82.2%：其中 20—29 岁年龄段的网民占比最高，达 40.9%；30—39 岁、40—49 岁群体占比分别为 23.8%、17.5%。与 2014 年、2015 年底相比，40—60 岁以上上网群体占比大幅度提升，随着智能手机及即时通信软件的应用普及，互联网继续向这一部分人群渗透。学历结构，2016 年，宁夏网民中具备中等及以上教育程度的群体规模最大，占整体的 85.2%，其中大学本科及以上的网民占比最高，达 36.9%，高于全国平均水平 11.5%。高中、中专、技校学历网民占比较 2015 年下降 3.8 个百分点，并呈逐年下降趋势；初中生人群占比较 2015 年下降 3.5 个百分点。与 2015 年相比，宁夏网民逐步向高学历人群扩散。职业结构，2016 年，宁夏网民中学生群体的占比最高，为 21.7%；其次为企业/公司人员和党政机关事业单位人员，比例分别为 20.7%和 13.1%。网民中学生占比较 2015 年上升 3.2 个百分点，企业/公司人员占比下降 3.9 个百分点。收入结构，2016 年，宁夏网民中月收入在 2000—5000 元的群体占比较高，为 50.8%。随着宁夏经济的不断发展，低收入群体网民的占比逐步递减，与 2015 年相比，收入在 2000 元以下的网民人群占比总体下降了 4.6 个百分点；收入在 5000—8000

元的网民人群占比总体提升 2.7 个百分点。

2016 年，宁夏网民最常用和最基础的网络应用服务是网络新闻、网上支付、网络购物、网络视频、即时通信 5 项应用。其中网络购物较 2015 年上升 9.7 个百分点，网络视频上升 8.3 个百分点，网络音乐上升 8.4 个百分点，网络娱乐类应用呈快速增长趋势。在线视频服务、网上医疗和网络约车等新型网络服务客户群体还比较小，网民使用比例较低；从增长率来看，网上医疗、网络约车和在线教育增速较快，较 2015 年分别增加 5.8、5.6 和 4.5 个百分点。网络新闻作为网民第一大上网应用，在高使用率的基础上继续攀升，传统纸质新闻媒体的原有市场不断被蚕食；即时通信类应用的使用率远高于微博、博客、电子邮件等其他交流沟通类应用；商务交易类应用依然保持快速发展；网上支付、网络购物、网上银行等应用表现突出；娱乐类应用保持稳定发展，网络视频、网络音乐、网络游戏等应用发展已经进入快速增长阶段。

二、 互联网产业发展

（一）大数据产业加速发展

一是龙头企业陆续入驻，亚马逊 AWS、奇虎 360、中国移动、中国联通等企业入驻西部云基地，大数据中心规模达到 3.6 万台服务器，带动了 140 余家上下游企业聚集中卫。银川引进好大夫、丁香园等 17 家互联网医院和盛大游戏等一批电竞企业。二是行业数据加速汇聚，国家高分辨率对地观测、北斗导航等一批行业数据已经落地，国家气象超算中心、最高检、民政部等数据中心正在积极对接。三是本土企业快速成长，希望信息、西部电子、明天科技等企业面向全国提供云服务，带动物流、农业等领域的社会数据在宁夏汇集，全区信息产业规模年增速超过 20%。四是产业融合逐步深化，共享集团、吴忠仪表等一批领军企业快速发展，带动全区“两化”融合水平不断提升。建成覆盖全区的农村电商服务体系，全区网络销售交易额快速增长。

（二）云计算产业扎实推进

一是制定出台了《关于加快发展全区云计算产业的若干政策意见》，从土地、电力等方面助推宁夏云计算产业快速发展，制定印发了《宁夏回族自治区云计算企业认定管理办法》，建立了宁夏云计算企业认定机制，确保各项政策措施的贯彻落实。二是协调推进中卫西部云基地建设，目前，银川大数据中心一期已建成508个机柜，可承载1万台服务器，已与29家委办局对接数据采集工作。西部云亚马逊AWS数据中心一期3栋机房已建成，2.5万台服务器完成安装测试；亚马逊宁云技术服务（宁夏）有限公司和宁夏西云数据科技有限公司共同运营亚马逊AWS合作数据中心，目前已取得了新的云计算业务牌照。美利云数据中心一期1.1万台服务器完成安装测试并投入运营，二期4栋机房已开工建设，可容纳高密机柜8000个，服务器16万台。宁夏云计算产业基础已经形成。

（三）电子信息产业稳步发展

一是电子信息制造业。截至2017年上半年，全区电子信息制造企业25家，从业人员约6500人，其中规模以上13家。全区电子信息制造业规模以上企业完成工业产值73亿元，增长31.3%，预计全年突破100亿元。重点项目顺利推进，银川隆基硅有限公司5GW单晶硅棒、5GW切片项目（总投资35亿元，年产值40亿）硅棒已部分投产，新增产值20亿元，硅片项目已经开始试车。宁夏润峰电力有限公司1GW光伏组件项目（总投资6亿元，年产值36亿元）已部分投产，完成产值5000万元。中卫都阳新能源3GW单晶硅棒项目（总投资17亿元，产值25亿元）加紧建设。同时，龙能科技（宁夏）有限责任公司3.5亿安时高端锂离子电池项目（总投资15亿元，产值23亿元）正在进行设备安装调试。杉杉能源（宁夏）有限公司5.5万吨锂离子电池正极材料项目（总投资45亿元，年产值50亿元）部分投产，新增产值4亿元。二是软件和信息技术服务业。全区软件和信息技术服务企业230多家，从业人员约5500人，其中规模以上19家，获得信息系统集成资质70家，新三板上市15家。全区完成软件业务收入8.1亿元，增长21.8%，预计全年达到15亿元。宁夏希望信息公司住房公积金管理平台在新疆全区应用，被建设部认可并召开现场会推广；银川方达电子公司建设的全区医疗社保一卡通平台，2016年完成医疗结算98亿元，保障全区人民就医结算的畅通；宁夏亚视电子科技公司自主研发的远程互动智慧课堂共享平台，得到教育部陈宝生部长来宁视察时的肯定。

（四）电子商务发展势头迅猛

2016年，宁夏电子商务继续保持高速发展，加速推动各领域业态、模式不断创新，已经成为宁夏经济发展的新亮点和供给侧结构性改革的新动力。一是网络零售增长迅猛。监测数据显示，2016年，宁夏网络零售市场交易额175亿元，同比增长34.3%。其中网络销售19亿元，同比增长19.8%；网络购物额156亿元，同比增长35.1%；截至2016年12月底，宁夏网购用户规模达138.8万，较2015年年底增加12.4万人，增长9.8%。注册地为宁夏的淘宝卖家累计达2.1万家，同比增长23.5%。在注册卖家中，进行实际销售的店铺1725家，其中，个人卖家1613家，企业卖家112家。二是O2O服务快速发展。2016年，宁夏在线订餐累计消费353.4万人次，总消费达4.4亿元，同比增长62.9%；线上餐饮总收入约占全区餐饮行业总收入的4.2%。线上订餐居民渗透率为11.5%，行业渗透率为6.2%。2016年，宁夏各类宾馆酒店等住宿设施线上客房预定收入达3.68亿元，约占全部客房收入的17.1%。线上客房预定居民渗透率为13.6%，行业渗透率为16.1%。2016年，宁夏居民线上影票预定78.4万人次，同比增长14.9%，交易规模3840万元，同比增长10.6%。三是在线旅游预订稳步增长。2016年，宁夏接待国内旅游人数超过2150万人次。初步测算，宁夏在线旅游总收入达12.8亿元，约占全区旅游总收入的6.1%，其中主要以旅游住宿、机票车票预定为主，占比分别为50.4%、39.6%。四是线上支付规模不断扩大。2016年，宁夏线上支付用户规模约为147.1万户，同比增长11.6%，第三方支付市场互联网转接交易规模约为880亿元。就第三方支付平台来看，财付通（微信支付）、支付宝、银联商务分别以38.8%、50.5%与10.7%的市场份额继续占据前三名。调查显示，线上支付主要以网络购物、网络转账、金融产品、票务等业务为主，比重分别为42.2%、34%、21.5%和2.3%。

（五）网上丝绸之路启动建设

2016年11月国家批复宁夏开展中阿网上丝绸之路经济合作试验区暨宁夏枢纽工程建设，要求发挥宁夏战略支点地位，构筑经贸科技合作大平台。一是立足内陆开放型经济试验区先行先试优势，研究制定了《中阿网上丝绸之路经济合作试验区暨宁夏枢纽工程一期建设方案（送审稿）》，明确了发展思路和实施路径。二是用好中阿博览会金字招牌，深化经贸科技合作，国际贸易“单一窗口”、中阿技术转移中心、杜古姆产业园建设加快推进，丝路通等跨境电商平台开展服务。三是成功组织举办了2017网上丝绸之路大会暨云计算大数据应用展示，加强了与“一带一路”沿线国家的信息交流合作。随着网上丝绸之路建设、使用，将进一步提升宁夏的开放发展水平。

三、产业融合创新发展

（一）扎实推进互联网与工业融合创新发展

一是制定出台《宁夏关于落实“互联网+”行动计划实施意见》和《自治区关于深化制造业与互联网融合发展的实施意见》，为进一步推动宁夏制造业与互联网融合发展，加快新旧发展动能和生产体系转换提供了政策支持。二是积极争取国家各项试点示范企业，宁夏菲麦森流程控制技术有限公司工业云平台被列为国家试点项目，并争取国家补助资金150万元；宁夏共享集团、巨能机器人、汇川服装有限公司等3家被列为国家互联网与工业融合创新试点企业，并争取自治区补助资金180万元；宁夏共享装备的铸造工艺全流程虚拟设计平台项目被列为国家2017年制造业与互联网融合发展试点示范项目；吴忠仪表服务型制造“双创”平台建设、宁夏如意“互联网+”数字化智能纺纱生产新模式、维尔铸造中国标准动车组铝合金枕梁生产制造等3个项目被列为国家“双创”平台试点示范项目。三是在全区范围内开展了2017年自治区互联网与工业融合创新试点示范工作，遴选出10个互联网与工业融合创新试点示范项目，培育和引导宁夏工业互联网创新模式。四是充分发挥智能信息处理专业优势，创新建设宁夏工业大数据综合管理与应用平台，依托大数据、云计算、物联网等新一代信息技术，建设一个多元采集、集中存储、管理规范、应用全面、可视化展示的全行业大数据平台，实现工业运行监测、节能降耗监测、投资项目管理等应用功能，该平台也被工信部评为全国大数据优秀应用解决方案。

（二）加速推进互联网与农业融合发展

以“互联网+”为契机，以带动农业特色优势产业发展为导向，在全区22个县（市、区）建设农业综合信息服务平台和村级信息服务站项目，每年每县（市、区）安排资金30万元；农业物联网技术应用项目，对达到建设标准的给予补贴，奶牛、肉牛示范基地每个一次性补贴30万—50万元，其他每个一次性补贴10万—30万元。围绕优质粮食、草畜、蔬菜、葡萄、枸杞“1+4”重点产业，以信息技术在农业生产、经营、管理、服务各个环节融合为主线，加强农业综合服务管理信息化建设，提高农业信息化水平，推动农业技术进步、效率提高。在互联网与农业融合方面具体做了以下工作：一是建设宁夏农业智慧云平台，主要包括视频会议系统、农业灾害信息采集及调度系统，实现对种植业灾害、动物疫情、农机事故、草原火灾等的监测、统计、应急处理和基层人员的指挥调动；农业经济数据统计分析及决策辅助，实现农业生产规模、农产品产量、农产品价格、产业效益、农民收入等数据的统计上报，构建面向全区农业产业辅助决策支持的数据和图表信息；智慧农业监测应用服务，通过应急调度平台远程调用智慧农业示范应用点，实时监测园区智慧农业应用情况，展示宁夏智慧农业发展成果。二是构建基层农业信息网络服务体系。为把信息进村入户建设成为“互联网+”行动计划在农村落地的示范工程，主要以县级村级信息服务能力建设为着力点，打造以“12316”为核心的全区统一的农业信息服务平台，及时发布农技百科、专家服务、市场动态、品牌农业等生产销售信息，不断提高服务能力和服务水平。按照有场所、有人员、有设备、有宽带、有网页、有持续运营能力的“六有”标准，整体推进22个县级农业综合信息服务平台建设，并完成500多个村级信息服务站建设任务。三是实施农业物联网示范工程。围绕13个特色优势产业，从农业部2015年发布的成熟、可复制的116项节本增效农业物联网应用模式中遴选适用的模式，在永宁等16个县（市、区）和农垦开展66个农业物联网技术应用示范项目建设任务，其中设施农业13个、畜牧养殖23个、水产养殖30个。通过推进“节水、节肥、节药、节劳力”农业物联网技术应用示范和推广，为提升种养殖自动化和精准化水平，实现传统产业的在线改造具有重要意义。

四、地方互联网管理法规及成效

为落实国家《“十三五”国家信息化规划》《国务院关于积极推进“互联网+”行动的指导意见》等文件要求，自治区政府在互联网发展领域、产业融合创新等领域先后出台了多项政策规范和指导性文件，如《自治区人民政府办公厅关于加快新型智慧城市建设的实施意见》(宁政办发〔2017〕101号)、《自治区人民政府关于印发加快推进全区“互联网+政务服务”工作方案的通知》(宁政发〔2017〕3号)、《自治区人民政府办公厅关于印发全区推行不见面审批服务改革工作方案的通知》(宁政办发〔2017〕152号)、《自治区人民政府办公厅关于印发自治区政府系统电子政务协调发展工作方案的通知》(宁政办发〔2015〕141号)、《自治区人民政府办公厅关于实施农村电子商务筑梦计划的意见》(宁政办发〔2016〕60号)、《自治区人民政府办公厅关于印发宁夏信息化“十三五”发展规划的通知》(宁政办发〔2016〕185号)、《自治区人民政府办公厅关于印发宁夏回族自治区信息通信业“十三五”发展规划的通知》(宁政办发〔2017〕10号)、《自治区发展改革委关于印发〈宁夏回族自治区战略新兴产业发展“十三五”规划〉的通知》(宁发改高技〔2017〕378号)、《自治区经济和信息化委关于印发〈宁夏回族自治区两化融合“十三五”发展规划〉的通知》(宁经信法规发〔2016〕320号)、《自治区经济和信息化委关于印发〈宁夏回族自治区电子信息产业“十三五”发展规划〉的通知》(宁经信法规发〔2016〕333号)、《西部云基地建设规划》《银川市智慧城市建设促进条例》等。以上文件的出台，对全区互联网有序发展和规范管理起到了积极引导作用；对全区经济发展有“优化”作用，促进结构转型升级；对政府管理有“精准化”作用，提升行政管理效能；对公共服务有“便捷化”作用，增强民众的获得感，取得了一些成效。

(一) 促进产业转型升级

一是推动供给侧改革。如意服装开展全流程智能化柔性生产，推动企业决策从业务驱动向数据驱动转变，生产周期缩短55%，库存减少50%，供给质量和效率大幅提升。二是形成新兴业态。如好大夫互联网医院汇集全国15万医疗专家，提供网上咨询、线上复诊等全方位服务。ofo、摩拜等企业在银川投放了2万辆共享单车，基于地理数据提供车辆定位、路线导航等服务，方便了居民出行。三是创造新的增长点。全区大数据产业从无到有，仅亚马逊1家计划投资15亿—25亿美元，将拉动服务器制造等上下游产业落地。在做大经济增量的同时，零污染的产业特征能够实现生态保护和产业发展的双赢。

（二）提高政府治理能力

一是提升政务效率。如社保业务网上办理，减轻实体经办机构缴费业务压力40%以上，降低人工坐席话务量50%以上；通过医保大数据分析有效遏制大处方等过度医疗行为，累计追回和挽回违规资金1.25亿元。二是提升社会治理能力。如全区公共视频数据共享和分析应用，使视频监控区域“两抢”案件降低20%以上，利用视频数据破获刑事案件数占到破案总数的40%以上。三是降低运行成本。如整合全区政府采购等五大领域交易系统，建成全区统一的公共资源交易平台，实现了“一地办理、全区互认、全程通用”，每年可为市场主体节约费用4800多万元。

（三）持续增进民生福祉

一是促进民生服务普惠化。如建成全国第一个省级教育服务平台，为全区10万名教师、100多万学生提供500万件优质教育资源共享服务，实现了城乡、山川学校之间，以及福建部分中学与宁夏学校的同步教学。二是促进民生服务便捷化。如全区社会保障卡覆盖率达到90%以上，实现了参保缴费、医保报销以及惠农资金领取等功能的一卡多用。建立了国家、自治区、市、县、乡五级远程医疗服务体系，2016年完成远程医疗服务3.7万例，有效缓解群众看病难问题。三是助力脱贫攻坚。如汇集全区80万建档立卡贫困人口的500万条数据，准确度达到95%，通过致贫原因、脱贫需求等分析，为措施制定、工作部署提供决策支撑。

（四）网络建设“提速降费”效果显著

2016年，宁夏电信业务综合价格指数为57.17，宁夏居民消费价格指数为101.5（上年为100）。从发展趋势看，宁夏的电信业务资费价格一直保持下降趋势且下降幅度不断扩大。随着“提速降费”专项行动和“宽带宁夏”战略的实施，宁夏固定宽带上网速率大幅提升，同期固定宽带接入业务价格平稳下降。按每户计算，互联网宽带接入户均月使用费平稳下行。2016年，家庭住宅用户宽带接每月入户均使用费为45.2元（2016年12月当月），同比下降了13.7%。按单位上网带宽统计，价格下降更加明显。固定宽带平均带宽价格按最低速率估算价格下降了52.4%，按最高速率估算下降了55.9%，保守估算固定宽带单位带宽价格下降幅度在54%左右，到2016年年底达每兆1.2元左右。2016年，“提速降费”专项行动实施，移动数据流量平均资费降至每G22.5元，同比下降了45.5%，绝对值不到2012年的1/4。

五、政府信息化及电子政务发展

（一）“互联网+政务”体系基本建立

一是电子政务基础设施基本完善，已建成全区统一电子政务外网和公共云平台，网络接入五级8000多家党政机关事业单位，行政单位覆盖率达到96%以上，平台集中承载了150家单位的300个应用系统及数据资源，云平台规模达到3000台云服务器和1600T存储空间，网络平台覆盖率处于全国领先水平。二是政务信息共享基础初步建立，建成人口、地理空间和宏观经济共享库，实现多部门基础数据的汇聚和服务。三是政务大数据服务平台基本建成，汇集了1400多万条共享数据和30多万条开放数据。四是应用服务框架逐步健全，政务服务实现五级贯通，梳理形成了27项基层政务服务事项，在全区乡村推广“一站式”服务模式。

（二）“8+N”朵云陆续建成运行

这是全区政务民生信息化应用的主体内容，由相关厅局分别建设。一是“8朵云”全部建成，正在全区推广应用，扶贫、水利、工业、环保、住建等“N朵云”部分系统上线运行。二是应用场景不断丰富，“8+N”朵云应用通过网站、手机APP、微信、服务热线等多种入口为企业和公众提供信息服务，应用范围和服务体验不断提升，“智慧旅游运行监测”等一批系统入选2016年度中国“互联网+”优秀案例。三是信息服务更加集成，搭建了民生在线服务统一平台，整合了“8+N”朵云的49类信息查询和86

项应用服务。正在建设政务协同办公门户和“中国宁夏”网站群，推行三级协同办公和信息一站公开。

（三）信息共享开放初见成效

一是基本建成全区政务大数据服务平台，作为政务数据跨地区、跨部门共享的统一渠道和开放利用的统一窗口，初步制定了第一批政务信息资源共享目录和开放目录。截至目前，政务大数据服务平台已汇集了1400多万条共享数据和30多万条开放数据。宁夏政务大数据服务平台荣获中国电子信息行业“盘古奖”2017年度创新产品。二是按照需求导向，围绕社会管理、公共服务、政府决策需求，积极推动信息共享和业务协同。如推动实施“五证合一”，有效缓解了企业重复提交材料的问题；整合建立统一的政务服务网和“12345”政务服务热线，构建线上线下一体化的政务服务平台，推行“不见面、马上办”的审批模式。

（四）智慧城市建设具有特色

银川、石嘴山、吴忠、中卫4个地市和永宁、大武口2个县（区）入选国家智慧城市试点。一是银川采用PPP+资本市场方式创新智慧城市建设，在全国形成一定影响力。整合55个便民服务电话建立“12345”统一热线，建成智慧城市管理指挥中心，开展20个智慧小区试点，增加了群众获得感，受到国务院通报表扬，并作为典型经验向全国宣传推广。二是各市积极跟进，石嘴山、吴忠建立了人民议政网、就业服务、“51890”便民服务、智慧供热等服务平台，固原、中卫智慧城市启动建设。三是加强统筹规划，在全国率先出台省级层面的顶层设计，2017年5月自治区政府办公厅印发了《加快新型智慧城市建设的实施意见》，积极构建全省域新型智慧城市。

六、互联网宣传和管理

2014年，自治区党委网络安全和信息化领导小组及办公室成立。3年来，在自治区党委、政府坚强领导下，在自治区党委宣传部大力支持下，在全区网信战线及涉网管理部门的共同努力下，全区的网络宣传管理工作取得新成绩，2017年网络宣传管理工作再上台阶。

（一）网络宣传有声有色

2017年，全区网络宣传工作紧扣自治区第十二次党代会及党的十九大精神宣传贯彻主题，全网动员，突出重点。组织中央驻宁新闻网站、自治区各级新闻网站及传统媒体“两微一端”开设相关专题专栏，动员全区各级政务门户网站参与网上传播，协调“今日头条”“一点资讯”等网络平台精准推送，提升了网上宣传的到达率、阅读率。2月26日至3月2日，组织各市媒体及人民网、新华网、光明网等中央、自治区重点新闻网站记者前往固原市、银川市采风，深入报道宁夏扶贫工作亮点和典型，推出了105篇有温度、有感情、有反响的原创作品，其中14篇稿件被中央网信办采用并全网推送转载，自治区党委网信办被中央网信办评为“迎接党的十九大——脱贫攻坚看成效”网络主题活动先进集体。开展的“温暖中国——宁夏网络媒体新春走基层”“牢记嘱托，实干兴宁，走好新的长征路”第十三届全国网络媒体宁夏行活动，紧紧围绕贯彻落实习近平总书记来宁视察时的重要讲话精神及宁夏第十二次党代会精神，全方位、全景式集中报道展示宁夏各地经济社会发展新成就和人文历史景观。2017年年底开展的党的十九大学习宣传贯彻网上系列宣传活动，形式多样，内容丰富，取得了良好的宣传效果。

（二）网评工作扎实开展

夯实网评工作基础，拓展网评力量，完善网评体制机制，努力建设网络良好生态。印发了《进一步加强网评队伍建设的意见》，起草了《宁夏网评工作管理考核办法》，对全区网评队伍建设、工作开展、督察监督、奖励惩罚等具体内容做了明确规定。建设网评矩阵管理平台，对自治区各级网评员、网评任务、舆论引导实施分级管理。积极组织全区网评员围绕2017年全国“两会”、习近平总书记“4·19”讲话一周年、“一带一路”高峰论坛、自治区第十二次党代会、党的十九大等开展网评工作，做好解读传播，营造了积极向上的网络环境。

（三）实施“中国好网民”工程

开展了“从小争做中国好网民”和“争做青年好网民”工程，针对中小学生和青年等不同年龄段，精准定位，深化社会主义核心价值观网上传播，协调联动线上线下各类组织和群体，共同建设中国好网民网上阵地。会同自治区团委制作图解文章、H5页面、“快闪”视频，采用广大网友喜闻乐见的网络载体宣传中央精神、传播主流文化。在微博、微信推送“就是想光明正大地夸一夸中国”“厉害了word中国”“看一看别人眼中的‘超级中国’”“中国霸气小护照”等主题内容24期，多方位展示建设成就，引导营造积极向上的网络文化环境。

（四）实施网络空间清朗工程

按照中央网信办要求和党委宣传部年度工作部署，以网络空间清朗工程为目标，抓互联网基础管理，强化网上生态治理，网络生态持续向好。对全区22个县（市、区）网站、“两微一端”等新媒体平台建设情况进行了摸底，对全区新闻网站以及需要重点监管的网站进行了梳理，督导宁夏在线、宁夏蚂蚁网、网易宁夏频道对违规从事新闻信息服务的情况进行了整改。扎实开展网上“扫黄打非”、净化网上舆论环境专项整治工作，依法关闭假冒网站4家（兴庆教育信息网、中卫新闻网、惠农教育信息网、中卫运政信息网）、微信公众号十多个。在非法买卖银行卡信息专项整治行动中，共监测上报处置各类非法办理银行卡信息七十余条。加大网络举报工作力度，发动社会力量积极参与网络空间治理，组织全区第三批9家新闻网站公布了举报电话，规范了各网站设立的网络举报专区，新建了5个政治类有害信息专项举报群。上半年共收到网民及上级分发的举报信息300多件，发挥了举报工作在网络治理中的作用。

（五）强化推进网络安全工作

按照中央网信办部署，完成全区关键信息基础设施网络安全普查工作，根据自治区主要领导指示精神，将检查情况向全区通报，督促10个部门对20个信息系统进行整改。上半年接到上级下发的涉自治区网络安全漏洞等15起，通报自治区通信管理局，督促相关单位完成整改。支持成立了自治区网络与信息安全行业协会，在国家安全教育日、《网络安全法》宣传、勒索病毒爆发应对、防范非法集资宣传月等工作中发挥了积极作用。根据国家《网络安全“十三五”规划》，起草了宁夏《贯彻落实国家网络安全“十三五”规划的实施意见》，提交自治区党委网络安全和信息化领导小组第四次会议审定后印发。组织举办了全区《网络安全法》专题培训班、第四届宁夏网络安全宣传周活动，与公安、通信管理、经信等部门联合组织全区网络安全执法大检查，为自治区第十二次党代会、党的十九大胜利召开提供了有力的网络安全保障。

目前，宁夏互联网新闻信息监测指挥系统（一期）建设已基本完成，进入功能调试优化、培训推广应用阶段。投入使用后，将从技术手段上进一步提高全区各地各部门网络舆情信息监测、通报、应对及网评舆论引导工作的信息化水平。

宁夏乡镇综合文化站“建管用”调研报告

宁夏文化厅课题组

一、宁夏乡镇综合文化站基本情况

(一) 设施建设

宁夏现有 193 个乡镇，全部设有文化站工作机构。“十一五”期间，争取中央项目资金支持新建标准化乡镇文化站 100 个，面积 300 多平方米，功能设置主要有图书阅览室、电子阅览室、书画室、健身室、多功能活动室等。“十二五”期间，在宁夏党委、政府的高度重视下，宁夏文化厅坚持以群众文化需求为导向，大力实施乡镇综合文化站标准化建设，采取协调发改、财政项目资金补助和县（市、区）财政配套的办法，并整合利用宣传文化、党员教育、科学普及、体育健身等公共资源，“一站一策”，新建（改建）标准化乡镇综合文化站 56 个，建筑面积 400 平方米以上，在以前基本功能布局的基础上，增设“非遗”传习展览室、文化技能培训室、民间文艺团队排练室，同时扩大配套室外活动场所，建设 3000 平方米文化广场一个、群众文化大舞台一个，配装体育健身路径和灯光音响等设备，增补群众所需的文化活动器材设备，综合服务功能大幅度提升。2016—2017 年，又建成标准化乡镇综合文化站 18 个。截至 2017 年年底，宁夏乡镇综合文化站设置率 100%、达标率 88.6%，还有 22 个未达标文化站计划到 2019 年全部完成新建（改扩建），实现全覆盖、全达标。

（二）设备配置

宁夏文化厅通过调研对接群众文化需求，先后对新建（改扩建）的标准化乡镇综合文化站每个站分别投入20万元，“缺什么补什么”进行文化器材标准化配置，同时各县（市、区）针对各乡镇文化站特色化建设需求，利用农村文化建设专项资金对所拓宽的服务功能设备进行有效补充。目前，各乡镇综合文化站一般都配有5000册图书、10台电脑、20张阅览桌椅、1套灯光音响、1套乐器（电子琴、手风琴、扬琴、二胡、板胡和民族打击乐等）1套文艺（戏剧）演出服装、1套健身器材等，基本保障了基本公共文化服务的正常运行。

（三）人员配备

截至2016年年底，全区乡镇综合文化站从业人员413名，其中乡镇在编干部365名（163名兼职）、外聘大学生村官和志愿者48名，平均年龄44岁，老龄化比较严重。总体来看，各县（市、区）采取指定乡镇干部兼职、购买公益岗位、聘任、委托文化能人管理等形式，基本达到每个乡镇都有1—3名工作人员，但由于这些人员都由乡镇政府统管统用，50%的人员工作重心不在文化而在乡镇其他工作上，文化站日常管理工作缺乏稳定性（见表1）。

表1　宁夏乡镇综合文化站队伍建设调查表

市	文化站(个)	管理人员										
		按编制分		按专兼职分		按职称分				按年龄分		
		在编人员	外聘人员	专职人员	兼职人员	高级职称	中级职称	初级职称	无职称	30岁以下	30—50岁	50岁以上
银川市	27	33	19	28	24	0	0	5	47	13	38	1
石嘴山市	20	38	9	32	15	0	0	2	45	13	25	13
吴忠市	44	101	12	63	50	1	15	26	71	14	72	27
固原市	62	131	7	74	64	7	18	40	73	10	80	48
中卫市	40	62	1	53	10	0	5	26	32	13	20	30
总计	193	365	48	250	163	8	38	99	268	63	235	119

（四）资源供给

有效利用乡镇综合文化站设施设备资源，较为普遍的公共文化服务供给项目主要有文艺节目（小戏）编排表演，图书报刊（电子）阅览、上网查询，篮球、乒乓球、棋牌比赛，政策宣传教育，文化技能培训，书画学习创作，民间传统手工艺传习及作品陈列展示，民间文艺团队指导和农村社火组织排练表演及电影放映等。据不完全统计，全区乡镇综合文化站年均累计开展各类群众文化活动 37068 场（次），指导发展民间文艺体育团队 1075 个常年开展活动，以乡镇文化站为主要资源供给平台，提供公共文化服务惠及群众年均约 530 万人次（见表 2）。

二、运行管理及效益发挥情况

（一）管理模式

乡镇综合文化站属于乡镇政府内设综合服务机构，人员、经费、日常工作运行等隶属乡镇政府领导，县（市、区）文化主管部门主要针对业务工作进行督查和指导。文化主管部门虽然具有对乡镇综合文化站工作的监督指导功能，但对其进行考核奖惩激励约束比较乏力。乡镇文化站工作经费由乡镇政府统筹管理使用，如：吴忠市的乡镇综合文化站归属乡镇政府管理，活动经费实行实报实销或根据年度工作计划列入乡镇财政预算（办公经费实行包干，活动经费根据每次活动方案由乡镇党委、政府讨论核定）。近年来，为进一步理顺管理体制，促进乡镇综合文化站在构建现代公共文化服务体系建设中发挥应有作用，宁夏文化厅组织引导各地在管理服务上做了一些积极探索和实践。如：银川市坚持资源整合，推行基层文化设施“8 个有”来推进乡镇综合文化站管理运行规范化，即有一个综合文化活动室（多功能室）、有一个文化广场、有一个文化信息资源共享工程服务点（标准化的社区公共电子阅览室）、有一个农家书屋（社区图书阅览室）、有一名村（社区）文化管理员和一名文化辅导员、有一支 12 人以上的业余文艺团队、有一个规范的管理服务机制、有工作安排总结考核等档案资料；启动实施示范乡镇（街道）创建工作，集中打造了 25 个示范性乡镇（街道）综合文化站，探索研究可复制借鉴的现代管理模式和经验。中

表 2　宁夏乡镇综合文化站资源供给调查表（2016 年）

市	乡镇（街道）文化站（个）	文体团队情况						文艺活动类				体育活动类				电影类活动	
		团队总数（个）	团队总人数（人）	文体团队		体育团队		大型		小型		大型		小型			
				团队数（个）	团队人数（人）	团队数（个）	团队人数（人）	次数（次）	观众人次（人次）	次数（次）	观众人次（人次）	次数（次）	观众人次（人次）	次数（次）	观众人数（人次）	放映场次（场）	观众人次（人次）
银川市	27	252	10035	160	6881	91	2884	749	108781	2133	145016	299	30322	402	39468	2548	96755
石嘴山市	20	126	5059	90	4375	36	684	212	158700	601	98347	52	48724	246	28062	1767	123622
吴忠市	44	303	18001	227	12205	65	3972	440	131661	821	192045	112	69613	226	67774	2911	215814
固原市	62	237	8286	181	6250	43	2036	254	1176400	659	81280	36	184870	267	67114	12478	565070
中卫市	40	157	9700	110	5350	47	3900	20	420000	950	950000	15	60000	70	70000	8800	260000
总计	193	1075	51081	768	35061	282	13476	1675	1995542	5164	1466688	514	393529	1211	272418	28504	1261261

卫市要求各乡镇综合文化站建立固定资产台账，做好财产登记，并定期核查，以防流失；制定出台《文化站工作考核奖惩实施方案》，探索建立资产国有化、活动市场化、管理企业化运行机制。固原市隆德县积极探索乡镇综合文化站当地文化能人代管机制，在各乡镇文艺团队负责人、文化大院负责人中选聘 1 人代管乡镇综合文化站日常，签订代管协议，明确职责义务，规定活动场次和服务人次，使得乡镇综合文化站管理人员不到位问题得到了较好的解决。

（二）日常运行

乡镇综合文化站日常运行在全面实施免费开放的状态下，总体上呈现出季节性、节日性特点，因受到多数年轻人外出打工和群众居住集中与分散等因素影响，平日里光顾文化站的人不多，显得比较冷清，只有每年到冬季农闲和春节等节假日期间，去文化站参与文化娱乐活动的群众才逐渐多起来，民间文艺团队开始组织排练演出，有人来读书、看报、上网，有人参加篮球、乒乓球等体育比赛，乡镇也集中组织举办一些政策法规和文化技能培训班等，文化站进入最热闹的时段。针对这种客观情况，各地也相继采取了一些积极应对措施，促进了乡镇文化站的常态化运行。如：银川市坚持推行乡镇文化站规范化服务，免费开放每周不少于 42 小时，推动“送文化”向“种文化”转变，引导农民利用文化站自办文化。石嘴山市以创建国家公共文化服务体系示范区为契机，为每个乡镇综合文化站配置专职管理人员一名，每周免费开放 42 个小时，比较好地发挥了乡镇文化阵地的作用。惠农区礼和乡文化站围绕节日举办庆“三八”“五四”“中秋”等文体活动和迎新春趣味运动会、文艺演出等；惠农区红果子镇综合文化站建立由 25 组成的红果艺术团和 16 人组成的文学社团，两个团队经常性组织群众开展文化活动，增强了文化站活力；平罗县黄渠桥镇综合文化站每年都举办美食文化节，吸引了越来越多的农村群众前来参与文化活动，改变了当地群众空闲时间打麻将、赌博等陋习，增进了乡村邻里和睦团结，该站荣获第二届中国文化馆年会优秀文化站和第六届全国服务农民服务基层乡镇文化站先进集体称号。

（三）效益发挥

以中办、国办《关于加快构建现代公共文化服务体系的意见》为基本遵循，结合宁夏实际制定出台《关于加快构建现代公共文化服务体系的实施意见》，对乡镇综合文化站标准化建设、规范化管理作出了具体规定，以政策促进乡镇文化站更好地发挥效益。以国家公共文化服务体系示范区创建和乡镇综合文化站评估定级工作为契机，示范带动乡镇综合文化站建立完善管理运行制度机制，提升服务效益。宁夏文化厅组织人员对所有乡镇综合文化站进行全面调查，逐一建档立卡，建立信息库，随时了解管理运行动态，点对点、一对一指导乡镇综合文化站发挥其应有效益。开展“欢乐宁夏”系列群众文化活动，形成区、市、县、乡联动机制，促动乡镇综合文化站组织“群众演、演群众、演给群众看”的农村群众文化活动日趋活跃起来，乡镇综合文化站在社会主义新农村建设中的提神振气、育化引领作用得到显现。如：银川市组织开展民间文艺团队评星定级、农民歌手大赛、民间社火大赛、农民文化大院才艺展演等活动，提高乡镇综合文化站协调组织农村文化活动能力和水平；完善公共文化服务绩效考评机制，制定了《银川市公共文化服务体系建设目标责任制考核办法（试行）》，对全市乡镇综合文化站建设开展综合考评，利用市财政每年安排的300万元奖补资金，依据综合考评结果对效益发挥好的进行表彰鼓励。石嘴山市将乡镇综合文化站打造成文化、卫生、科技、农业等部门的服务平台，使文化站成为了农村群众身边学知识、提素质的综合性学校。吴忠市各乡镇综合文化站规章制度比较健全，服务内容明确，管理服务有人做，方便就近为群众提供图书阅览、棋牌娱乐、舞蹈排练等免费服务，面向群众有效宣传了党和政府的惠民政策，如：红寺堡区柳泉乡文化站创作演出《移民说党好》等群众喜闻乐见的文艺节目，将党和政府的好政策送进群众心坎。固原市发挥乡镇综合文化站作用，把农村文化工作与新农村建设融为一体，统筹管理行政村文化体育广播电视服务工作。中卫市成立由分管副市长任组长，文体、发改、财政、监察等部门负责人和各乡（镇）长为成员的领导小组，协调推进乡镇综合文化站建设，整合“文化信息资源共享工程”、“农家书屋”工程、广播电视“户户通”工程资源，努力使文化站成为公共资源聚集发挥效益的最佳场所。

三、政策措施落实情况

（一）落实中央相关政策情况

按照中办、国办《关于加快构建现代公共文化服务体系的意见》《关于进一步加强农村文化建设的意见》，中宣部等六部委《关于加强地方县级和城乡基层宣传文化队伍建设的若干意见》，文化部《乡镇综合文化站管理办法》，文化部、住房和城乡建设部、国家发改委编制的《乡镇文化站建设标准》等政策文件的要求，宁夏将乡镇综合文化站建设纳入全区公共文化服务体系建设总体规划，与“五位一体”战略同步布局、协调推进。各市县（区）也将乡镇综合文化站繁荣发展纳入当地国民经济和社会发展规划，结合各地实际需求，按照公益事业优先安排建设用地，按照标准要求和群众需求合理设置服务功能，通过调剂乡镇在职干部、购买公益岗位招聘志愿者等方式基本保障每个乡镇综合文化站有一名工作人员。在落实中央政策资金支持的基础上，宁夏文化厅积极协调落实自治区有关配套政策支持乡镇综合文化站标准化建设，先后 3 次对全区所有乡镇综合文化站设备器材进行配置和更新，使其标准化建设水平逐步得到提升。

（二）地方政策制度建设情况

依据中央有关政策规定，结合宁夏实际相继制定出台了《关于加快构建现代公共文化服务体系的实施意见》《实施标准》《关于做好政府向社会力量购买公共文化服务工作的实施意见》《推进全区基层综合性文化服务中心建设实施方案》《自治区贯彻落实“十三五”时期贫困地区公共文化服务体系建设规划纲要实施方案》和《宁夏公共文化服务体系“十三五”建设规划》，对宁夏乡镇综合文化站标准化建设、规范化管理和常态化运行提供了政策制度保障，有力地推动了文化站效益的发挥和提升。同时各市县（区）也相继制定了一些符合地方实情的政策制度，进一步加强了乡镇综合文化站的建设与发展。如：银川市完善公共文化服务绩效考评机制，制定《银川市公共文化服务体系建设目标责任制考核办法（试行）》，其中对乡镇综合文化站提出了具体量化指标，推动文化站资源利用率不断提高。

石嘴山市出台并落实《关于整合全市文化体育资源向市民免费开放的通知》《市人民政府办公室印发关于整合基层科教文体资源建设综合性文化服务中心实施方案的通知》《关于进一步加强各级文化馆（站）、图书馆、博物馆等公共文化场馆免费开放的实施意见》等政策性文件，促进乡镇综合文化站作用有效发挥。

四、乡镇综合文化站“建管用”中存在的主要问题

（一）基础设施有短板

截至2017年年底，全区还有22个文化站仅利用乡镇政府1—2间办公用房临时挂牌办公，缺少与保障基本公共文化服务功能相匹配的活动场所和器材设备，这些文化站也大多分布在宁夏中南部贫困县（区），基础设施短板制约了农村公共文化服务供给，也一定程度上影响着农村脱贫富民战略的实施和建成全面小康社会。

（二）管理队伍有软肋

截至2016年年底，全区乡镇文化站共有413名管理人员，虽然基本达到一站1—3名工作人员要求，但由于人员配置的不合理，整体存在着管理能力不强、服务水平不高等问题。人员配置大致分三种类型：一种属于乡镇在编干部兼职从事文化站管理工作，这类管理人员一边驻村一边抽空兼搞文化站业务，游离不定，“有人不专干”导致文化站工作时断时续；一种属于乡镇政府接近退休的老同志被派驻文化站，由于年龄偏大、知识老化加之缺乏文化业务专长，承担文化业务工作力不从心，“有人无心思”导致文化站工作创新不够、活力不强、缺乏吸引力；一种属于“三支一扶”“大学生村官”招考转岗到文化站，虽然年富力强工作热情高，但由于1—2年后各奔东西，“有人不稳定”导致文化站因管理人员断档、接续不及时而出现“关门”现象。

（三）财政投入偏少

宁夏属于国家西部欠发达省区，由于历史欠账和自身财力有限等因素影响，除中央补助每个文化站4万元和地方财政配套1万元资金能够保证按时到位外，全区各级财政还未建立稳定长效的资金投入机制，文化投入

渠道单一，社会力量支持文化事业发展的氛围还未形成，有的县（区）、乡镇只在重大节日期间，才对文化站组织举办的大型群众文化活动给予适当补助，平时常态化运行经费还得不到有效保障。

（四）运行情况不均衡

由于乡镇所处环境、群众居住条件及常住人口等因素影响，全区乡镇文化站存在运行不均衡状况。第一种情况是能常态化面向群众开放，人气旺、活动开展丰富。这些乡镇文化站地处城郊或交通中心地带、农村群众居住比较集中、农村商贸集市繁华、乡土文化能人居多，文化站服务供给与群众文化需求能够形成良好对接和互动，设施设备的效益能得到很好发挥。第二种情况是虽能坚持经常性开放，但活动断断续续、参与群众比较少。这些乡镇文化站地处比较偏僻、农村群众居住比较分散、经济条件一般、乡土文化能人也比较少，能经常性去文化站参加活动的群众不多，农忙时节比较冷清。第三种情况是每年春节等重大节日期间集中组织 2—3 次文体活动，每逢乡镇集市日才有少数群众来文化站看看书报、打打球，平时设施设备基本处于闲置状态。这些乡镇文化站大多地处大山里比较偏僻地方、农村人口总数不过万人且居住分散、交通不便，中青年人基本都外出打工，乡镇文化站即使常开门也很少有人光顾。

（五）制度建设相对滞后

各乡镇综合文化站虽然程度不同地制定了诸如文化站站长岗位职责、图书借阅制度、设备器材管理使用制度等一些基本规定和制度，但总体来讲，制度比较零散，缺乏系统性，可操作性不强。纵贯区市县乡四级政府，涵盖乡镇综合文化站建设、管理、运行和监督考评一体化的制度体系、服务标准和激励机制还未全面建立起来。

五、推进乡镇综合文化站“建管用”的对策建议

（一）加强学习、提高认识

将各县（区）和乡镇政府领导纳入文化部和自治区文化培训计划，每年定期分批举办公共文化服务体系建设县（区）长培训班和乡镇长培训班，通过解读文化经济政策、组织现场观摩学习、开展座谈交流等方式，提高

基层领导干部对文化小康重要性的认识，把乡镇文化建设摆在突出重要位置抓好抓实。

（二）巩固成果、补齐短板

巩固发展好近年来文化部支持和自治区投入推进乡镇综合文化站建设所取得的成果，管好用好现有设施设备，切实提高利用率和服务效能。建议文化部继续加大对宁夏乡镇综合文化站标准化建设支持力度，投入专项资金，新建22个标准化乡镇综合文化站，补齐设施短板，“十三五”期间实现宁夏标准化乡镇综合文化站全覆盖、全达标。

（三）加强培训、提高水平

坚持培训不放松，并不断扩大培训覆盖面，既定期有计划地培训文化站管理人员，又经常性培训乡土文化能人；既从知晓文化政策方面培训，又从掌握农村文化基础知识和基本技能方面进行培训。在培训中提升乡镇文化站管理人员综合素质和工资水平，在培训中发展壮大乡土文化人才队伍，形成有较专业的人员管理、有乡土文化能人带动参与的乡镇文化站工作氛围，促进乡镇综合文化站基本服务功能有效发挥。

（四）拓宽渠道、加大投入

建立完善中央、省（区）、市、县、乡镇五级财政投入保障机制。提高中央对宁夏贫困地区乡镇综合文化站免费开放补助资金，取消地方财政配套。进一步明确保障乡镇综合文化站基本服务运行的刚性投入指标，形成财政投入机制长效化。引导企业、民间社会组织和个人投资、捐助和自办文化，鼓励更多热心公益文化的社会力量参与到乡镇文化建设中来，共建共享文化发展成果。

（五）优化资源、提升效益

继续实施好乡镇党员远程教育、广播电视电影、体育、科技、工青妇等公共文化资源的整合积聚，既要做好现有设施设备的整合优化，又要做好以后投资项目合理配置，统建、统管、统用，物尽其用避免闲置浪费；整合分散在公共服务领域的人力资源，齐抓共管，形成合力，既缓解管理人员不足的矛盾又使现有人员尽其才有所为。推行县（区）图书馆、文化馆与乡镇综合文化站建立总分馆制，下派“两馆”专业人员包站抓点辅导培训，组织图书资源流通乡镇文化站常换常新，建立文化网站和微信平台联通文化信息资源，实施“一站式”服务，将县（区）文化活动与乡镇文化站联动起来，“送”“种”结合，丰富乡镇群众文化生活。

（六）需求导向、因地制宜

根据乡镇人口发展和分布情况，坚持标准化、均等化、便利化原则，“一站一策”，分类建设，按需供给。对于乡镇规模大、人口多、居住集中、群众文化需求旺盛的文化站，设施上扩容，功能上提升，人力上加强，供给上增量；对于乡镇规模小、人口少且多数务工在外的文化站，管好用好现有设施设备，精准投入保基本。

（七）健全制度、强化管理

将乡镇综合文化站工作纳入自治区对县（市、区）全面小康建设考核指标体系，建立乡镇综合文化站评估定级制度，制定级别化服务标准和考评细则，补助资金与文化站级别、工作量、服务效能挂钩。明确乡镇政府的管理责任，建立年度目标考核制度，将考评结果与县（市、区）、乡镇领导的工作业绩及职务提升结合。强化县（市、区）文化主管部门的业务指导和监管职能，赋予建设规划、政策落实、考评监督等方面的建议权和评价权，将评价结果作为县（市、区）考核乡镇综合工作的参考依据。

宁夏群众自办文化建设发展报告

宁夏文化厅课题组

党的十八大以来，以习近平同志为核心的党中央站在时代高度，对现代公共文化服务体系建设做出了一系列重要部署。习近平总书记多次指出，全面建成小康社会，是“国家物质力量和精神力量都增强，全国各族人民物质生活和精神生活都改善”的全面小康。当前，随着经济社会快速发展，人民群众精神文化需求日益旺盛，参与共建共享文化的自信与自觉不断增强，以民间文艺团队、农民文化大院、群众广场舞等为代表的群众自办文化蓬勃兴起、遍地开花，呈现出良好的发展势头。准确把握群众自办文化的发展规律，探索精准文化扶持方式，建立有效激励与管理机制，引导群众自办文化健康持续发展，培育发展群众文化主体，激发人民群众的文化创造活力，调动全民全社会参与公共文化建设，成为构建现代公共文化服务体系建设不可或缺的组成部分和主要内容。

一、宁夏群众自办文化的主要形式及内容

群众自办文化是群众个体和群体凭借自身文化特长及所拥有的文化资源，牵头组织周围群众爱好者自愿参加开展各种健康有益的群众文化活动，群众自办文化以群众为主体、城乡居民为主角，满足群众最直接、最基本、最实际的精神文化需求，具有非营利性、非政府性和社会性特征。目前，宁夏主要有民间文艺团队、农民文化大院、群众广场舞、“非遗”技艺传

习等群众自办文化形式。

（一）民间文艺团队

宁夏现有各类民间文艺团队1029支，主要分布在乡镇（街道）、村（社区），每个团队人数20到100人不等，主要由离退休人员和城乡文化能人、文艺爱好者牵头组建，带动周围群众参与活动，在文化部门的引导扶持下，依托乡镇（街道）综合文化站、村（社区）综合文化服务中心等公共场所开展活动。每年自办和参加有组织的各类群众性文化展演活动1.3万多场次，参与表演总人数达3多万人（见表1）。活动多以群众喜闻乐见、便于参与的歌舞（合唱、独唱、舞蹈）、戏剧（秦腔、眉户剧、京剧、地方道情）、小品、曲艺、社火（秧歌、锣鼓）为主要内容，带有鲜明的地域特征。如宁夏南部山区的原州、西吉、隆德、彭阳等地的民间文艺团队，经常组织开展具有六盘山区域传统文化和民俗文化特色的秦腔、眉户剧和社火等表演活动；银川平原区域的民间文艺团队则多以健康时尚的歌舞、服饰表演等活动见长；银川北部的石嘴山区域，因受多样性移民文化的影响，民间文艺团队的表演内容更加丰富，不但有歌舞、小品节目表演，还有京剧、豫剧、曲艺等节目演出。

表1　宁夏民间文艺团队基本情况调查（2017年12月）

单位	数量(个)			规模			年活动场次（场）	有排练场地（个）
	总数	歌舞	戏曲	总数（人）	20—50人（个）	50人以上(个)		
银川市	416	381	35	12700	386	28	2200	365
石嘴山市	128	96	32	3970	114	12	1030	78
吴忠市	178	147	31	6571	130	53	2044	93
固原市	201	125	76	5983	101	12	6610	54
中卫市	106	64	42	1244	83	23	1786	106
总计	1029	813	216	30468	814	128	13670	696

（二）农民文化大院

宁夏现有农民文化大院762个，其中，经政府文化部门扶持，具有较好基础条件、能经常性开展活动的有481个（见表2）。农民文化大院主要以民间文化能人和退休居住在农村的文化热心人为骨干自愿组织开办，起初都在农民自家大院开展活动，后来有些新建立的文化大院逐渐延伸到农家周围闲置的村部、学校、农家乐和民间“非遗”传习基地场所开办。文化大院一般都在闲暇时间，吸引当地群众参与开展农村小戏、歌舞表演和民间书画练习创作、民间手工艺制作等活动，自娱自乐。如：固原市原州区运行情况好的示范性农民文化大院有 40 多家，覆盖 11 个乡镇、3 个街道，中河乡庙湾村梁云文化大院除了日常组织农民排演小戏、歌舞外，还收藏展陈老物件如农耕生产生活器具，开展民间剪纸、刺绣等“非遗”传习活动，带领农民保护传承民间优秀文化遗产；三营镇鸦儿沟马志学文化大院以回族山花儿传承为主，引导农民开展民歌传唱活动；北塬什里社区王永红文化大院以书法绘画学习创作、手工艺制作传习为主，丰富群众业余文化生活。据统计，宁夏农民文化大院每年自发组织开展文化活动 1.8 万场次以上，为丰富农民文化生活，引领农村新风尚，发挥了积极作用。

表 2　宁夏农民文化大院基本情况调查表（2017 年 12 月）

单位	数量（个）	活动内容				内设功能（个）		年活动场次
		文艺表演	图书阅览	秦腔小戏	书画、手工艺及棋牌等	2—3 个	3 个以上	
银川市	116	86	116	26	58	76	50	200
石嘴山市	21	13	12	4	8	21	3	251
吴忠市	89	44	17	7	10	77	11	667
固原市	174	110	143	76	121	43	14	8320
中卫市	362	286	362	207	362	57	305	30231
总计	762	539	650	320	559	274	383	39669

（三）群众广场舞

广场舞因其简单易学、活动场地便利、时间灵活、健身效果明显等特点，深受城乡群众特别是中老年妇女的喜爱。宁夏目前有大大小小广场舞队伍 1174 支，人数少则十几人多则百人以上，依托城市公园、广场、街道、小区等公共场所，一般由 1—2 人领舞，众人自觉排列，跟随音乐起舞，活动大都在每天早晨和晚饭后举行（见表 3）。随着乡村文化广场等基础设施的不断完善，群众广场舞逐渐由城市延伸覆盖乡镇、村。

表3 宁夏广场舞活动情况调查表（2017年12月）

单位	数量(个)			文化广场建设(个)			活动区域			年活动场次
	总数	健身舞队	民族舞队	城市广场	乡镇(街道)广场	村(社区)广场	公园	城市广场	村(社区)	
银川市	128	76	52	32	26	136	22	28	136	516
石嘴山市	82	62	20	18	36	274	15	22	206	24680
吴忠市	193	160	33	22	41	331	11	12	150	19070
固原市	366	321	45	32	199	601	11	19	310	13290
中卫市	405	303	102	4	39	362	17	73	315	100356
总计	1174	922	252	108	341	1704	76	154	1117	157912

(四) “非遗”技艺传习

宁夏现有相对集中、固定传习民间“非遗”技艺的场所192个，这些场所都是以“非遗”代表性传承人所在区域为核心，由代表性传承人带动家族、亲戚和邻里成员自发开办的文化实体，宁夏文化厅组织业务人员及时跟进扶持挂牌，指导他们自我表现、自我发展、自我管理，按照各自在民间剪纸、刺绣、绘画、泥塑等方面的技艺特长开展技艺传习和作品制作展销活动，丰富和活跃了民间文化生活（见表4）。如“非遗”代表性传承人伏兆娥、赵桂琴在镇北堡西部影视城开设个人工作室，展示回族剪纸、刺绣等手工艺作品；平罗县回族乐器传承人在农村自家院落开办“泥哇呜”乐器作坊，带徒传授“泥哇呜”制作和吹奏技艺；隆德县书画协会组织传承人群等在隆德县文化城设立农民书画、民间手工艺创作展示厅，集中展示展销民间文化产品，带动当地形成浓厚而又鲜明的地域文化特色。

表4 宁夏群众自办“非遗”传习场所情况调查表（2017年12月）

单位	数量		类别						
	工作室	陈列展览室	剪纸	刺绣	书画	医药	民俗	雕塑(雕刻、古建)	其他
银川市	25	10	2	2	2	5	1	8	4
石嘴山市	15	8	6	5	6		4	2	
吴忠市	20	15	6	4	7	4	8	1	3
固原市	119	45	16	15	61	2	12	16	42
中卫市	13	10	5	2	4	2	4	3	3
总计	192	88	35	28	80	13	29	30	52

二、宁夏群众自办文化建设的探索与实践

近年来，宁夏积极探索创新公共文化服务供给机制，立足实际，面向群众，以加强群众自办文化为突破口，努力实现“送文化”向“种文化”转变，在扶持建设群众自办文化上做了一些积极有效的探索和实践。

（一）政策扶持群众自办文化

自治区制定出台《关于加快构建现代公共文化服务体系的实施意见》《关于做好政府向社会力量购买公共文化服务工作的实施意见》《贯彻落实“十三五”时期贫困地区公共文化服务体系建设规划纲要实施方案》等，对支持民间文艺团队、农民文化大院、群众广场舞及民间“非遗”传习等群众自办文化作了明确规定，为群众自办文化提供了政策保障。各级党委、政府也相继制定了相关配套政策文件，促进了群众自办文化健康快速发展。自治区政府将扶持民间文艺团队、农民文化大院列入每年“为民办实事”文化惠民工程，“十二五”以来累计投入资金2300万元，“缺什么、补什么”，为500个民间文艺团队、435个农民文化大院配送补充了开展文化活动所需的音响、乐器、演出服等器材。宁夏文化厅将民间“非遗”技艺传习场所纳入全区“非遗”保护传承总体工作，培训传承人群、督导考核传习实效，对自觉履行传承义务、积极开展传习活动的优秀场所以奖代补2万元、代表性传承人给予3000元补贴。银川市、吴忠市、固原市等地采取评星定级等办法，每年命名一批星级团队、文化大院并给予表彰和扶持。灵武市、隆德县、中宁县等地采取政府投资补贴的办法，完善农民文化大院场地等基础设施建设。各地结合实际在文化馆（站）和村、社区文化室（活动中心）为民间文艺团队设置排练室，解决活动阵地缺乏等实际困难。

（二）平台支撑群众自办文化

建立“欢乐宁夏”群众文艺会演、“清凉宁夏”广场演出、“新春乐”社火大赛、“文化遗产日”主题宣传等群众性、常态化展演平台，让群众自办文化有地方、有机会、有组织面向社会展示交流发展成果，为群众自办文化撑起一个相互欣赏、相互学习、相互提高的成长空间。宁夏文化厅每年举办的“欢乐宁夏”全区群众文艺会演，通过县（区）初赛、地市复

赛、自治区决赛形式，层层选拔民间文艺团队参加竞赛演出，培养推出了一大批乡土文艺人才和优秀文艺作品；每年一届“新春乐”全区社火大赛、“全区群众书画摄影作品展”，吸引众多爱好者自我排练、自我创作、自我参与，营造了浓郁的群众自办文化氛围；银川市“踏歌起舞”广场舞大赛、农民文化大院会演，石嘴山市“舞动石嘴山 百姓大舞台”文艺展演，吴忠市星级民间文艺团队文艺展演等品牌性群众文化活动平台，让群众自办文化在广泛参与中不断发展提高。

（三）示范引领群众自办文化

一是打造示范性文化大院。宁夏党委宣传部、文化厅 2016 年扶持建设示范性农民文化大院 100 个，每个支持 5 万元器材设备。固原市委宣传部、文化局编辑出版《固原文化大院》，对列入名册的文化大院给予资金扶持、统一挂牌。示范性农民文化大院引领其他文化大院看齐意识、发展意识不断增强。二是民间文艺团队评星定级。银川市成立社会文艺团体协会，对民间文艺团队实行“星级化”管理，要求参评团队有较高的艺术水准和社会影响力，每年的演出不少于 30 场，每年评出一批一、二、三星级文艺团队。吴忠市出台《群众文艺团队评星定级及扶持奖励办法》，将群众自发组织的，经所属县（市、区）文化馆登记，向吴忠市文化主管部门备案的民间文艺团队确定为评星定级及扶持奖励对象，设置“五星级群众文艺团队”“四星级群众文艺团队”“三星级群众文艺团队”“群众文艺团队表演团体项目奖”“支持群众文艺团队发展贡献奖”等 5 类星级奖项，对获得星级称号的群众文艺团队、具有突出贡献的个人给予相应的物质奖励和精神奖励，并优先给予活动设施设备、人员培训辅导、观看大型演出活动等优惠政策支持。各地民间文艺团队评星定级的探索实践，有效激发了民间文艺组织谋求发展的热情，使“草根”文艺团队走上了自我管理、自我发展、自我创新的良性轨道。三是增强自身“造血”能力。宁夏文化管理部门和业务单位，抓住群众自办文化长期扎根基层，顺应群众需求，贴近生活实际，开展的文化活动群众大都喜闻乐见、乐于参与，并逐渐被商业性演出市场认可的良好发展势头，引导鼓励一些水平较高的民间文艺团队、“非遗”传承人积极参与政府购买公共文化服务活动和参加商业性展演交流，创收营利，增强自身“造血”能力。

三、群众自办文化产生的价值效应

（一）自我价值得以实现

首先，对于群众自办文化的牵头举办者来讲，他们大都是单位离退休人员、乡村文化能人和民间“非遗”传承人，他们热心公益事业，不计个人得失，自愿投入时间、精力和财力，凭借自己的文化特长组织开展力所能及的文化活动，在充满正能量的群众文化活动中，他们自身的才艺和辛勤付出都能够在比较大的范围内得到展示、受到赏识，人生价值也在这一平台上得到体现和认同。其次，参与自办文化活动的广大群众来说，随着多样化、个性化文化需求日益旺盛，他们不再满足于看电视、看演出等静态、被动地接受文化服务，越来越多地希望能主动参与到各类文化活动当中，展示自我、陶冶性情、愉悦身心、健康生活，并为更多人带去快乐。基于此，他们因其爱好特长积极融入 “自办文化圈”，自我人生价值得到不断实现和延续，身心更加满足和充实，荣誉感和归属感进一步增强。

（二）社会价值不断彰显

群众自办文化以核心价值观为引领，产生了积极的社会价值效应。一是引领社会文明风尚。随着群众自办文化的广泛普及，响应参与的群众越来越多，形成良好社会风尚，沉湎于封建迷信活动和聚众赌博的人少了，参加健康有益活动、学习科学文化知识的人多了。二是引领民间优秀文化传承。随着群众自办民间“非遗”传习场所的兴起、传习展演活动广泛开展，学习传承民间优秀传统文化不断融入群众日常生活，群众的文化情趣得到培养和激发，传习民间优秀文化的人群逐渐多起来，为优秀传统文化的“活态”传承和保护发展打下了坚实的群众基础。三是引领群众文化素养提高。民间文艺团队、农民文化大院、群众广场舞、民间“非遗”传习等群众自办文化活动的丰富开展，不自觉地对群众产生一种潜移默化的教育作用，群众的文化素养普遍得到提升。四是引领社会和谐稳定。群众自办文化伴随着群众自愿聚合，搭建了群众互动交流和沟通平台，干群、邻里、婆媳彼此聚集一处，在正能量的文化活动中沟通信息、消除误会，增进理解、建立友谊，形成团队精神，助力和谐社会建设。

四、宁夏群众自办文化建设发展中存在的突出问题

（一）小而零散，发展不均衡

群众自办文化组织整体上处于小而零散状态。受地域环境条件影响，一般城区的群众自办文化设施基础比较好，活动形式和内容也相对丰富，群众参与比较广泛，进社区、上舞台相互交流展演的次数较多；而分布山区乡村的民间文艺团队、文化大院等群众自办文化组织，规模小、装备少、活动内容形式比较单一，对周围群众的带动和吸引不强，只在自我形成的“小圈子”里搞一些小戏表演、自娱自乐，缺少互动交流、学习提高。

（二）人才缺乏，特色不明显

群众自办文化仅靠文化能人和文化热心者组织群众自行策划、自编自演，缺少比较专业的创作编导人才，各自文化特色资源挖掘不够，活动内容形式单一、表演水平较低。如宁夏南部山区的民间文艺团队大多沿袭秦腔老剧目的排演，很少编排一些跟进时代的剧目和歌舞。

（三）基础薄弱，发展活力不足

宁夏自身财力薄弱，当前主要投入和精力都集中在贫困地区“两馆”、乡镇综合文化站和村综合文化服务中心等基础设施“短板”的补齐填平上，对群众自办文化只做了一些政策性引导和示范性扶持，社会力量也没有形成相应的支持机制，民间文艺团队、农民文化大院、群众广场舞等群众自办文化组织活动设施设备缺乏、基础条件比较差，自身“造血”能力弱、发展活力不强，群众自办文化常态化运行和进一步发展壮大受到制约。

（四）制度建设滞后，缺乏规范管理

面对各类群众自办文化组织的日益增多和多元化发展，政府在引导支持、规范化管理、激励性考核、社会化运行等方面，缺乏一套系统性的制度机制，需在实践中研究、探索中建立。

五、群众自办文化建设对策建议

（一）增强政府对群众自办文化重要意义的认识

群众自办文化绝不是群众“一厢情愿”自娱自乐的事，它是群众对公

共文化基本诉求最直接、最实际的表达，政府重视支持群众自办文化建设，是坚持以人民为中心导向、坚持人民群众主体地位的具体体现，发挥乡土文化人才、离退休文化热心人的带动作用，鼓励扶持广大群众积极参与自办健康有益的文化活动，引导群众在文化建设中自我表现、自我教育、自我服务、自我管理，是完善公共文化服务体系，激发群众文化创造活力，打通公共文化服务“最后一公里”，推进公共文化服务均等化，提升公共文化服务效能的现实要求。重视研究政府主导与群众自办文化的关系，建立完善制度机制，大力推进群众自办文化繁荣发展，政府的使命任重而道远。

（二）准确把握群众自办文化建设的基本原则

群众自办文化是群众个体和群体自发组织开展的文化活动，政府既不能大包大揽，也不能袖手旁观，因此，应把握好基本原则。一是坚持政府引导。在群众自愿筹办的基础上，政府主要发挥好引导扶持作用，营造有利于群众自办文化的政策制度环境，支持群众自办文化健康成效发展。二是坚持群众主体。尊重群众的主体地位，鼓励群众发挥自我优势，自筹自建、自我管理、自我服务。三是坚持重点扶持。注重对群众自办文化的业务指导，重点扶持具有发展潜力和示范作用的典型。

（三）鼓励支持群众自办文化持续发展

把鼓励支持群众自办文化建设列入各级文化部门工作重点、纳入绩效目标考核范围，在思想上重视、理念上创新、实践中探索、政策上倾斜，充分调动群众自办文化的主动性和积极性。鼓励有条件、有能力的个人和团体自办具有公益性和准公益性的图书馆、书画社、剧团、文艺队等。鼓励群众自办文化组织参与公共文化服务，把民间文艺团队等群众自办文化产品和服务项目纳入政府向社会力量购买公共文化服务范畴。鼓励支持有条件的群众自办文化组织逐步向非公有制企业发展，增强自身发展的“造血”功能。对长期组织群众自办文化活动的文化能人和社会团体给予表彰奖励，树立群众自办文化典型。

（四）扶持群众自办文化提档升级

结合实施文化扶贫计划、文化惠民等项目，对地处比较偏僻、相对比较弱小且具有潜在发展前景的民间文艺团队、农民文化大院等群众自办文化组织，按需精准配置文化器材设备，完善文化广场、简易舞台等基础设施，改善其自办文化的基础条件。对基础条件比较好、设施设备相对比较完善的群众自办文化组织，重点加强对剧本等作品创作能力的指导，有些可直接提供剧本、音乐等。引导企业、个人、协会组织等社会力量以冠名、资助、自建等形式参与支持群众自办文化建设，形成社会共建共享格局。

（五）培训指导群众自办文化提高水平

把民间文艺团队、农民文化大院、群众广场舞、民间“非遗”传习场所等自办文化的业务骨干纳入公共文化服务队伍培训计划，定期举办专题培训班，提高群众自办文化的组织策划能力和业务水平。安排国家文艺院团、文化馆等公共文化单位专业人员，深入民间文艺团队、农民文化大院、群众广场舞等群众自办文化组织中，定点辅导帮扶，提高群众自办文化的表演水平。文化馆、图书馆等公共文化服务场所免费为群众自办文化活动提供培训、排练方便。

（六）搭建群众自办文化展示交流平台

依托公共文化设施免费开放、重大节庆、文艺博览等活动，组织群众自办文化展演交流。组织群众自办文化组织广泛参与群众文艺会演、民间“非遗”展览、群众书画展览等群众性赛事活动，在活动平台上发展壮大群众自办文化队伍，打造群众自办文化品牌。整合闲置学校、文体广场等公共资源，拓宽群众自办文化活动展示空间。

（七）建立完善群众自办文化的政策制度

制定扶持群众自办文化的政策，针对不同形式的群众自办文化组织，研究制定具体扶持办法，加大财政等方面的扶持力度。建立群众自办文化协会组织机制，完善管理制度和服务标准，统筹管好用好政府支持设备器材，促进群众自办文化组织规范化运行。建立群众自办文化组织评星定级激励机制，参照国家图书馆、文化馆评估定级办法，制定具体量化评估方案，每 4 年对群众自办文化组织进行一次全面评星定级，命名授牌，依据星级进行差异化扶持，促进群众自办文化健康发展，持续发展。

关于宁夏民间文化的调研与思考

蔡 珺 吴灵捷 杜 军 梁多勇 雷 侃

中共十九大报告指出："文化自信是一个国家、一个民族发展中更基本、更深沉、更持久的力量。必须坚持马克思主义，牢固树立共产主义远大理想和中国特色社会主义共同理想，培育和践行社会主义核心价值观，不断增强意识形态领域主导权和话语权，推动中华优秀传统文化创造性转化、创新性发展，继承革命文化，发展社会主义先进文化，不忘本来、吸收外来、面向未来，更好构筑中国精神、中国价值、中国力量，为人民提供精神指引。" 要"加强文物保护利用和文化遗产保护传承"，"满足人民过上美好生活的新期待，必须提供丰富的精神食粮"，自治区第十二次党代会报告也指出，"要坚定文化自信，增强文化自觉，促进文化繁荣发展""促进优秀传统文化传承发展"。民间文化是中华优秀传统文化的重要组成部分，实施包括民间文化在内的中华优秀传统文化传承发展工程，是建设社会主义文化强国的重大战略任务。我们会同自治区文化厅先后到大武口区、平罗县、利通区、海原县、原州区、隆德县等地对宁夏民间文化进行了深入调研。

作者简介 蔡珺，自治区党委政策研究室副主任；吴灵捷，自治区党委台湾工作办公室秘书联络处处长；杜军，自治区党委政策研究室《宁夏工作研究》执行编辑；梁多勇，自治区党委政策研究室农村处副主任科员；雷侃，宁夏文化馆研究馆员。

民间文化独一无二的理念、智慧、气度、神韵，增添了我国人民和民族内心深处的自信和自豪。宁夏历来十分重视民间文化的传承与保护，党的十八大以来，自治区更加自觉、更加主动推动民间文化的传承与发展，营造良好的社会环境，开展民间文化摸底调查，推进民间文化传承传播，促进民间文化产业化。2006 年以来，先后出台了 15 部传承保护民间文化的地方性法规，抢救性记录了民间艺人 600 多人。

一、民间文化传承之“情”

民间文化是指一个国家或民族的广大民众在长期社会生活中所创造、享用和传承的民众通俗文化，由民俗文化、民间文学、民间艺术三部分组成，共计 23 种，每种可以分为许多类，每类又包括许多项。在宁夏，各种类型的民间文化几乎都可以找到。单就民间文化中的非物质文化遗产而言，目前全区已经调查确认了 2928 项，其中，入选联合国教科文组织公布的人类非物质文化遗产名录的 1 项（回族山花儿），国家级 18 项，自治区级 83 项，市级 246 项，县级 341 项。全区民间文化主要体现出以下三个特征：

（一）形式多种多样

一是民俗文化种类多样。如清真美食、回族服饰、回族婚俗、隆德高台马社火、同心莲花山青苗水会、踏脚等，反映了宁夏广大民众的日常生活和文化行为。二是民间文学琳琅满目。如《人祖阿丹和好娃》《世上为啥女人比男人少》的神话，《马鸿逵吹打》《十二仙女富宁夏》的传说，《阴阳和石匠》《赛里买问路》的故事，《数花》《花儿与少年》的民歌，“自古天下黄河富宁夏”“回汉一条心，黄土变成金”的谚语，等等，反映了宁夏人民的思想感情和道德观念。三是民间艺术花样繁多。如隆德县民间绘画、原州区皮影、沙坡头区剪纸等民间美术，海原花儿、北武当寺庙音乐、固原秦腔等民间曲艺，回族汤瓶八诊、二毛皮制作技艺、杨氏泥塑等民间工艺，箍窑、西塔、纳家户清真寺等民间建筑，反映了宁夏人民的艺术情趣和审美观念。

（二）内容丰富多彩

一是赞美人们的生产活动。比如，平罗县的农民画描绘了春耕、收获、除草、推磨、编筐、放牧等各种农业生产活动的场景。二是讴歌百姓的日常生活。比如，反映广大民众的吃穿住用行、婚丧嫁娶等日常生活的民俗文化，民间小戏《四个老婆上菜棚》《贤良的好婆媳》等贴近群众感情，走进百姓生活。三是抒发民众的思想情感。比如，“花儿本是心上的话，不唱由不得咱”，最能抒发回族人民的心声，也使人听得“心尖儿颤颤，眼泪儿汪汪”。民间故事中的赛里买持家有方，超过了所有的男人，表达了回族妇女追求人格独立、解除精神束缚的强烈愿望。四是宣传党的方针政策。比如，戴天福自编自导自唱的眉户剧《群众路线不能变》，用人民群众的语言把党的群众路线唱出来，花儿《富民政策到山庄》以崭新的格律歌唱了党的富民政策，还有王永红的书法《文化强国》《中国梦》，马玉英的快板《十八届三中全会展宏图》等。

(三) 地方特色突出

一是独特的地域特点。全区的民间文化紧密结合宁夏的民族、历史、人物、文化、特产、风俗等地域性特点，如民间至今流传着西夏开国皇帝李元昊和昊王坟的传说。民间文化的语言也具有西北人民生活中特有的语态，如“脸白得像个蛋皮皮，脚碎得像个羊蹄蹄”形容姑娘长得美。二是浓郁的民族风味。全区的民间文化既保留了中华优秀传统文化的基本特点，也附着了宁夏回族的民族特色。比如，《红葫芦》《苏尔乃白变毛虫》等回族幻想故事中，祈求的内容多是解除今世苦难、后世进入天国，生活习惯、心理特点等完全是回族式的。

二、民间文化作用之“优”

任何一种文化现象，不论是抽象的社会现象，如社会制度、思想意识、风俗习惯等，还是具体的物质现象，如手杖、工具、器皿等，都有满足人类实际生活需要的作用。作为一种文化现象，全区的民间文化在人们生活中发挥着其应有的作用，主要表现在以下几方面：

(一) 巩固了思想文化阵地

过去，一些人没事儿就聚在一起耍赌、喝酒，“黄、赌、毒”等社会丑恶现象沉渣泛起，落后的思想滋生蔓延，影响了社会风气。如今，全区全力推进公共文化基础设施建设，截至目前，新建标准化乡镇文化站66个，扶持建设村综合文化服务中心、基层文艺团队、农村文化大院985个，组织广大群众积极参与各种民间文化活动，吼秦腔、听小戏等等，通过精彩的故事、鲜活的语言、丰满的形象讴歌真善美，贬斥假恶丑，潜移默化地引导人们辨善恶、鉴美丑、知廉耻、懂荣辱，向往和追求讲道德、尊道德、守道德的生活，有效遏制了一些不良风气，传递了社会正能量，巩固了思想文化阵地，进一步增强了文化自觉和文化自信。

（二）构筑了精神文化家园

以前，不少县区都是送电影下乡，或居委会组织唱唱歌、表演几个节目，但形式单一、千篇一律，群众不爱听、不爱看，很难满足群众日益增长的精神文化需求。如今，民间文化成为广大群众的精神栖息地。全区年均开展“送戏下乡”公益性演出1600多场，每年开展广场文化演出1500多场，现场观众累计达10多万人次，文化厅组织举办“欢乐宁夏全区群众文艺汇演”“新春乐社火大赛”等，农村文化大院每年自发组织文化活动1.8万场次以上，通过说、唱、舞、画等多种形式既讲国家民族大故事，又讲百姓身边日常故事，见人、见事、见精神，贴近百姓生活、符合群众口味，极大地丰富了群众的文化生活，展现了宁夏形象，传播了宁夏声音。

（三）擦亮了民族团结名片

民间文化凝聚了地域内生存民众共同的情感，是人与人、民族与民族和谐共处的精神纽带，增强了中华优秀传统文化的生命力和凝聚力。通过花儿歌唱：“今我宁夏好地方嗯哎哟，一条黄河两座山，回汉人民团结紧，共同建设大银川”，宣传了回汉团结，凝聚了宁夏力量。民间文化活动在各地蓬勃开展，把回汉群众聚到了一起。比如，春节期间，西吉县汉族唱大戏耍社火，回族举办花儿歌会，回汉群众都参与进来，共享民间文化带来的快乐，相互学习交流，人际关系融洽了，“回汉一家亲”的团结和谐大好局面巩固了。

（四）助推了县域经济发展

虽然全区经济基础薄弱，但民间文化资源丰富。大力推动民间文化产业化，以文化软实力提升经济发展硬实力，不仅能为民间文化带来蓬勃的生机，也是推动县域经济发展的重要着力点。海原县走文化兴县的路子，组建成立了宁夏牡丹缘非遗文化有限公司，采用“公司+合作社+专业村+专业户”的企业化发展模式，将剪纸元素融入笔筒、书签、壁挂、丝巾、包装等，先后开发了剪纸系列衍生品，受到潮人热捧，成了城乡妇女创业致富的富民产业。截至目前，已经吸纳刺绣剪纸合作社 8 家，辐射带动刺绣剪纸专业村 12 个，培训技能人员 2900 人次，年产值 1500 多万元，使 620 户建档立卡户实现稳定脱贫，惠泽了广大群众，让文化软实力逐渐成为区域发展的硬支撑。

三、民间文化发展之“忧”

全区对民间文化的传承与保护做出了巨大的努力，但目前全区的民间文化的发展状况依然令人担忧，可以说是“困”字当头，“难”字在先。

（一）生存土壤逐渐消失

随着经济的高速发展和科技的突飞猛进，孕育民间文化的农业文明逐步被工业文明所取代，人们的生产生活方式、思想观念等都发生了变化，民间文化赖以生存的土壤也随之逐渐消失。改革开放以前，全区中南部地区以窑洞、箍窑为主，如今箍窑已被砖瓦房、楼房所取代，箍窑这一传统技艺失去了生存的土壤。各种新事物、新产品成为人们生活中的“主角”，电视、互联网等取代了口耳相传的民间故事、民歌，花儿、口弦等成了舞台上呈现民族特色的“配角”。市场经济导向下，人们首先想到的是民间文化开发利用价值，一些艺人出于商业目的任意改变民间艺术的内涵，年轻人喜欢追求时尚，愿意学习易学易会且回报高的职业工种，因民间文化经济价值不高，他们对民间文化并不感冒。

（二）产业创新严重不足

全区民间文化产业面临的最大问题是产业创新能力不强，科技支撑不够，“互联网+”手段运用不够，不能有效地把民间文化资源转化为经济社会发展的资源，无法形成文化产业的核心竞争力。民间文化的传承发展还停留在浅层次上，研究、挖掘、开发创新还不够深入。民间传承人的观念还停留在“等、靠、要”上，创新思维严重不足。比如，镇北堡西部影视城的擀毡艺人习惯于按工序做毡，缺乏创新，并没有根据当代人的需求做成一系列毛毡衍生品。同时，由于全区人口少，市场空间狭窄，经济发展水平较低，民间文化产业整体规模仍然较小，缺少龙头文化企业，加上民间文化企业素质偏低、经营活力不足，对民间文化产业创新的推动作用还不明显。

（三）人才队伍后继乏人

文化工作者专业水平低，大多是半路出家、转岗而来，缺乏岗位培训和系统学习，可谓是“干文化的没文化”。海原县文化馆在岗工作人员7名，既要完成日常工作、组织开展群众文化活动等，还要担负花儿、方棋等20多项国家级、自治区级“非遗”保护工作，专业知识不足，工作经验不多，无暇也少有接受专业培训的机会。民间文化传承人年龄偏大，民间文化传承后继无人。比如，回族“山花儿”、民间乐器等传承人平均年龄在50周岁以上，北武当寺庙音乐传承人徐建业今年75岁，身体状况欠佳，虽多方努力至今未找到适合的继承者。一些民间文化面临着失传的危险，许多独门技艺更是人亡艺绝。调研中发现，民间文化在中老年人中还有一定的影响力，年轻一代对民俗节日、戏曲、民族传统体育等，知之甚少，参与热情不高，更谈不上热爱、保护和传承。

（四）政策法规落实困难

民间文化发展的保障性政策可操作性不强，国家于2011年颁布了《非物质文化遗产法》，宁夏虽然出台了《非物质文化遗产保护条例》，但没有根据全区的实际情况做相应的修订，并且缺乏切实可行的实施细则，再加上贯彻执行不力，难以落实到位。民间文化的发展涉及文化、财政、教育、民族宗教、体育、旅游等政府多个部门，职能职责分散，部门之间缺乏统一协调，资源不能得到有效配置，财力难以实现统筹兼顾，缺乏整体规划。县、乡两级服务平台不完善，民间文化资源缺乏统筹管理。

（五）经费投入杯水车薪

民间文化保护和传承的经费投入不足，以非物质文化遗产保护为例，除了全区的18个国家级“非遗”名录项目得到国家财政拨款资助外，自治区每年安排专项经费200万元，一部分用于资助自治区级传承人每人每年

3000元，其余经费仅限于开展日常工作。有的市、县因财政困难，没有设立配套资金和提供更多的补贴和服务，很多民间文化的挖掘、整理、保护工作无法正常开展。石嘴山市有27项市级以上“非遗”名录项目，十多个民间戏曲团体、班社，12个“非遗”项目传承基地，但专项经费杯水车薪，2016年全市专项经费拨款仅为2万元。社会力量给予的资金支持少，隆德县的砖雕、剪纸、农民画传承人利用自己的手艺办起小型文化公司，但每人终身只能享有一次妇联等渠道的扶贫贷款的机会，也享受不到其他金融优惠政策。

四、民间文化振兴之“策”

“民间文化有生死，保护传承不能等”。民间文化是中华优秀传统文化的重要组成部分，实施包括民间文化在内的中华优秀传统文化传承发展工程，是建设社会主义文化强国的重大战略任务，对于传承中华文脉、全面提升人民群众文化素养、维护国家文化安全、增强国家文化软实力、推进国家治理体系和治理能力现代化，具有重要意义。

（一）政策引领，让民间文化传承“强起来”

各级党委和政府要从坚定文化自信、坚持和发展中国特色社会主义、实现中华民族伟大复兴的高度，切实把民间文化传承发展工作摆上重要日程，加强宏观指导，提高组织化程度，纳入经济社会发展总体规划，纳入考核评价体系，进一步加大民间文化保护传承力度，改善民间文化发展环境，增强民间文化可持续发展能力。自治区加强顶层设计，制定民间文化实施细则和推进学校民间文化教育指导意见等，加强对民间文化发展的宏观指导和科学保障；进一步明确文化、财政、教育、民族宗教、体育、旅游等工作部门在民间文化保护和传承中的职责，形成党委统一领导、政府依法行政、部门各负其责、群团组织密切配合、全社会共同参与协同联动的民间文化传承发展工作新机制。各有关部门和群团组织要按照责任分工，制订实施方案，完善工作机制，把各项任务落到实处。

（二）规范运行，让民间文化资金“转起来”

积极完善民间文化扶持政策，建立逐年增加的投入机制，纳入财政预算。创新融资投资平台，降低银行对民间文化企业贷款门槛和优惠贷款利率，取消创业担保贷款每人只能享受一次的限制。加大政府采购力度，设立民间文化专项基金。完善相关奖励、补贴政策，落实税收优惠政策，引导和鼓励企业、社会组织及个人捐赠或共建相关民间文化项目，形成众创众筹发展新格局。

（三）强基固本，让民间文化队伍“壮起来”

加强民间文化工作队伍建设，对文化工作者进行定期培训、外出培训和专业培训等。挖掘和保护民间文化资源，建设新乡贤文化，培育和扶持乡村文化骨干，提升民间文化内涵，形成良性民间文化生态，让子孙后代记得住乡愁。加强民间文化传承人建设，采用课堂讲授、函授、远程教育等多种形式，分级、分期、分批教育培训民间文化传承人。各级政府要建立激励机制，采取以奖代补的方式，鼓励民间文化传承人进行民间文化创新创造。

（四）创新驱动，让民间文化产业“活起来”

适时举办民间文化产业发展研讨会、民间文化保护与传承研讨会等，定期举行区内外专家学者论坛，走研发、学习、产业化相结合之路。引导民间艺人开拓思路，以新思想、新形式、新技术对民间文化进行内容创造，生产出品种多样、层次丰富、适应现代社会审美的新产品。依托科研力量进行创意研发，支持一批文化特色浓、品牌信誉高、有市场竞争力的民间文化企业做精做强。建立民间文化产业专业性组织，针对不同种类的民间文化产品进行营销模式创新，建立起通畅的市场信息快速反应系统，帮助生产者进行市场调研、产品研发、生产加工和市场流通，采用“经销公司+合作经济组织+农户”或“市场+学术机构+合作经济组织+农户”的方式，以市场为导向来生产和提供文化产品。

（五）营造氛围，让民间文化传播“热起来”

加强法治环境建设。自治区要加大涉及保护传承弘扬民间文化法律法规施行力度，加强对法律法规实施情况的监督检查。充分发挥行政主管部门在传承发展民间文化中的重要作用，建立完善联动机制。各地要根据本地民间文化传承保护的现状，制定完善地方性法规和政府规章。加强教育传承。围绕立德树人根本任务，遵循学生认知规律和教育教学规律，按照一体化、分学段、有序推进的原则，把民间文化全方位融入国民教育各环节，贯穿于启蒙教育、基础教育、职业教育、高等教育、继续教育各领域。以幼儿、小学、中学教材为重点，构建民间文化课程和教材体系。丰富拓展校园文化，推进民间文化进校园，开设民间文化公开课，抓好民间文化教育成果展示活动。加强研究创新。在大专院校设立民间文化专业，重视保护和发展具有重要文化价值和传承意义的"绝学"、冷门学科。推进职业院校民族文化传承与创新示范专业点建设。鼓励和支持各类院校、研究院所等开展民间文化研究，营造弘扬民间文化的良好氛围。加强宣传交流。运用互联网、微信等现代媒体传播民间文化。搭建与阿拉伯国家民间艺术团体交流桥梁，办好中阿民间艺术展演。

宁夏方言词汇中的民俗文化研究

张治东　马　珍

方言是文化的活化石，也是地方文化的有机组成部分。宁夏方言主要是指生活在宁夏境内的各民族共同使用的具有宁夏地域特色的语言表达方式。宁夏方言是在我国西部特殊的地域文化背景下孕育、形成和通行的，对宁夏地域文化的形成、发展和传承起着关键作用。同时，具有浓厚地域特色的宁夏地方民俗文化、生活习惯、思维方式、自然地理环境与人文历史背景等，也在宁夏方言的诸多方面打下了深深的文化烙印。

民俗文化是产生并传承于民间的生活习俗，是普通民众在生产实践中形成的一系列物质的、精神的文化现象。在宁夏方言中蕴含着丰富多彩的民俗事项，这些民俗事项不仅是人们在生产实践中的生活体验，更是千百年来需要遵循的行为规范和道德准则。比如歌谣："娃娃勤，爱死人；娃娃懒，狼叼去了没人撵。"[①]看似很简单的一句顺口溜，却蕴藏着丰富的生活哲理。

下面我们将依据宁夏方言中的一些典型俗语和谚语，试就其所蕴含的民俗文化事项做一个浅显探析。

作者简介　张治东，宁夏社会科学院文化研究所助理研究员；马珍，宁夏社会科学院文化研究所助理研究员。

①张安生.宁夏境内的兰银官话和中原官话[J].方言,2008(3):357.

一、移民文化给宁夏方言带来了开放与融合的文化意蕴

詹伯慧先生表示："语言是文化的载体，方言则是地域文化的载体。"[①]宁夏方言属于北方方言的次方言——西北方言，根据古入声的今调类，宁夏方言又可划分为兰银官话和中原官话[②]。其中，北部川区，包括同心县城以北的地区都属于兰银官话片区，北部川区与甘肃省和内蒙古自治区毗邻，很多生活习惯和方言词汇都彼此影响、互相接近，更多地保留了草原文化的一些印迹；而南部山区，包括固原市、海原县、盐池县东部，以及同心县南部的大部分地区属于中原官话片区，南部山区与甘肃省和陕西省接壤，无论是在方言词汇的语音语调，还是在习俗礼仪方面都深受中原传统文化的影响。比如："孱"（软弱、娇气），"你咋这么孱？一丁点疼痛都受不了！"[③]其实，"孱"是一个古汉语词汇，《集韵》和《玉篇》均释作"软弱"[④]。像这种带有古代汉语印迹的词汇有很多在固原方言中得到了完整保存。

宁夏是典型的移民地区，历史上多次大规模的人口迁徙对宁夏民俗和方言的形成和发展产生了重要影响。由于独特的地理环境，宁夏在秦朝时就成为屯垦戍边的重要地区，汉代开始有大量移民从内地或江南地区迁徙而来。移民带来了中原地区崇礼好学的习俗，与宁夏原住居民敦厚质朴的民风不断融合交流，对今天宁夏当地居民的生活习惯的形成发挥了重要作用。当然，对宁夏的民俗和方言产生巨大影响的大规模迁徙当属蒙元时期。蒙古人攻灭西夏时，西夏人或死于战乱，或从军征战，或迁徙他方，或藏匿贺兰山中，"郡县废于兵"[⑤]。当时尽管宁夏平原尽显荒凉之象，但蒙元统治者仍然看重这里优越的自然条件所生成的天然粮仓的优势，在安置随军征战的回回人、西域人的同时，又从湖广等地调集了大量的汉族人到此屯田。操持不同语言的回回人、西域人，和大量迁徙而来的汉族人杂居相

---

①詹伯慧. 略论汉语方言与地域文化[J]. 学术研究,2015(14):154.

②张安生. 宁夏境内的兰银官话和中原官话[J]. 方言,2008(3):216.

③④张家铎. 马平恩. 固原方言辞典[M]. 西安:陕西人民出版社,2015:487.

⑤刘天明,王晓华. 张哲.移民大开发与宁夏历史文化[M]. 银川:宁夏人民出版社,2008:85.

处，为现在宁夏民俗和方言的形成奠定了坚实基础，反映在方言中出现了很多舶来词语。比如："乌苏"（麻烦、烦躁），"最近乌苏得很，干什么事都不顺心。"还如："迭里瓦什"（不稳重、轻率），"这个娃娃一天迭里瓦什的，没有个正形。"这些舶来词语与汉语相互交融，已经深深地渗进了宁夏的方言词汇里。

悠久的移民历史使宁夏方言和宁夏的民俗文化兼收并蓄，充满了开放与融合的文化意蕴。后来又经过多次的人口迁徙，包括新中国成立之初和宁夏回族自治区成立之际，从全国调集来宁支援宁夏建设的支宁队伍，都为宁夏方言的丰富和发展贡献了自己的特色。陆续不断的移民迁徙活动，不仅大大丰富了宁夏的方言词汇，而且将其所蕴含的民俗风情也深深融入进了宁夏人的日常生活。比如："相工"（专门从事某种技术活的人），"你在那个工地上是从事哪方面活计的相工？"再如："得济"（得到实惠和好处），同心方言有"得了儿孙的济"的说法。还如："拿把"（装腔作势、摆架子，有意刁难人），"你不要总是拿把他，他比你心里更清爽。"

二、独特的地域环境使得宁夏方言显得纯朴而不乏幽默

独特的地域环境，使得宁夏人的性格粗犷而质朴，说话直来直去不拐弯，但也充满了生活的幽默和情趣。在与宁夏人交流时，当地人不时冒出的一些具有调侃色彩的谚语或俗语，让人忍俊不禁。例如，固原方言在骂人愚笨时，会这样说："你简直是瓦茬子擦沟子——瓜得屎淌哩。"看似粗俗鄙陋，实则充满了生活的乐趣。类似的谚语或俗语还有："抄花子坐碾盘——牌子要圆了""一个人拜把子——你算老几""牛角按到驴头上——四不像""牛钻鸡窝——门路太小""风中的羊毛——忽上忽下""开口问石头——问不出一句实话""噙上熨斗吃烟呢——嘴上的劲大"等等。这些充满调侃色彩的民间谚语或俗语源自人们的生产生活实践，既形象生动，又不乏幽默诙谐，用到恰当场合充满了生活的乐趣，让人回味无穷。

宁夏地处北方温寒地带，加上这一地区是古代兵家必争之地。各种客观环境因素的影响反映在方言词汇中，使得宁夏方言粗犷而意境深远。比

如，在银川方言中，表示方位的“那儿”（银川音读［nāo］），如果将声调放短放急一点，就表示这个方位离说话人距离很近，如果将声调放长放缓，则表示这个方位离说话人有了较长的距离，如果将声调拉得再长再缓的话，则表示这个方位离说话人可能有一定路程了。冷兵器时代战争的紧迫感和紧张感，反映在方言词汇中使得宁夏方言具有短小而精悍的特点。比如：“贼”，是同心方言，表示“做事精明、会算计”。再如：在形容人性格倔强不会转弯时，就用一个简单的“驴”字，“那个人驴得很，你别招惹他。”还如：“噘”（谩骂），“他们俩噘了一仗。”类似的词语还有：踒（骨折或扭伤）、煨（一种烹饪方法，用温火慢慢炖熟）、崴（作势发狠、耍威风）、维（结交朋友）、短（行事毒辣决绝）、揣（音［chuā］，撕裂、扯下来）等，虽然只是一字词，但表现的意义却十分丰富和准确。

不沾边不靠海的自然地理条件，使得宁夏人质朴内敛的性格和保守朴实的思想在方言词汇中得到了淋漓尽致的展现，呈现出宁夏方言生动活泼，富有调侃的文化意蕴。比如：“抬杠”（不讲理地与人争论），“这俩人又开始抬杠了，整天没事干就在那瞎争论。”还如：“咔哩马嚓”，如果一个人做事敏捷干练，则会用这个词来形容，“人家那个谁谁做事简直是瓦罐里倒核桃——咔哩马嚓的，一点儿不含糊。”当劝别人遇到难处时，尽量不要向那些不愿出手帮忙的人张口求助，则会说：“坟堰上打哈欠哩——枉张的口。”这种以借代或比喻方式出现的民间俗语或谚语，用在方言交流中，不仅形象生动，而且能够准确地将某人的性格特点或生活状态一览无余地展现出来。类似的词语还有：端详（仔细思考或认真观看）、嘟囔（小声嘀咕或说话）、丧人（说别人的坏话或戏弄人）、垫杠（给别人递话以把事情搅黄）、撺掇（倒是非）、使拐（使坏）等。

宁夏方言中还有一些特殊词语，有着多种义项，放在不同的人群或场合中，表示着不同的含义。比如：“消停”，表示“做事稳重或时间有空闲”等意思，若小孩调皮捣蛋时大人则会说：“这个娃娃咋一点不消停？总是跳来跳去的，惹得人厌烦。”在这里，“消停”有“安分、安静，做事稳重”之义。若两个成年人之间对话说：“最近太忙了，等消停了咱们两家人坐在一起聚聚（吃饭）。”“消停”在这里则又表示“有空闲”的意义。

类似的词语还有“咥”字，这是一个流行于固原地区（包括同心、海原）乃至陕西关中地区的词语，表示“吃饭”之意，这个词在固原当地使用一般要分场合，通常在严肃场合或晚辈向长辈表示问候时不轻易用这个词。譬如晚辈不能随意对长辈说：“你咥饭了没?”若有年轻人对年老者使用了这样的词语，会使人感到这个人很不礼貌或没有教养。当然，若两个同辈之间或长辈对小孩这样说，则有调侃嬉戏之义。

三、悠久的农耕文化使宁夏部分方言词汇有了尘封之感

语言作为文化的载体蕴藏着丰富的民俗事象。一个民族或者一个群体，千百年来积累的知识和经验，都会在自己的语言里得以保存和反映，并依赖语言代代相传。宁夏是一个以传统农业为主的省份，反映传统农耕文化的词语在宁夏方言得以充分保留。例如：“牛后半岘”，指“牛后半身陇起的地方”，农耕时代耕牛是主要的劳动生产工具，主要用于犁地、耕地等，现在已基本上为机械化所替代，但在宁夏的有些偏僻农村仍在使用。反映在方言中，若农村哪个小孩不好好学习、喜欢干庄稼活时，年龄长一些的人就会嬉骂道：“天拾下（天生）是个跟牛后半岘的。”表示这个小孩天生只会（犁地）做农活。相对城市生活而言，农村生活简单直接，人们说话交流多喜欢将与自己熟悉的事物关联起来。如：“鸭默稍息”，表示“悄无声息”，“张老师是个厉害角色，他一到教室，班上的娃娃们就鸭黙稍息的，一点响动都没有了。”

习近平总书记指出：“人民不是抽象的符号，而一个一个具体的人，有血有肉，有情感，有爱恨，有梦想，也有内心的冲突和挣扎。”[①]成长于民间的俗语或谚语，是广大民众用来表达思想感情并传承民间文化的重要工具，是世代相传的集体智慧和经验的结晶，反映着广大民众的思想、感情和习俗。因为这些俗语或谚语主要成长于民间的生活土壤，所以极具生活的情调和趣味。将这些俗语或谚语放在方言交流中，不仅通俗易懂，而且富有哲理。林宝卿说：“（方言）在一定地域范围内形成发展起来，它们

① 中共中央文献研究室.习近平总书记重要讲话文章选编[M].北京：党建读物出版社，中央文献出版社,2016:194.

在长期共同生活中慢慢形成具有自己地区明显特征的人文、历史文化形态和风俗习惯，是地域文化的符号之一……不同的方言反映着不同的地域文化。”[①]生活在宁夏农村广大地区的人们，在生产生活实践中创造了很多脍炙人口、反映农村嬉笑怒骂的民俗谚语。比如：“吃了韭菜掏牙缝——自找麻烦”“吃剩饭长大的——尽是馊主意”“懒驴背个烂簸箕——走得不欢扇得欢”“羊圈里的驴粪蛋——数你大”“牛犁地马拉车——各干各的活”“懒汉和稀泥——累死个挑水的”“霜打的茄子——蔫不拉几的”[②]等等。

四、多姿多彩的传统节日为宁夏方言披上了神秘之纱

宁夏汉族的传统节日和全国其他地方包括周边省区的传统节日比较类似，当然受陕西、甘肃两省传统民俗的影响更深一些，但也呈现出了自己的地域特点。在春节期间，在宁夏的部分农村地区，譬如同心县兴隆乡的王团村，从大年初三起，有一项“清庄”的集体活动。庙会的主持会带着虔诚的村民到各家各户去“清庄”，“清庄”到哪家，哪家就要端上礼品隆重招待，先是焚香，然后在“街门口”（大门口）用鞭炮迎接“清庄”的人，鞭炮响声越长，越能显示出庄户人家的诚意。到了正月初五，当地还有“送五穷”的习俗，就是打扫屋子，将扫拢的垃圾倒在大路口，表示把穷困赶出家门。“送五穷”在有些地方称为“缠五穷”，都是反映这一民俗礼仪的传统节日活动。在宁夏反映汉族传统节日的民俗还有：守岁（大年三十熬通宵）、耍社火、说仪程（耍社火时由仪程官说出的庆贺吉祥语）、上九（正月初九庙会组织乡民举行的迎神赛会）、祭灶（腊月二十三送灶神的礼仪）等。

总之，方言是地域文化的重要组成部分，也是了解当地民俗文化的一个重要切入口。宁夏广播情景喜剧《宁夏有个“的哥哈喜喜”》就是利用宁夏方言，通过无剧本即兴演播的形式，在弘扬社会主义核心价值观、传递

---

①林宝卿. 汉语与中国文化[M]. 北京：科学出版社，2000.

②林涛. 郭可峻. 盐池方言文化研究[M]. 银川：宁夏人民教育出版社，2014:263-284.

正能量的同时，展现了宁夏方言对宁夏人特有的魅力和吸引力。这种以方言的形式，探索发展起来的情景广播剧，不仅丰富了宁夏百姓的精神文化生活，而且探索出了利用地方方言这一民俗文化进行产业化发展的新路径，赢得了宁夏群众特别是出租车司机群体的喜爱和欢迎。马克思·韦伯指出："任何一种经济模式背后必然存在一种无形的精神力量，在一定条件下，这种精神、价值观念决定着经济模式的兴衰成败。"宁夏打造全域旅游，提高自身知名度，离不开当地民俗文化的有力支撑。具有宁夏地域浓郁特色的民俗事项不仅是吸引外界的一面旗帜，更是宁夏面向外界的一面重要窗口。

宁夏新型智库建设发展报告

李　军　白　超

党的十八届三中全会以来，我国智库建设逐步兴起。2015年，以中央印发《关于加强中国特色新型智库建设的意见》为标志，智库建设迎来了快速发展的“黄金时代”。习近平总书记指出，要从推动科学决策、民主决策，推进国家治理体系和治理能力现代化、增强国家软实力的战略高度，把中国特色新型智库建设作为一项重大而紧迫的任务切实抓好。党的十九大报告中明确提出要“深化马克思主义理论研究和建设，加快构建中国特色哲学社会科学，加强中国特色新型智库建设”。伴随着智库在党和政府决策中的作用日益增强，更加需要掌握和了解宁夏新型智库发展中存在的问题与不足，找准智库建设的关键点，提升智库在宁夏经济建设中的作用及影响力。

一、宁夏新型智库建设现状

近年来，宁夏积极响应党中央号召，积极探索发展路径，采取多项措施推动新型智库建设，智库建设新格局正在初步形成，各类智库迅速成长，正在迈上高速发展的快车道。

作者简介　李军，自治区党委宣传部理论处处长；白超，自治区党委宣传部理论处副处长。

2016年1月，自治区印发《加强宁夏新型智库建设的实施办法（试行）》，该办法在中央精神的基础上结合宁夏实际，从申报、建设、运行、经费、保障等方面提出明确要求，为宁夏智库建设勾画出了发展蓝图。为进一步提升智库发展的科学化和规范化水平，自治区先后出台《宁夏新型智库建设经费管理办法（试行）》《宁夏新型智库申报办法（试行）》和《宁夏新型智库成果报送办法（试行）》，基本构建起了宁夏智库发展的制度框架，为各类智库蓬勃发展提供了制度保证。

2017年年初，自治区党委宣传部将"新型智库建设工程"列为2017年宣传思想文化工作十大工程之一。自此，宁夏的新型智库建设进入了全面推进的重要一年。8月，自治区党委宣传部组织召开宁夏新型智库建设工作推进会，自治区党委常委、宣传部部长赵永清同志出席并发表重要讲话，为推进宁夏智库建设做出了全面部署，指明了发展方向。

按照部署，各部门各单位结合自身特点，全面开展新型智库建设工作。如：自治区党委宣传部组织发布宁夏新型智库课题第一批选题，并征集到选题申报材料123份，从中评审出30项申报材料列为2017年宁夏新型智库课题，截至目前，所有课题已全部完成。自治区教育工委、教育厅启动实施高校特色新型智库立项建设工作，建设周期为3年，给予每个高校智库每年15万元经费支持。宁夏社会科学院组织专家，以宁夏经济、社会、文化、生态等各个领域发展态势与未来趋势的分析和预测为主要内容，围绕编纂出版高端智库系列蓝皮书，2017年的宁夏蓝皮书系列共有7本。宁夏大学中国阿拉伯国家研究院在中国社会科学评价研究院主办的第四届全国人文社会科学评价高峰论坛上入选"中国智库综合评价核心智库"榜单，参评此次高校智库A类——211高校经济领域的智库共41家，入选智库仅为14家。宁夏社会主义学院注重加强智库交流，举办"全国民族宗教研究知名专家宁夏行"活动，邀请了22位在民族宗教研究领域有较深造诣的全国知名专家学者来宁夏调研考察；联合中国民族学学会在中央社会主义学院共同举办"民族地区社会治理理论与实践创新"高端论坛。自治区党校加强机构和制度建设，成立宁夏党校、行政学院决策咨询委员会和决策咨询部（研究室），出台了校院《关于建设高端智库的实施意见》《教研人员开展调查研究的规定》《教研人员蹲点调研暂行办法》等系列制度。

二、当前宁夏新型智库建设面临的困难

近年来，宁夏新型智库建设虽然取得了一些成绩，但还处于起步阶段，总体水平不高，距离党和政府的要求还存在相当差距，新型智库在发展中面临着一些不可忽视的困难，主要有：

（一）智库发展不平衡

从现有智库单位情况来看，宁夏智库研究力量主要分布在各党政部门中的研究机构、社科院、党校（行政学院）和各高校。与此对应形成了党政部门智库，如自治区党委政研室、政府研究室、发改委经济研究所等单位（部门）；社科院智库（自治区社科院及其分院）；党校智库（自治区党校及各市县党校）；高校智库等四大类智库单位。可以看到，以上智库均为体制内智库，它们构成了全区智库的中坚力量和主体力量。这类智库由于经费保障、信息掌握、与政府对话的畅通性等优势在决策服务中占据主体地位，而体制外的民间智库、企业智库等，由于不了解政策咨询需求、缺少成果表达渠道、身份模糊等种种原因，没有在服务决策中发挥应有作用。

（二）智库作用发挥不足

《关于加强中国特色新型智库建设的意见》明确提出，“发挥中国特色新型智库咨政建言、理论创新、舆论引导、社会服务、公共外交等重要功能”，由此可以看到，新型智库的功能不仅限于咨政建言，还应在加强理论创新、引导社会舆论、服务社会发展、推动公共外交等方面积极发挥独特作用，这是新型智库与传统“思想库”“智囊团”的重要区别之一，更是党和政府对新型智库赋予的重大使命。由于全区新型智库发展时间短、底子薄，现有的智库大多关注于“咨政建言”这一基本功能，发展模式也以提交报告、出版专著、举办论坛等形式为主，还难以承担新型智库的全部任务，这应是今后智库发展需要努力的一个重要方面。

（三）智库成果质量不高

成果是衡量智库发展水平的核心指标，所谓高质量的新型智库研究

成果就是能够得到党和政府以及社会认可的研究成果。从目前来看，现有智库成果对全区的新情况、新问题、新变化研究深度及广度还不够，针对当下政策的阐释性成果较多，针对未来趋势的前瞻性研究很少；对宁夏未来发展方向缺乏“储备性政策”，智库的研究落后于现实发展变化；智库研究手段不多，跟不上发展的变化，立足眼前、制定“战术”者多，着眼长远、提供战略者少； 一些成果拘束于理论研究、资料汇集，问题意识不强，较少有新思想、新观点、新战略的提出，及时性、精准性、操作性不强。

（四）智库人才队伍建设存在短板

人才一直是制约全区发展的短板，这一问题在新型智库建设中表现得尤为突出。主要表现为全区自身拥有的优秀智库人才不多，引进国内外知名学者来宁参与智库建设的偏少。智库人才不同于一般人才，尤其是首席专家，不仅要有卓越的理论功底和专业素养，而且要有很强的担当精神和社会责任感，还应对政府运作规律、决策层需求等有一定的了解，才能保证智库研究的针对性和可操作性。与新型智库建设较为发达的省区相比，全区智库研究人员中缺少具有影响力的领军人才和结构合理、优势互补的复合型研究团队。

（五）智库管理体制机制还不完善

党的十八大以来，为加快实施创新驱动发展战略，激发科研人员创新创业积极性，在全社会营造尊重劳动、尊重知识、尊重人才、尊重创造的氛围，国家和自治区先后出台多项政策文件，引导实行以增加知识价值为导向的分配政策，充分发挥收入分配政策的激励导向作用，激发广大科研人员的积极性、主动性和创造性，鼓励多出成果、快出成果、出好成果。但从现实来看，现有多数智库建设和管理仍沿用传统行政事业单位和高校的管理办法，研究人员被课题申报、经费使用、人员管理、成果评审等各项制度束缚，一定程度上影响了智库研究人员积极性的发挥，智库活力难以释放。

三、推动宁夏新型智库发展的路径

中国特色新型智库建设是党中央做出的一项重大决策部署，是一项重大的系统工程，需要采取得力举措才能取得成效。从目前宁夏新型智库建设的现状来看，还存在着诸多困境。因此，宁夏新型智库建设亟须找准定位，明确目标，科学管理，引进和培养一批智库人才，加大智库成果转化力度，努力推动宁夏新型智库建设。

一要突出中国特色，坚持正确政治方向。建设中国特色新型智库，必须坚持党的领导，坚持中国特色社会主义道路，坚持国家利益和人民利益至上，坚持按国家宪法和法律办事。始终把这些基本要求自觉贯穿到智库工作的全过程和各方面。要聚焦党委、政府中心任务，全力服务党委、政府工作大局，致力于前瞻性、针对性地提出地方发展热点难点问题的解决思路，真正成为党委、政府“信得过、用得上、靠得住、离不开”的思想库和智囊团。

二要明确功能定位，推动智库品牌建设。地方智库与中央智库的定位和着力点不同，对宁夏而言，智库研究就是要聚焦宁夏现实问题，立足宁夏、关注宁夏、研究宁夏，以区情为依据，以问题为导向，推出有价值、高质量的智库成果，为促进各级党委、政府科学民主依法决策提供智力支持。要时刻牢记我们是内陆地区、西部地区、贫困地区、革命老区和民族地区，立足宁夏实际开展研究。要加强对宁夏地方特色文化的研究，为挖掘宁夏文化底蕴，塑造宁夏特色文化品牌提供理论支撑。要坚持国家站位、树立全球视野，聚焦全国共同关注的问题，立足宁夏实际，瞄准学术前沿，注重开展具有宁夏标志性的研究。比如，民族团结、宗教和顺是宁夏最亮丽的一张名片。推进智库建设，就要结合这张亮丽名片，坚持高起点谋划、高水平建设，努力将民族团结进步工作智库打造成在全国有影响的智库品牌。

三要推动成果转化，增强决策影响力。习近平总书记指出：“要加强决策部门同智库的信息共享和互动交流，把党政部门政策研究同智库对策研究紧密结合起来，引导和推动智库建设健康发展、更好发挥作用。”应从自治区层面搭建常态化互动平台，让决策部门掌握智库的研究专长，经常给智库出题目、交任务；让智库及时了解决策部门需求，提供务实管用的对策建议，做到供需有效对接、工作一体联动。智库与党委、政府之间应构建顺畅的信息传送通道，确保最新研究成果第一时间能够抵达决策者视野，提高决策影响力。各智库也应加强自身影响力培养，根据研究成果的不同属性，以内部决策专报、公共学术报告、报纸、电视、电台、社交网络与自媒体等不同形式扩大成果的影响力。

四要坚持高端引领，加强人才队伍建设。人才是智库的立足之本、制胜之要，是智库的核心竞争力。建设新型智库，必须要解决好吸引人才、凝聚人才、使用人才的问题，形成开放、竞争、流动的人才机制。要探索“柔性引进、刚性干事”的人才引进办法，鼓励智库与国内外高校、科研机构通过兼职挂职、定期服务、技术联姻、项目合作、科技咨询等方式开展合作。要以首席专家为依托，团结和凝聚一批优秀人才，形成比较精干、相对稳定的核心研究力量。在团队建设上，可以通过会员制、聘任制等形式，实行专职与兼职相结合、走出去与请进来相结合，广泛吸纳不同专业背景、不同年龄层次的人才，形成结构合理、优势互补的复合型研究团队。根据工作需要，要采取区内挖掘和区外引进“双管齐下”的工作方式，不断把有思想活力、有实践经验、有政策研究能力的人才吸纳到智库团队中来。对于一些受体制或其他因素影响难以引进的高端智库人才，要秉承“不求所有、不求所在、但求所用”的理念，努力打造智库人才的集聚高地。

五要创新体制机制，完善制度安排。《关于加强中国特色新型智库建设的意见》中明确提出，要深化五项改革，即深化组织管理体制改革，深化研究体制改革，深化经费管理制度改革，深化成果评价和应用转化机制改革，深化国际交流合作机制改革。宁夏的智库建设应紧紧围绕中央提出的五项任务，积极探索，创新智库内部管理体制机制，最大限度地激发研究人员的积极性和创造性。自治区应尽快配套相关政策，通过科学合理的专家评价机制、激励机制和淘汰机制，建立公平、公开、透明的智库成果评价、评奖标准，改变以往重专著、论文的科研机构评价标准，逐步将政府影响力、社会影响力和国际影响力作为考核指标，提高专报及其批示、媒体解读和分析、参与政府重大决策过程的分值，推进评价标准化、规范化、指标化和数量化。要优化智库科研经费管理体制机制，尊重人才、尊重科研规律，切实改变完全参照政府机关的经费使用规定，将人力资本作为智库经费资源配置的第一要素。通过制度设计和安排，将智库研究对国家政策做出的贡献，与研究者的利益挂钩，与职称评审、干部选任等工作相结合。同时，智库研究课题应全面向社会开放，择优中标，为社会智库争取参与权。

宁夏公共文化服务数字化平台建设的实践与探索

马慧玲

近年来，在党中央、国务院高度重视下，我国公共文化建设投入稳步增长，覆盖城乡的公共文化服务设施网络基本建立，公共文化服务效能明显提高，人民群众精神文化生活不断改善，公共文化服务体系建设取得显著成效，呈现出整体推进、重点突破、全面提升的良好发展态势。公共数字文化建设是加快构建现代公共文化服务体系的重要任务，是更好地推进现代公共文化服务水平提升的重要途径。

一、宁夏公共文化服务数字化平台的建设背景

（一）政策背景

2015年，中共中央办公厅、国务院办公厅印发《关于加快构建现代公共文化服务体系的意见》，要求统筹城乡公共文化均衡发展，加强公共文化服务与科技融合发展，加快推进公共文化服务数字化建设，提升公共文化服务现代传播能力。力争在2020年，基本建成覆盖城乡、便捷高效、保基本、促公平的现代公共文化服务体系。

2017年，文化部印发《"十三五"时期公共数字文化建设规划》，提出"十三五"时期，是基本建成现代公共文化服务体系的冲刺阶段，是落实国

作者简介　马慧玲，宁夏文化馆馆长。

家“互联网+”行动计划、大数据战略和推进公共数字文化发展的重要战略机遇期。确立了国家公共数字文化建设的实现路径，立足于提升公共文化服务效能，鼓励和支持社会力量参与和合作，强调公共数字文化要服务于精准扶贫等国家战略，突出以项目为抓手全面实现公共数字文化建设目标。

（二）现实需要

近年来，随着移动互联网技术的飞速发展，尤其是大数据时代的来临，公共文化服务范围、方式、手段、模式都发生了巨大的变化，数据分析、数据挖掘、数据增值已经成为公共文化服务的导向。

群众的社会生活方式、公共文化环境都面临着被信息技术彻底颠覆和改变的局面。第一，公共文化服务需求，由被动接受向精细化、个性化改变；第二，公共文化活动需求，由分散型、无界限向部落型、闭环式改变；第三，公共文化参与需求，由实体交流向虚实互动改变。依照传统的服务方式已经无法满足群众的这些需求变化。

鉴于此，作为宁夏回族自治区公共文化服务体系建设的龙头，宁夏文化馆顺应形势，为发挥好公共文化服务的主体作用，积极创新文化服务模式，因地制宜地提出建设一个全区文化馆统一使用的公共文化服务数字化平台的发展思路。

二、宁夏文化馆基于“互联网＋公共文化”的实践与探索

为了推动公共文化服务更好地向宁夏 5 市 22 县（市、区）的城乡基层延伸，丰富公共数字化文化资源，基于“互联网+公共文化”服务的目标，宁夏文化馆已于 2016 年向文化部申请建设全区公共文化数字平台，目前已进入最后的调试阶段，即将全面上线。

（一）平台的建设思路

整体平台思路采用“一平台、二中心、三标准”架构，实现公共文化数字服务从区级文化馆，到市级文化馆和县级文化馆，再到乡镇以及入户的纵向贯通。“一平台”是指一个覆盖和服务全区的公共文化数字化服务总平台。“二中心”是指“非遗”数字互动体验中心和公共文化数字资源中心。“三标准”是指公共文化数字资源发布标准与接口规范、公共文化

数字资源接入标准与接口规范以及公共文化服务评估标准与接口规范。

（二）一个平台建设

宁夏回族自治区共有5个地级市，9个市辖区、2个县级市、11个县，1个开发区，为进行公共文化覆盖全区、普及全民的数字化建设，构想建立宁夏五级总分馆服务体系，逐步实现全区各级统一的服务标准、管理标准与评估标准。

通过区馆—地市中心馆—县总馆—街道（乡镇）分馆—村支馆的设立，实现公共文化资源在数字服务平台的上下互通，左右互用；简化工作，实现优秀资源聚合到主站网站页面的呈现，实现主站一键发布到子站，功能共享、资源共享，双向深度集群，开展全民艺术普及工作。

宁夏总分馆服务体系渗透全区数字公共文化服务联盟平台和全民艺术普及覆盖建设，以期实现宁夏总分馆的最高级别区馆建设，并且规范总分馆服务标准、为各级馆预留接口，层层递进建设、全面服务宁夏全区广大基层民众。

平台主要包括网站集群、场馆预订、点单配送、活动预约、宁夏“非遗”、艺术培训、志愿服务等模块。

（三）两个中心建设

1. “非遗”互动体验中心建设

依托线下互动体验中心的建设，能够借助于互联网及移动终端等设备加强对外宣传等多方面功能。包括：

⑴ 实现综合应用展示系统建设，基于最新的空间信息技术、虚拟现实技术、游戏动漫等技术手段，提供各种虚拟三维，三维物品的浏览与展示，以及互动体验、游戏动漫、虚拟现实等内容的展示。

⑵ 实现体验区的数据采集，提供场景浏览、互动设备使用等信息记录，帮助分析、研究体验者的习惯和兴趣，便于做出资源调配的决策。

⑶ 实现移动终端服务，让用户体验图片、视频、音频、文档、史料等的下载、上传，感受虚拟与现实的互动情景，同时能够通过二维码扫描的方式获取资源信息和演出信息等，支持场馆内的互动产品的参与。互动体验中心能让用户随时随地下载，不受时空限制，达到动动手指便可体验的效果。

(4) 实现线下体验互动区域资源的有机呈现，结合互动展演设备、虚拟现实设备实现用户良好的交互体验和良好的视觉效果。

(5) 采用多媒体通信技术，将现实中的教学过程，搬到互联网的直播教学里，为艺术培训机构、网校、名师、群众等受众群体提供远程培训、在线答疑等服务。通过该服务，增加群众文化知识的储备，活跃文化氛围，举办各类展览、讲座、培训等，普及科学文化知识，提升文化馆服务职能。

2. 宁夏省级公共文化数字资源中心建设

以宁夏本地特色文化资源和文化共享工程资源为内容基础，搭建一站式数字资源服务平台，依托便携式数字资源服务智能终端（公共文化盒子），开展数字文化资源的传播和共享，为群众提供精品、精准、均衡、高效、可控的数字文化资源服务。

该中心的建设，实现了区、市、县三级数字资源的发布、分享、数据分析机制。对上，实现与国家公共数字文化支撑平台相对接，实现全国资源的共建共享；对下，实现公共文化数字资源基层服务落地，贴近民众需求，实现系统和应用多终端化，建设覆盖整个宁夏的数字资源服务网络，全面满足宁夏回族自治区人民的数字文化资源需求。

（四）三个标准建设

1. 宁夏公共文化数字资源发布标准与规范

通过制定《宁夏公共文化数字资源发布标准与接口规范》，规范了全区公共文化资源信息的发布标准，解决了跨地区、跨部门、跨机构的公共文化资源信息数据交换和共享的核心问题，为有效地将宁夏各市县文化馆的数字资源收割到宁夏公共文化数字资源中心提供基础保障。

2. 宁夏公共文化数字资源接入标准与接口规范

通过制定《宁夏全区公共文化数字资源接入标准规范》《平台消息规范》《平台数据交换规范》《平台系统建设技术标准》《平台服务信息上报规范》，从顶层设计上提供公共文化服务数字化建设的依据，有效避免资源分散、信息孤岛等问题。

3. 宁夏公共文化服务评估标准与接口规范

通过制定《宁夏公共文化服务评估标准与接口规范》，从设施及利用、资源、服务、内部管理、人员、群众满意度几个方面，提出公共文化机构服务评估标准规范，有效提高了全区公共文化机构服务效能。

总而言之，宁夏公共文化服务数字化平台建设在经费不足、观念相对滞后、基础设施建设薄弱的情况下，全馆上下通过举办多次数字化建设培训学习，全区上下 5 市 22 县的调研摸底，全国几个有特色的数字文化建设单位的走访，坚持边学习、边摸索、边实践，立足自身，不等不靠的原则，率先建设成全国首家省级公共文化服务数字化平台，通过公共文化服务数字化，实现了西部地区在公共文化服务领域的跨越发展，努力为中西部地区，乃至全国提供“互联网+省级文化馆”建设可复制与推广的参考样本。

2017年银川市职工文化建设发展报告

程利云　刘　锐

职工是公共文化大发展大繁荣的建设者、推动者和共享者，也是公共文化大发展大繁荣的中坚力量。如何转换服务职工文化活动理念，维护职工基本文化权益，丰富职工文化生活，推动职工文化建设成了当前工会组织肩负的重要职责。为此，银川市总工会坚持以文化搭台、以文化凝心、以文化聚力，探索出服务基层、繁荣基层职工文化建设的长效机制，取得了丰硕的建设成果。

一、职工文化建设成果

作为党和国家赋予的重要战略任务，职工文化建设已纳入银川市总工会的重要议事日程。一年来，市总工会改变过去花钱主办活动、下面被动参加的模式，把职工文化大舞台的“麦克风”交给职工群众。

（一）搭建五个平台，职工综合素质全面提升

一是搭建宣传平台。市总工会充分利用报纸、杂志、广播电视、网络、自媒体、橱窗、电子屏等各种宣传工具，通过开设专版、专栏，大力宣传劳模的先进事迹和劳模精神，让劳动最光荣、劳动最崇高、劳动最伟大、劳动最美丽的观念在职工群众中蔚然成风。在银川市总工会微信公众号和

作者简介　程利云，银川市总工会副主席；刘锐，银川市总工会职工文化活动中心主任。

工会系统微信群开设《工会工作天天看》栏目，设立《市总工会工作进行时》和《基层掠影》两个子栏目，发布工会工作动态、工作亮点和特色。在银川电视台设立《风城劳动者》，结合银川市总工会各项重点亮点以及创新工作，制定宣传主题，通过固定栏目形成宣传声势。在银川新闻广播台开设《工会维权》栏目，就社会热点、职工关心的维权问题进行策划，通过邀请签约律师、人物访谈等对维权内容进行解读。

二是搭建活动平台。按照职工群众兴趣开展形式多样的线上线下职工文化活动，以先进职工文化为主旋律，组织职工群众融教育、创新、娱乐于一体，开展知识竞赛、主题征文、演讲比赛、书画摄影展、文艺创作、体育比赛、文艺演出等多种职工文化活动。推出“劳动最光荣”系列文化活动，征集“声音里的经典——中国梦·劳动美·银川好”故事演说作品 86 部，推荐优秀作品参加全区大赛，推送到银川新闻综合广播微信平台展播；举办“聚焦小工匠 建功争贡献”职工摄影大赛，征集 235 组（幅）参赛作品，评选获奖作品 22 组（幅）；举办职工“好声音”演唱会、职工“劳动者之歌”歌咏大赛、职工乒乓球比赛、职工篮球赛；组织职工艺术团先后深入企业、园区及重点项目一线开展“工会与职工群众心连心”慰问演出 21 场次，服务职工 9000 余人次；深入重点项目工地开展优秀影片进基层活动 52 场次，参与群众 8000 多人。

三是搭建阵地平台。阵地平台是职工文化建设的重要基础。一年来，银川市总工会先后出资 100 多万元扶持银川滨河新区、阅海中央商务区、灵武羊绒园区、贺兰如意产业园区和银川综合保税区建成了职工文化阵地，让广大职工娱乐有场所，活动有阵地，为职工交流思想、相互学习和提升素质提供更广阔的渠道和空间。目前，全市共建有星级职工书屋 59 个，打造全国级、自治区级、市级模范和先进职工之家 400 余家。市总工会先后在 21 家企事业单位建立了流动图书点，配置图书 6800 册，打造职工群众的流动“文化加油站”。同时在我市重大工程项目工地设立了 15 家农民工流动书屋，方便农民工读书学习，免费为农民工提供精神食粮。

四是搭建品牌平台。推动职工文体协会和兴趣小组的活跃和普及，让职工走进教室、走上舞台、走入球场、走向户外。发挥职工文化基地的示范作用，培育各具特色的职工文化品牌活动、品牌阵地和品牌单位。节假日向广大职工免费开放活动场馆，鼓励广大职工前来健身，日均服务职工300余人次。为60余家基层工会和企事业单位免费提供场馆服务，开展职工运动会和趣味活动，服务职工7000余人次。为多家企业提供培训、讲座、知识竞赛、音乐会等服务活动50余场次，服务职工近万人次。

五是搭建人才平台。市总工会重视发现和培养职工文化能人，鼓励和扶持职工群众中涌现出的各类职工文化人才和积极分子，促进他们健康成长、发挥作用。市总工会成立了职工文化志愿者队伍，聘请专业职工文化工作者和志愿者参与职工文化建设，培育基层文艺骨干10000人次，形成专兼结合的职工文化工作者队伍。

（二）采取四项举措，职工文化建设创新发展

一是“送文化”与“种文化”相结合，打造了一批职工文化活动品牌。在全市各级工会组织实施“六个一·种文化”项目，即搭建职工文艺演出舞台，举办一场职工文艺演出；谋划职工体育锻炼项目，举办一场职工体育竞赛；建立职工朗读基地，兴办一场职工读书诵读活动；建好职工户外拓展基地，举办一场职工素质拓展活动；健全职工书画院校，举办一场职工书画摄影工艺展；打造职工文化示范点，建好职工文化阵地。着力为广大职工搭建展现艺术才华、诠释岗位技能、成就艺术梦想的舞台。项目实施以来，全市1200多个基层工会建阵地、办演出、搞竞赛、提素质，开展各类文化活动3100多场次，参与职工达到16万人次，职工文化活动精彩纷呈。为鼓励企业职工自编、自演、自创，市总工会组建职工艺术团，推选职工创排的节目参加全区、全市文艺汇演。如今，在银川市众多的工业园区和企事业单位里，定期开展职工文化活动已逐渐成为职工们的自觉行动，丰富多彩且水平较高的文艺活动极大地满足了职工的精神文化需求，也成为凝聚职工工作合力的有效手段。

二是实施“个十百千万”职工诵读助推工程，引领主流价值，营造奋发向上文化氛围。通过建立一个市级“职工朗读者培育基地”、邀请十位区市诵读名家开展现场交流指导、在基层建立百家职工读书诵读活动站点、培养千名职工朗读爱好者、组织万名职工参与朗读活动，打造了一支独具特色、散发书香的凤城“职工朗读者”队伍。活动开展以来，各级工会组织举办诵读活动150多场，培养职工诵读爱好者1000余名，参与活动职工近2万人次，有效盘活了全市415家职工书屋，让职工在诵读活动中传承中华文化经典，完善自我，提升文化修养。

三是开展“结对互学”示范引领，为职工提供高水准的文化服务。充分发挥职工书画院、职工艺术家等阵地优势和人才优势，在企业建立职工文化建设辅导站，组织书画艺术名家定期到企业同职工书画爱好者结对学习辅导，让更多职工得到系统性学习机会，形成了“各方参与、人人互动”的职工活动新格局。

四是举办职工文化艺术成果展，鼓励职工创作，展示职工原创优秀作品。举办职工原创作品征集展示评奖活动，征集展示“美丽银川·创新高地”职工原创书画作品、“美的瞬间”职工原创摄影作品、“最美劳动者”职工原创文艺作品、职工身边的好故事等。通过文艺作品征集展示交流和评奖等形式，让职工在参与中体验，在体验中感悟。

（三）建立三项机制，为职工文化建设提供保障

一是引导机制。银川市总工会通过举办职工书法、美术、摄影艺术等各类艺术培训班和示范性文体竞赛活动，培养基层文艺骨干，并通过他们带动职工开展丰富多彩、健康向上的文体活动，让越来越多的职工积极主动地参与到各类文体活动中来。

二是扶持奖励机制。银川市总工会投入一定资金对基层工会打造各级示范性职工之家、开展各类文体活动进行扶持，开展职工文化建设优秀示范单位评选活动，在基层建立100个读书诵读活动站点，通过助推奖励措施，解决了基层工会组织开展活动缺少经费的问题。

三是活动开展机制。围绕职工文化需求，建立“职工提出—工会组织—职工参与—职工评价”活动开展机制。一份切合职工需求的文化服务“菜单”，让职工实现了文化服务的“私人订制”。职工通过各级工会组织把自己在文化艺术方面的需求向市职工文化活动中心提出，活动中心根据需求举办专题讲座、短训班、公益讲堂、文艺巡演，并根据职工的活动评价和反馈意见调整活动策划和安排。

二、职工文化建设中的困境

2017 年，我市职工文化建设取得了显著成效，但与全市职工群众对更加美好的文化生活的向往比，还存在一定差距，主要表现为：

一是职工文化活动阵地少，不能满足职工的文化需求。目前银川市只有一处市级职工文化活动场所，并且与市总工会、职工培训中心、职工服务中心混合使用，面积小、布局不合理、设施滞后，远远不能够满足全市广大职工群众基本的文体活动需求。同时，职工文化活动中心被划分到公益二类单位，属差额拨款单位，人员工资经费投入不足。

二是基层工会工作力量薄弱，工作活力不足，部分从事文化工作的工会干部在策划活动、辅导基层工会组织开展文化活动的能力欠缺，服务职工群众的针对性有效性不强，一些服务项目的受益面和社会影响力不大。

三是对基层职工文化建设情况调研不够，协调统筹措施不多、方法不新，服务职工群众的方式方法还有待于进一步加强。

四是文化建设各自为政，资源未能有效整合。文化部门与工会组织之间的联系协调不够密切，文化资源未能共建共享。

三、推动职工文化建设的对策和建议

习近平总书记指出，要打造健康文明、昂扬向上的职工文化，拓展广大职工和劳动者成长成才空间，不断提高思想道德素质和科学文化素质。我们要按照习总书记的重要指示精神，切实推进职工文化繁荣发展，把更多优质文化平台、文化服务、文化产品送入园区、楼宇、企业，实现资源共享、优势互补、联动发展、职工受益的职工文化建设新格局。

一是建立有效的工作协调机制。建立协调机制是进一步推动职工文化纳入现代公共文化服务体系的前提和条件。市总工会要与市文广局联合建立联席会议制度，研究部署双方在现代公共文化服务体系架构下共同推进的重大事宜，为推进职工文化建设提供组织保障，形成长效机制。

二是实现文化资源的共建共享。文化系统和工会系统资源，具备充分的互通性。在文化阵地共享方面，街道（社区）文化活动中心（站）可挂牌职工文体活动中心（站），提供适合职工的文化资源；文化活动中心要拓展服务社区群众的公益功能。充分挖掘双方在场地、设施、师资等方面的优势，实现资源共享、良性互动。将符合条件的“职工书屋”逐步纳入全市图书馆通借通还体系，充分发挥“职工书屋”在公共文化建设中的阵地作用。引导各级、各类文化展览等活动在职工文化活动中心、楼宇、工业经济园区进行展览。深化“互联网+工会+公共文化”，把相关活动、演出、展览、讲座等信息与工会APP对接，提升工会系统网上用户活跃度、线上内容丰富度等，增强广大职工文化获得感。

三是加大对外来务工人员的服务力度。在职工群体中，外来务工人员的比例在逐年上升。要开展对外来务工人员文化生活现状的调研，对他们的文化娱乐生活、精神文化需求等方面的现状和问题开展调研分析；举办具有针对性的外来务工人员应知应会、文化知识、艺术欣赏等培训，发挥文化引领作用，促进综合素质提升；在农民工人员相对集中的社区、工地开展送演出、送电影、送图书等活动，让农民工享受到免费优质的公共文化服务。

四是培育一批职工文化业余骨干队伍。推荐文化领域专家讲学、艺术体验、展示交流等多样化培训环节和课程进企业、进园区，加强职工文化素养的提升；推荐市文联书法家协会、摄影家协会等专业团队和师资力量，为职工举办摄影、书画、声乐、器乐、舞蹈等专业艺术培训课程提供支撑，举办乒乓球、羽毛球等培训，帮助培养一批职工文体骨干力量，举办基层职工文化、体育辅导员培训，建立职工文体服务志愿者队伍。组织银川市职工艺术团以“工会与职工群众心连心”为主题，深入银川开发区、综合保税区、滨河新区、贺兰如意产业园、灵武羊绒园区等重点项目一线开展百场送文化进基层活动。

五是推出一批职工文化品牌。以劳模精神、劳动精神、工匠精神作为社会主义核心价值观的重要体现，邀请专业院团及文艺工作者进行专题创作，反映新时期工人阶级和广大劳动者的精神风采。积极协调相关文艺院团、剧场、社会文化服务机构等为职工提供门票优惠，为职工欣赏文化艺术创造条件、提供便利。要开展丰富多彩的文体活动，全力组织好庆“五一”国际劳动节文艺演出、庆“十一”职工歌咏大赛、银川市直机关乒乓球大赛、银川市第四届职工运动会，积极开展好职工户外素质拓展活动，着力唱响“劳动光荣、工人伟大”主旋律，大力倡导勤奋劳动、诚实劳动、创新劳动的良好风尚。

六是建设一批职工文化示范阵地。《公共文化服务保障法》明确规定，职工文化阵地是重要的公共文化设施，工会组织要积极推动政府将职工文化建设纳入公共文化服务保障范围，推动政府将职工文化活动中心划入公益一类事业单位，纳入同级政府财政预算，实现经费的全额保障。要推进银川市工人文化宫尽快开工建设，在开发区、工业园区、商圈等职工集中区域建设一批集读书、健身、竞赛等活动于一体的示范级职工之家。为基层工会开放文体场馆服务，开展“送体育活动”项目进基层服务活动，继续为重点工程工地建设职工“流动图书点”，开展公益性大讲堂等。

银川市图书馆：一座流动的城市阅读岛

强朝辉

喧闹的玉皇阁东南角树木郁郁葱葱，坐落此地的银川市图书馆阶前槐花盛开，显得十分幽静，馆内飘出的书香与繁华的街市相映成趣。作为一个城市文明的象征，银川市图书馆正在成为全市人民的一座图书阅读之岛。

党的十九大报告提出："要坚持中国特色社会主义文化发展道路，激发全民族文化创新创造活力，建设社会主义文化强国。"公共图书馆作为文化宣传的主阵地，在推动公共文化发展方面发挥着重要的作用。2016 年国家颁布《全民阅读"十三五"发展规划》，"书香宁夏"被列入其中。在这样的背景下，如何发挥图书馆在全民阅读中的重要作用，已经成为银川市图书馆永恒的主题。近年来，银川市图书馆开展的"全民阅读活动"成为丰富人民精神文化生活和建成小康社会的一个重要行动，为不断满足人民日益增长的美好生活需要发挥了积极的作用，为铸就中华文化新辉煌添砖加瓦。

在一幢不起眼的旧楼里，早晨的阳光透过窗户照进来，让整个馆内处处温煦散淡，让此刻读书的读者仿佛栖息于玄远而宁静的境界里，颇有些"窗竹影摇书案上，野泉声入砚池中"的味道。银川市图书馆作为全国地市

作者简介　强朝辉，银川市文化新闻出版广电局副调研员、银川市图书馆馆长。

级一级图书馆，365 日全天候开放，实行免押金借阅服务，让全市人民无障碍、零门槛地走进图书馆，这一创新举措在西北地区属于首创。

主题活动让阅读与众不同

阅读是一个国家、一个民族精神发育、文明传承的重要途径。公共图书馆的建设规模和使用程度，往往就是一个城市文明指数的重要标志。目前，我国平均 43.72 万人才拥有一所公共图书馆，如何发挥好存量的作用，怎样更有针对性地设置增量？在书香社会建设和全民阅读的版图上，我们应该能够看到这样的现实图景。

近年来，银川市委、市政府大力倡导“书香银川·银川书香”全民阅读。银川市图书馆作为“书香银川·银川书香”的主体，承载着全民阅读的重要功能。开展各类读书节、读书周、读书月等全民阅读活动，提升群众参与度、平台辐射面和品牌号召力图书馆责无旁贷。例如以正月十五为主题的灯谜有奖竞猜及趣味游艺活动、“网络书香过大年”、“同筑中国梦共度书香年”春节楹联系列文化活动、每年围绕“4·23 世界读书日”为主题的各类活动以及图书馆服务宣传周、每月最后一个周六的“银川读书日”为主题的全民阅读推广活动等等活动的开展，将读书和生活结合起来，增添了很多新趣。

美国有一家书店的橱窗上有这样一句话：如果你确实囊中羞涩，又十分喜欢这本书，那就请你带走它。而在银川，每逢周末，当踏进银川新华书店的时候，你就能看见“你买书 我买单·共享阅读快乐”的提示标牌醒目地立在书目中间，这是银川市图书馆已经持续了好几年的活动。读者在银川新华书店可以任意选购 100 元以内的书籍，而自己并不用买单，由银川市图书馆买单，读者阅读后再还回，图书馆分编加工后上架其他读者继续借阅，这样新颖而独特的活动受到读者的广泛青睐。

在图书馆四楼，每月最后一个星期六的早晨，“开卷有益”读书沙龙活动都会如期举行。很多作家都曾在开卷有益的课堂上与读者分享阅读与写作，“开卷有益”读书沙龙已经成为一个银川市最有影响力的阅读课堂，银川市图书馆是这座城市温暖的阅读家园。

深入基层，让城市处处有书香

全民阅读是公共文化建设的内容之一。为了推进全民阅读进农村、进社区、进家庭、进学校、进机关、进企业、进军营，使阅读活动真正深入基层、深入群众，展现基层群众的读书传统和读书风采，银川市图书馆突破传统的服务观念，拓展服务空间，延伸服务范围，长期不懈地坚持将图书送到农村、送往社区、送进军营、送入学校……在全市建立120多家图书流通点，每月定期为各点免费配送图书；同时银川市图书馆还积极参与宁夏（银川）“塞上乡村读书节”“文化大集”“文化下乡”等活动中，开展了以“图书捐赠”“图书优惠展销”“数字化阅读推广”等内容的丰富多彩的乡村读书活动；开展享受 “书式”生活——银川市图书馆 “城市阅读岛”活动，在全市的学校、社区、医院、银行、网咖、商场等公共场所设置20个“城市阅读岛”，让市民在“城市阅读岛”享受到丰富闲雅的“书式”生活。由此，将读书活动带进千家万户，融入市民生活，让阅读真正成为广大市民群众自觉追求的一种常态化生活方式，努力让书香像阳光一样洒满城市的每一个角落，让图书馆成为一座流动的阅读岛屿，畅游在城市的每个角落。

促进少年儿童阅读，是一座城市的梦想

少儿阅读是全民阅读的基础。保障和促进少年儿童阅读是全民阅读工作的重点，从小培育阅读兴趣、阅读习惯、阅读能力。倡导家庭阅读、亲子阅读，推动全社会共同创造、维护少年儿童的良好阅读环境。银川市图书馆不仅建立专门的少儿阅览室，更与学校以及一些服务机构建立联系，对其进行定期阅读指导和服务，支持和帮助中小学生参加校外阅读活动，开展少儿阅读推广活动。例如，组织开展了15届的暑期荣誉小馆员活动已成为吸引全市小学生的暑假社会实践的重要活动；开展丰富多彩、喜闻乐见的亲子阅读活动，集知识性与趣味性于一体的 “亲子趣多多”系列活动，创新推出的“阳光宝贝”教育课堂，通过推荐优秀读物、传递家庭科学教育理念，引领亲子阅读风尚，营造书香氛围，培育良好家风，促进儿

童健康成长；通过创造浓郁的阅读氛围，来整合丰富的阅读资源；举办“阅读文学经典　分享读书感悟”——银川市首届“小学生现场读后感”大赛活动，倡导学生阅读经典，陶冶学生的情操，提高学生的素质，进一步推进“书香银川”全民阅读。

智慧银川，智慧阅读

推进数字化阅读服务更是全民阅读的重要部分。近年来，银川市大力开展智慧城市建设，银川市图书馆也大力推进数字化阅读，建立全民阅读数字资源平台，建立内容丰富的数字阅读资源库群，加强公共电子阅览室建设计划和全国文化信息资源共享工程网络建设，加强数字图书馆建设。形成覆盖全市的全民阅读数字服务网络，更是银川市图书馆努力发展的方向。

2015 年以来，银川市图书馆建立起了以银川市图书馆为总馆，兴庆区、金凤区、西夏区图书馆为分馆，22 个街道中心图书馆为服务点的银川市公共图书馆总分馆服务体系，全市公共图书馆之间全面推广一卡通服务及图书的通借通还服务，使全市公共文化服务体系得到了进一步完善。2016 年年初，银川公共文化数字平台正式上线运行，平台整合了银川市文化数字资源，对接全市文化系统的各类数字化信息资源，设立了图书馆、文化馆、美术馆、博物馆、非物质文化遗产、文化演出等栏目，为公众提供了一个足不出户、随时、随地的公共文化服务平台，真正使公共文化成为百姓“身边的文化”。同时，开通了银川市图书馆自动语音电话服务，完善了移动图书馆、微信公众平台和短信平台的建设和服务。通过微信平台加强对图书馆的宣传，每日向读者发布银川市图书馆活动公告、好书推荐、数字资源推广、阅读宣传等，不断拓展服务形式，提高服务效能。开展了以“你阅读、我分享”、银川市“凤城无处不飞花”迎春飞花令征集大赛为主要内容的银川市微阅读系列活动，内容新颖、形式创新，通过移动客户端引导和激励广大市民养成时时、处处阅读的习惯；开展银川市图书馆创客文化空间活动，培养广大青少年运用先进的信息科技进行创意、设计、制作、分享，提升学生创造性地解决综合问题的能力，发挥图书馆社会教育的职能，让书香溢满银川。

“世上几百岁旧家，无非积德，天下第一件好事，还是读书”。今天，衡量一个城市文明的最重要标志就是图书馆，在全民阅读的推动下，公共图书馆已经并非传统意义上的一座藏书和阅读的栖息地，更是体现城市内涵和福泽城市文化底蕴的名片。

银川市图书馆门前的槐花年年绿，年年香。因为在这里，有着这座城市最丰厚的精神土壤。

盐池县基层公共文化服务体系建设发展报告

——以盐池县麻黄山乡为例

屈　昊

麻黄山乡地处盐池县东南部黄土高原丘陵区，是全县唯一一个纯山区乡镇，地处陕甘宁三省区交界，素有“鸡叫一声听三省”之说。乡政府驻麻黄山村，距县城100公里，古代曾称“枸子山”，又因自然生长麻黄草而得名“麻黄山”。抗日战争、解放战争时期，曾是宁夏工委，盐池县委、县政府驻地，辖区现存高崾岘炮楼（抗日战争时期，山城堡战役东线战场，徐海东将军曾在此驻扎）、唐平庄会议旧址（解放宁夏时，宁夏工委在此召开研究解放宁夏的会议，即“唐平庄会议”）、李塬畔县委旧址等。全乡地形沟壑纵横，为典型的黄土高原地形，全年干旱少雨，冬春多风，年均降雨量约300毫米。辖区土地总面积768.7平方公里，辖13个行政村102个自然村，现有人口4403户11726人。

2017年，麻黄山乡抢抓“百县万村”公共文化服务体系建设机遇，深入贯彻落实党的十九大及自治区党委第十二次党代会精神，以习近平总书记在文艺工作座谈会上的讲话精神为指导，在基础设施建设、产品和服务供给、数字文化服务网络建设等方面均取得了较好的成效。切实提升了基层公共文化服务体系建设水平，进一步为全力打赢脱贫攻坚战提供了精神动力和文化支撑。

作者简介　屈昊，盐池县麻黄山乡人民武装部部长。

一、麻黄山乡基层公共文化服务体系建设基本情况

（一）公共文化基础设施建设

坚持实用、管用的原则，全力推进乡、村、组三级公共文化服务基础设施建设。在乡级公共文化基础设施建设方面，目前，已建成460平方米乡综合文化服务站1处，设置文化书屋、电子阅览室、综合活动室、展览室等设施，配备图书1.2万余册、电脑15台、文化广播器材1套，演出服装、乐器等一应俱全。同时，结合全域旅游工作，翻建了20世纪70年代的大剧院，翻新后舞台面积近200平方米。配建文化活动广场2200平方米，安装广播影视器材1套、体育健身器材1套。特别是在乡文化站配建了残障人士专用通道、少年儿童服务专区等相关设施，全面保障了乡街道的公共文化服务供给。在村级公共文化基础设施建设方面，严格按照“七个一”的标准，已建成集宣传文化、民风教育、党员教育等内容的100平方米的村综合文化服务中心、简易戏台13个，1000平方米以上的文化活动广场15处，安装广播影视器材14套、体育健身器材13套，配备文化器材14套（含文化大院1套），图书室村均配备图书3500册以上、电子阅览室配备电脑5台以上。在自然村级公共文化基础设施建设方面，针对中心村和偏远但人员居住较为集中的自然村，自筹资金试点性地在2个行政村的14个自然村开展了文化活动室建设项目，参照行政村级综合文化服务中心“七个一”的标准，统筹宣传文化、村民议事等内容，建设了20平方米的村民简易文化活动室14个，配套以笛子、二胡等基础性文化活动器材36件，桌椅等设备14套，图书、报纸、杂志等近1万份（册），让群众能在家门口就享受到便利的公共文化服务。

（二）公共文化产品和服务供给

按照以按需供给、灵活多样的原则，全力保障广大群众的公共文化产品和服务供给。一是以免费开放为重点，提升公共文化服务能力。严格落实自治区党委办公厅、人民政府办公厅《关于加快构建现代公共文化服务体系的实施意见》（宁党办〔2015〕45号）和吴忠市委办公室、人民政府办公室关于印发《吴忠市创建国家公共文化服务体系示范区规划

(2015—2017年)》的通知要求，公共文化设施全部免费开放，文化站、村综合文化服务中心每周开放42小时以上，图书室及电子阅览室每周开放50小时左右，特别是在免费开放时间上实行错峰开放，农闲季节晚间开放时间延长至21:00，农忙季节正常开放。重点开发以“道情”曲艺和皮影戏为主的乡土特色文艺节目，周期性地开展文艺巡演，年均流动演出15场次左右。同时，配合县级文化部门，分年度进行乡村图书室藏书更新。目前，全乡13个村级图书室和文化站图书室共藏书5.15万册，人均占有藏书量达4.39册。借助“盐池县首届杏花观赏节”在我乡召开的有利时机，协同县委宣传部、团县委、教体局、文广局等部门，举办了“诵经典诗文·赏山乡杏花·做儒雅少年”杏花节暨世界读书日诗歌朗诵活动，助推全民阅读。二是以文化惠民活动为切入点，提升群众对公共文化活动的参与度。在文化惠民活动方面，坚持以文化惠民为主，开展了以脱贫攻坚、民族团结等为主题的文化下乡活动17场次，参演人员达到300人次，观众人数达1500余人次，其中，以“道情”、皮影戏为主的传统曲艺创新节目占到了节目总数的22%。同时，在农闲时节，多方筹措举办了第五届“秦声绕旱塬、物资大交流”文化周活动、第四届村民趣味运动会和公益电影进村入户活动，有效地提高了群众文化活动的积极性与参与性。文艺团队方面，通过不断的培训和培育，全乡基本形成了“一企一社十三分队”的文化服务供给单位（盐池县国泰文化旅游传媒有限公司、平庄村群众文化艺术社及13个行政村文艺分队）和发展梯队，并着眼于“道情”这一曲艺表演特色文化品牌，着重在“非遗”保护方面加大工作力度，对申报县市区及“非遗”项目予以奖励性扶持，并将培养“非遗”项目传承人作为可持续发展重要支撑，在政府采购民间文艺团队节目等方面予以重点倾斜，进一步引导文艺爱好群众参与进来，助力“非遗”项目传承。同时，借助广播电视“户户通”项目，按照每户承担费用不超过50元的标准，逐村逐户摸排推广。截至目前，“道情”已成功申报吴忠市“非遗”项目，全乡所有常住户广播电视综合覆盖率已达100%，实现了广播电视的“全覆盖”。通过一系列的公共文化产品和服务的供给，真正调动了乡村文艺爱好者与积极分子的积极性，保障了公共文化产品供给的可持续性。

（三）数字文化服务网络建设

根据各村发展实际，积极对接申报落实上级部门各项数字文化服务网络建设项目，加快推进宽带通村、农村电子阅览室等项目，截至目前，全乡13个村均已实现行政村宽带网络全覆盖，自然村宽带网络覆盖率达到90%以上，手机信号网络实现全覆盖。同时，整合农家电子书屋、乡村科技e站等项目，配备数字终端、可视化电子设备、无线Wi-Fi等设备，并及时对接到相关数字资源库，最大限度地满足群众公共数字资源的需求。目前，全乡农家电子书屋已实现了全覆盖，无线Wi-Fi在行政村村部周边100米内实现了免费开放，新建乡村科技e站示范站1处，进一步夯实了基层公共文化服务体系数字文化服务网络基础。

（四）公共文化服务体系机制创新

一是加大政府购买公共文化服务。加大筹资力度，逐年度将购买公共文化服务纳入年度计划，并结合村集体经济建设，将辖区文化类集体经济组织列为购买公共文化服务的重点对象。一方面，支持社会力量兴办文化企业，促进文化产业在基层持续发展壮大，另一方面，在带动集体经济发展的同时，进一步激发了村组一级基层组织参与文化产业发展的积极性，增加了村集体经济的收入。目前，以平庄村创办的盐池县国泰文化旅游传媒公司，已实现营业收入达40余万元。二是全面推进文化志愿服务。动员和借助县市以及文化馆、图书馆、博物馆等公共文化单位资源，积极对接文化志愿项目，协调文化旅游、体育、科技等相关专业人员，到乡、到村、到组开展志愿服务。同时，派出专人跟班学习，进一步提升自身工作人员素质，全力跟进乡村两级的文化从业人员能力提升，进一步保障基层公共文化服务供给。目前，已协调各级部门派出各类专业人员参与志愿服务达30余人次，培养乡村两级文化志愿服务人员达100余人次。三是探索建立公共文化服务评价机制。将公共文化服务纳入到乡文化站和村“两委”责任制考核范畴，特别是在脱贫攻坚工作中，激励和引导村“两委”加强文化扶贫工作力度，鼓励贫困群众“自力更生、脱贫致富”。截至目前，已经开展了“脱贫攻坚文艺巡演”15场次，举办了麻黄山乡第一届精神文明创建“十个最美”评选表彰活动，共评选先进61名，有力地促进了乡风民风的转变。四是强化文化从业队伍建设。认真落实乡文化站人员编制和经费，文化站配备文化工作人员3名，村综合文化服务中心借助区、市、县配置公共财政补贴工作人员13名，实现了文化工作人员无死角全覆盖。同时，加大从业人员的培训力度，乡文化站工作人员全年参加集中培训6天，参加网络培训人均达到55课时，进一步提升了从业人员的整体素质。

二、麻黄山乡基层公共文化服务体系建设中存在的主要问题

麻黄山乡的公共文化服务体系建设虽然取得了一些成效，但作为偏远乡镇，还存在着经费保障可持续性不强、层次不高、人才缺失等问题。一是保障性政策不够全面。从乡镇一级来看，已经在经费、人员等方面给予了较多方面的侧重，但从长远来看，文化经费投入整体上仍缺乏长效性、稳定性和较大范围的投入保障，对偏远乡镇和村落的文化投入没有差异化的扶持政策。同时，在引导和支持民间文艺团队缺乏行之有效的方法，思路较为单一。二是整体发展水平不高。受重经济、轻文化的思想影响，基础设施方面虽有了较为长足的发展，但整体文化工作还停留在一般化的层面，特别是对民间文艺团队支持力度不大，真正参与到整体文化服务供给的单元过于单一，致使其他社会组织参与度不够、发展缓慢，加之没有引入竞争机制，导致基本停留在了故步自封、自娱自乐的水平。三是专业人才队伍缺失。乡镇文化干部虽然能够较大范围地参加各类培训，但受教学层次、个人能力等因素的限制，加之大多数不是文化专业出身，加之没有合理的人才流动机制，导致了一部分乡镇文化工作人员其在指导村组一级开展文化活动和进行文艺创作、文化创意时出现了一定的局限性。在村组一级青壮年大多外出务工，留守老人居多，村一级文化工作人员普遍年龄偏大、知识层次较低，在思想、认识和业务方面很难适应新形势下文化活动的需要。再加之管理上缺乏相应的激励机制，致使大多数从业人员缺乏竞争意识和危机意识，缺乏创新精神和活力。麻黄山乡文化站及各村文化管理员现共有16人，其中50岁以上人员占50%以上，人员老化严重，创排节目后继乏人。四是文化产品市场化程度不高。盐池县地处四省七县交界地带，麻黄山又处于陕甘宁三省交界，非物质文化资源丰富，大部分植

根于广大农村，表现形式多样，缺乏相应的懂经营、会管理的人才将农村文化产品带出困境。加之没有将文化产品的开发同旅游产业、集体经济建设等工作结合起来，缺乏规划指导，致使一部分乡土文化产品基本上处于未开发状态，让许多的民间文化产品仅仅停留在了自产自用、自我欣赏的状态，对文化产业的发展和促进群众增收方面的贡献十分有限。

三、对基层公共文化服务体系建设的路径思考

振兴乡村文化是“乡村振兴战略”的重要组成部分，特别是在新形势下，我们将紧紧围绕党的十九大、自治区第十二次党代会及文艺工作座谈会、文化体制改革指导精神，把握全区公共文化服务体系建设的总体要求和实际，坚持把社会效益放在首位，深度挖掘具有地域特色文化产品，促进社会效益和经济效益“双赢”。一是进一步加强政策保障力度。在文化经费投入方面尽快制定长期稳定的投入保障政策，特别是对偏远乡镇的文化投入要有差异化的扶持政策。同时，要尽快制定引导和支持民间文艺团队发展政策，打破社会参与壁垒，促使在全社会形成文化产业、产品“百花齐放，百家争鸣”的局面。二是提振行业整体发展水平。要进一步加大行业扶持力度，引入竞争化的工作机制，破除文化服务供给单元过于单一和文化产品一般化的工作局面，积极引进在国内较高水平的文化产品供给单元，通过带着教、比着干的方式，推动整体行业业务水平的提升。三是加大专业人才队伍培养力度。第一，在工作考核上，对各类文化工作人员的培训，师资上要精益求精，业务培训上要做到务求实效。第二，在人员招聘上，要将顶层设计一次性到位，专业的事情交给专业的人来做，将懂行的专业人才尽快吸收到文化服务人员队伍当中来。第三，在机制创新上，要尽快制定基层公共文化服务方面的激励机制和竞争机制，进一步激发各级文化服务人员的危机意识和创新活力。四是加大文化服务和产品开发力度。以乡土人才为主，建立健全奖励引导机制，尽快将懂经营、会管理的人才引入乡村文化服务体系建设中来，助推乡村文化服务和文化产品的开发和“走出去”。同时，积极鼓励各级组织，高标准规划，将文化产品的开发同旅游产业、集体经济建设等工作整合起来，按照“一村一品”

的思路，开发各类文化艺术产品，助推公共文化服务体系提档升级，逐步打造“文化名牌”，在兼顾社会效益的同时，不断提升人民群众的精神文化获得感和满足感。

我国西北地区“十二五”时期文化建设发展综述

鲁忠慧

“十二五”时期是我国全面建设小康社会、大力推进文化建设和西北地区文化建设快速发展的时期。五年来，西北各省区在党中央关于文化建设的一系列重大决策部署以及习近平总书记对文化建设系列讲话精神引领下，文化建设以文化惠民为主旨，以改革创新为动力，紧紧围绕着社会主义核心价值观的培育与践行、现代公共文化服务体系建设、现代文化产业体系构建等内容，持续推动文化大发展大繁荣，文化建设迈出了坚实的步伐，为西北地区经济社会发展提供了有力的文化支撑和保障。

一、西北各省区“十二五”时期培育社会主义核心价值观的途径

人们在认识和改造世界、创造和实现价值的过程中，必然要形成一定的价值观念，一个国家、一个民族、一个社会必然要有自己的核心价值观，并居于整个社会的核心地位，起着主导和统领的作用，成为社会得以运转和维持的基本精神依托。“富强、民主、文明、和谐；自由、平等、公平、法治；爱国、敬业、诚信、友善”作为中国社会主义特色的核心价值观确立以来，一直是我国精神文明建设的核心任务，并紧紧地与我们的“中国

作者简介　鲁忠慧，宁夏社会科学院文化研究所所长、研究员。

梦”的实现联系在了一起，成为我们国家、社会和公民个体共同追求的价值目标。

为了培养担当民族复兴大任的时代新人，把社会主义核心价值观的培育践行融入社会发展各方面，西北各省区主要采取了以下主要培育途径，开展社会主义核心价值观的培育、建设工程。

（一）典型引领示范，传播社会主义核心价值观

长期以来，西北各省区坚持通过开展各种活动发现我们身边的好人好事，树立先进典型和道德模范，以群众身边的先进典型为时代航标和社会榜样，以榜样的力量引领社会价值导向。西北各省区坚持开展选树不同层级的道德模范、选树不同层级的身边好人、选树“美德少年”等活动，以各种形式传播宣扬选树的典型和榜样。道德典型选树数量多，宣传声势大，社会反响热烈，价值导向鲜明有力。如宁夏的“感动宁夏”十大人物的选树，新疆的“最美新疆人”和“最美青海人”的选树，甘肃的“文明有礼甘肃人”活动的开展，“陕西好人”的选树等。

（二）通过各种媒体和媒介，全方位、立体式传播、阐释社会主义核心价值观

为推进社会主义核心价值观建设，凝聚社会共识，充分发挥媒体的资源力量，将核心价值观融入到老百姓生活和工作能接触到的任何媒体和媒介，西北各省区从报纸、电视、广播等传统媒体，到网络、手机等新兴媒体，再到更广泛的文化传播、专业的学术研究，构建立体化传播体系，积极传播社会正能量。充分利用建筑工地围挡、公交站牌、公共宣传栏等载体，广泛开展“讲文明树新风”公益广告宣传活动。在广场、路口、机场车站、公园普遍设置了宣传标语和提示牌，引导市民积极践行社会主义核心价值观融入到身边的生活。在村居醒目位置绘制社会主义核心价值观宣传文化墙，刷写墙体宣传标语，发放宣传资料，在广大城乡社区设立“善行义举榜”。积极发挥文艺作品的熏陶作用，对弘扬优秀传统文化的舞台剧目的创作生产、演出活动进行奖励。如新疆沙湾县的小小文化墙以及库车县举办的“我为核心价值观代言”活动等。

（三）针对不同群体开展不同类型的践行活动，传播和培育社会主义核心价值观

针对大中小学生群体，以各级各类学校为重点，推动社会主义核心价值观进教材、进课堂、进学生头脑的“三进”活动，推进社会主义核心价值观进入大中小学各学科课程标准、教材编写、考试评价之中；利用好重大节日、纪念日，传播主流价值。针对城乡群体，将传播社会主义核心价值观与建设美丽乡村和文明城市创建活动紧密结合起来。

（四）围绕三个倡导，开展丰富多彩的活动，传播社会主义核心价值观

一是广泛开展社会主义核心价值观进机关、进学校、进医院、进企业、进村居、进家庭“六进”活动。二是以学雷锋活动为抓手，宁夏组织开展“学雷锋奉献在岗位”“雷锋进社区”“雷锋进农村”“雷锋进学校”等系列活动，新疆、甘肃、陕西、青海以学雷锋活动示范点和岗位学雷锋标兵的评选活动，使学雷锋活动成为推动社会主义核心价值观建设落细落小落实的有效途径。三是持续推进道德讲堂活动。四是以“我们的节日”主题活动为载体，传播社会主义核心价值观。以春节、元宵、国庆、建党等节日为契机，开展“我们的节日”主题活动，弘扬爱国主义精神。

（五）以家庭教育为最基础的重要平台，传播和育成社会主义核心价值观的三个倡导

建设文明家庭，涵养时代家风是培育和践行社会主义核心价值观最基础也是最重要的途径。西北各省区通过选树五好家庭、最美家庭、和谐家庭、好婆媳、好警（军）嫂等典型，树立标杆，为全社会提供精神力量、道德支撑和强大正能量。如宁夏妇联近年来发挥自身的优势，创新提出“抓两头，带中间”的家庭文明建设工作思路并积极加以实践。“抓两头，带中间”，即一头抓示范引导，主要开展寻找“最美家庭”活动，培树、宣传典型一大批“最美家庭”润物细无声般影响着身边的人，以良好家风家训传递向上向善的社会力量；一头抓关爱帮扶，主要开展“和谐家庭”创建工作，帮助不和谐因素相对集中的五类家庭（经济困难家庭、刑满释放人员家庭、零就业家庭、闲散青少年家庭和单亲母亲家庭）解决实际问题，逐步消除不和谐因素。

“十二五”时期西北地区在传播社会主义核心价值观方面，构建了立体化的传播体系，积极传播社会正能量，为各地的经济社会建设，提供了强有力的精神支撑。而传播社会主义核心价值观是一项长期的、复杂的、艰巨的工程，需要我们不断总结经验，查找培育方式的不足之处，通过创新、完善核心价值观的培育途径，形成习近平总书记所说的“使核心价值观的影响像空气一样无所不在、无时不有”的氛围。

二、西北各省区“十二五”时期公共文化服务体系建设成就

公益性文化事业的根本任务就是构建覆盖全社会的公共文化服务体系，为人民群众提供基本的公共文化服务。公共文化服务体系，具体是指努力建设公共文化产品生产供给、设施网络、资金人才技术保障、组织支撑和运行评估为基本框架的覆盖全社会的公共文化服务体系，切实保障人民群众看电视、听广播、读书看报、进行公共文化鉴赏、参加大众文化活动等基本文化权益，充分体现公共文化服务的公益性、基本性、均等性和便利性的基本特征。“十二五”时期，西北地区主要以完善覆盖城乡、结构合理、功能健全、实用高效的公共文化服务体系为目标，公共文化服务体系建设的主要成就体现在：

（一）西北各省区五级公共文化服务设施网络基本建立

“十二五”时期，截至 2014 年 4 月，甘肃有公共图书馆 103 个，其中省级图书馆 1 个、地市级图书馆 17 个、县市级图书馆 85 个，有文化馆 103 个，其中省级文化馆 1 个、地市级文化馆 16 个、县市文化馆 86 个[①]，乡镇综合文化站 1228 个，城市社区文化活动室 344 个，乡镇综合文化站 1228 个、美术馆 48 个，全省累计投入资金 23 亿元[②]。截至 2015 年上半年，青海的国家和省财政共投入公共文化建设资金 16.6 亿元，先后实施省图书馆二期、文化馆、美术馆及市州、县、乡、村一大批基础设施建设项

①甘肃文化厅网站.

②“十二五”我省文化事业发展成就扫描[N]. 甘肃日报,2016-4-4。

目，全省五级公共文化服务网络覆盖率达95%[①]。特别是藏区到2015年上半年有文化馆39个，占全省的70%，图书馆37个，占全省的75%，乡镇综合文化站214个，占全省的59%[②]，藏区的基层文化服务设施得到进一步完善；截止2015年底，新疆已建成区、地（州、市）、县（市）级公共图书馆107个、文化馆118个、文化站1168个（其中乡镇文化站1021个、街道文化站147个、美术馆48个），南疆喀什、和田、克州三地4151个行政村（社区）文化室全覆盖[③]。陕西“十二五”末，建成图书馆112个，文化馆119个，文化站1641个，其中乡镇综合文化站1490个[④]。截至2014年上半年，宁夏建成图书馆23个，文化馆25个，乡镇综合文化站231个，村文化室2146个。初步建成了省（区）、市（州）、县、乡、村五级公共文化设施网络，基本实现“县有图书馆文化馆”“乡有综合文化站”“社区有文化活动中心”“村有文化活动室”的目标[⑤]。

（二）广播电视村村通、户户通工程，基本解决了西北地区群众听广播、看电视难的问题

“十二五”期间，新疆大力建设农村广播电视村村通、户户通工程，自治区投资15.6亿元实施广播电视户户通工程，“十二五”末广播电视覆盖率已达90%[⑥]。截至2015年上半年，陕西以直播卫星覆盖方式同步完成了“村村通”和“户户通”193万户建设任务，全省直播卫星用户达到286万户。完成了全省行政村应急广播网建设，实现“村村响”[⑦]。陕西广播电视村村通工程完成了4万多个20户以下自然村“村村通”工程，完成乡镇以

---

①青海省“十三五”文化发展规划.

②陈玮. 2016年青海经济社会形势分析与预测[M]. 北京：社会科学文献出版社,2015.

③新疆文化厅规划财务处. 2016年新疆维吾尔自治区文化发展统计分析报告[R]. 2017年.

④穆平潮. 陕西基层公共文化服务体系建设现状、问题及对策[EB/OL]. 中国皮书网，2016-2-22.

⑤万亚平. 2014年宁夏基层公共文化建设现状与对策研究. 2015宁夏文化蓝皮书[M]. 银川：宁夏人民出版社,2014.

⑥新疆从文化资源大区迈向文化发展大区[EB/OL]. 天山网,2015-11-28.

⑦新闻出版广电业“十二五”时期发展规划完成情况评估报告[EB/OL]. 陕西省新闻出版广电局网站,2015-11-26.

上“村村通”标准化服务站建设[①]。截至2015年底，青海全省户户通用户达到71.88万户、村村通用户达到35万户，提前完成“十二五”规划直播卫星户户通、村村通等工程的建设任务[②]。率先将全省藏传佛教寺院、养（敬）老院等纳入到广播电视公共服务范畴[③]。甘肃广播和电视覆盖率均达到了98%[④]。到2011年年底，宁夏在全国率先基本实现直播卫星公共服务“户户通”目标，全区2317个村，约80万户300万人因此可以免费收看67套电视节目、收听十几套广播节目，实现了广播电视“村村通”到“户户通”的历史性突破[⑤]。

（三）农村电影放映工程，全面实现了一村一月放映一场数字电影目标

“十二五”期间，宁夏回族自治区政府连续5年将农村电影放映列入民生计划，全区连年超额完成年度放映任务4万场，实现了一村一月放映一场数字电影目标，实现了农村电影全数字化覆盖。甘肃农村数字电影放映由甘肃飞天农村数字电影院线有限公司承担完成，全省农村每个村一个月放映一场数字电影。新疆2007年全面启动农村电影放映工程。按照“一村一月放映一场电影”的放映任务，涉及全疆8593个行政村，每年农村电影放映任务都超额完成1万场。截至2015年底，青海农村、牧区公益电影放映每年投入1000.56万元，年放映场次50028场，惠及农牧民群众达450万人次[⑥]。陕西2011年放映农村电影340596场次，观影人次5318.68万。2012年起因行政村逐年减少，放映场次有所下降。至2014年，全省农村公益电影放映328329场，观影群众4127万人次，确保了每村每月放映一场农村电影[⑦]。

①陕西省“十二五”文化体制改革和发展规划[R].

②⑥青海省广播影视“十三五”发展规划[R].

③“十二五”我省广播影视公共文化体系建设惠及于民[N].青海日报,2016-01-09.

④甘肃省“十三五”公共文化服务体系建设规划[R].

⑤宁夏直播卫星“户户通”全覆盖[N].人民日报,2012-02-17.

⑦新闻出版广电业“十二五”时期发展规划完成情况评估报告[EB/OL].陕西省新闻出版广电局网站,2015-11-26.

（四）农家书屋工程，基本解决了农民看报读书难的问题

“十二五”时期，陕西在2012年就实现了27364个行政村的农家书屋全覆盖建设任务。同时，还在全国率先建成“卫星数字农家书屋”1070个，数量居全国第一①。截至2011年年底，宁夏的2319个行政村已经建成2786个农家书屋，率先在西部地区实现了农家书屋行政村全覆盖的目标②。新疆由最初试点的20个农（牧）家书屋，到2015年全疆每一个行政村都有一家农家书屋，全疆农牧民人均图书占有量已经由2007年的不足0.5本，增加到目前的3本；音像制品由2007年的不足0.01张，增加到目前的1张。新疆农（牧）家书屋的特点是，必须配备汉文、维吾尔文、哈萨克文、蒙古文、柯尔克孜文、锡伯文6个文种的出版物目录③。青海农（牧）家书屋工程自2007年开始试点，2008年开始全面建设，到2012年年底全省共建成达到统一标准的农（牧）家书屋4169个，全面覆盖了全省所有的行政村，提前三年完成“农（牧）家书屋村村有”的任务④。甘肃2012年实现了农家书屋所有行政村全覆盖。之后，又先后建成了266家藏传佛教寺庙书屋、40家清真寺书屋和34家高山台站书屋。2016年11月，全省累计建成农家书屋达17200家⑤。

（五）广场群众文化活动精彩纷呈，百姓生活日益丰富

“十二五”时期，宁夏具有代表性的广场文化活动有“清凉宁夏”“湖城之夏”“星海之夜”“彩色周末”“农民艺术节”等。宁夏自2002年开展“清凉宁夏”广场文化活动十几年来，在全区已建成近40个特色品牌文化广场，年均演出1200场以上，“百乡千场”送戏下乡每年演出1500场

---

①新闻出版广电业“十二五”时期发展规划完成情况评估报告[EB/OL]. 陕西省新闻出版广电局网站,2015-11-26.

②鲁忠慧,张雪晴. 宁夏农家书屋建设发展报告. 2013宁夏文化蓝皮书[M]. 银川:宁夏人民出版社,2013.

③辉煌60年·新疆文艺繁荣发展:新疆东风工程和农家书屋工程覆盖行政村[EB/OL]. 新疆青年网,2015-04-01。

④青海省提前三年完成“农(牧)家书屋村村有”任务[N]. 青海日报,2012-11-26.

⑤甘肃农家书屋发展现状调查[N]. 甘肃经济日报,2016-11-25.

以上，形成了群众文化天天有，广场文化周周有，节庆文化月月有，大型活动年年有的局面。新疆以“热爱伟大祖国　建设美好家园”为主题，持续开展“百日广场文化活动”“百姓周末大舞台”等系列群众文化品牌活动，特别是“百日广场文化活动”从2001年以来连续举办，活动从每年的5月初到10月底结束，广场文化活动总场次由最初2001年的2435场上升到2011年的4374场①。甘肃以“乡村舞台”和“文化活动百姓文化广场惠民演出”两个群众文化活动品牌，常年持续在全省各地巡演。

除此之外，西北各省区依托文化信息资源共享工程，初步建立了层次分明、互联互通、多种方式并用的数字文化服务网络，让西北地区更多的更大范围的基层群众能以便捷、快速的网络化手段满足自身的文化需求。各类专业艺术院团，通过科技卫生文化“三下乡”、科教文体法律卫生“四进社区”“送欢乐下基层”等经常性的活动形式，将文化产品输送到基层。投入一定的经费和人力，鼓励群众自办文化，如农村文化大院、文化中心户、农村业余演出团体等，自创自演，自娱自乐，自办文化成为公共文化服务的重要补充。关注农民工，切实体现文化服务均等性。以创建国家公共文化服务体系示范区为契机，将大力推进公共文化服务体系建设整体提升。西北各省区的财政在公共文化服务设施以及文化惠民工程上，投入了大量资金，充分体现了公共文化服务体系建设以政府为主导，以财政为支撑的特征，财政支持成为西北地区公共文化服务体系建设的重要保障。图书馆、博物馆以流动图书馆、博物馆，网上图书馆、博物馆的创新服务渠道，乡镇综合文化站、村级文化活动室、社区文化中心以及农家书屋、常态化的都在以其特有的供给方式服务于大众百姓。

总之，“十二五”时期，西北各省区通过逐步建立、完善公共文化体系，倾力营造生机勃勃的文化生态，以更加完善的公共文化服务体系让百姓共享文化改革发展成果。

---

①新疆百日广场文化活动红红火火[EB/OL]. 亚心网,2011-11-24.

三、西北各省区“十二五”时期文化产业发展态势

“十二五”期间，随着西北各省区政府出台的一系列促进文化产业发展的政策和措施逐步落实，西北地区“十二五”时期文化产业发展势头良好，文化企业规模持续扩大，文化产业增加值占 GDP 的比重逐步提高，吸纳社会就业的能力也进一步增强，经济效益显著提升，文化产业进入了快速发展的新时期，西北各省区文化产业正向国民经济支柱性产业迈进，文化产业发展呈现出朝阳产业应有的新局面。

（一）从“十二五”时期文化产业增加值、所占 GDP 比重、年增速等指标变化看西北各省区文化产业的发展水平

“十二五”时期，陕西省文化产业增加值从 2011 年的 380.26 亿元增至 2015 年的 711.93 亿元，年均增速 17.0%，比同期 GDP 年均增速高出近 7 个百分点。

2015 年陕西省文化产业增加值占 GDP 的比重达到 3.95%，较 2011 年提高了 0.91 个百分点。文化产业增加值总量位居全国第 15 位，占比位居全国第 9 位①。宁夏文化产业增加值自 2012 年的 51.7 亿元增加到了 2015 年的 64.94 亿元，占 GDP 的比重自 2012 年的 2.12%增至 2015 年的 2.23%②。青海文化产业增加值从 2010 年的 22.38 亿元增长到 2015 年的 54.76 亿元，占同期 GDP 的比重从 1.66%上升到 2.27%，年均增长 20%③。甘肃文化产业增加值从 2011 年的 62.03 亿元增加至 2015 年的 157.09 亿元，平均年增速达 26.2%，文化产业增加值占 GDP 的比重从 2011 年 1.24%增至到 2015 年的 2.31%④。新疆 2012 年文化产业增加值为 77.2 亿元，占 GDP 的比重 1.03%⑤，2015 年文化产业增加值为 112.68 亿元，占 GDP 的比重为 1.21%⑥。

---

①陕西省向文化强省目标继续奋进[EB/OL]. 西安新闻网,2017-05-06.

②十三五文化产业要成支柱 各地如何立下“军令状”中国经济网,2017-06-27.

③青海文化产业[N]. 青海日报,2016-12-22.

④浓墨重彩写华章——“十二五”时期甘肃省文化产业发展综述[N]. 甘肃日报,2016-02-19.

⑤新疆从文化资源大区迈向文化发展大区[EB/OL]. 天山网,2015-11-28.

⑥新疆文化事业大步前进[N]. 新疆经济报,2016-10-27.

“十二五”时期，西北五省文化产业都加快了发展的步伐，以2015年的文化产业增加值为比较基准的话，陕西位居西北首位，甘肃年增速位居西北各省区第一。2015年，我国文化产业增加值占GDP的比重为3.97%，西北各省区文化产业增加值所占比重全都低于3.97%。2015年，西北各省区文化产业增加值在全国排名如下，陕西15位，甘肃23位，宁夏25位，青海26位①。

（二）从“十二五”时期文化企业数、从业人员数看西北各省区文化产业的发展水平

2015年，陕西省规模以上文化企业达到676家，比2013年增加308家，增长83.7%，规模以上文化企业从业人员77020人，比2013年增加24130人，增长38.9%②。2014年，陕西文化及相关产业法人单位数为17703个，总数居全国第18位③。2015年，宁夏规模以上文化企业97家，年增速3.3%，文化企业从业人员约为8.5人，文化产业法人单位10421个④。青海文化产业法人单位2334个，文化个体经营户5171个，规模以上（限上）文化企业45家，直接或间接从业人员30万人以上⑤。甘肃“十二五”时期，法人单位数从3855户增长到1.1万户，法人单位从业人数从8.84万人增长到20.25万人⑥。截至2015年年末，新疆共有文化法人单位15545家，从业人员221366人⑦。文化企业是推动文化产业的市场主体，文化企业及规模以上企业数和从业人员数是衡量一个地区文化产业发展动力的重要依据，文化企业规模的大小、数量的多少可以直接反映出这个地区文化产业的实力与竞争力的强弱。从上述数据中可以看出，陕西无论是文化企业数还是从业人员数都位居西北首位。

---

①十三五文化产业要成支柱 各地如何立下“军令状”[EB/OL]. 中国经济网,2017-06-27.

②陕西省向文化强省目标继续奋进[EB/OL]. 西安新闻网,2017-05-06.

③陕西文化产业与全国文化产业发展对比分析[EB/OL]. 陕西统计局局网站,2017-05-23.

④安蕊莉，王海群. 2015年宁夏文化产业发展现状及分析思考. 2017宁夏文化蓝皮书[M]. 银川:宁夏人民出版社,2016.

⑤青海文化产业[N]. 青海日报,2016-12-22.

⑥甘肃省“十三五”文化产业发展规划[R].

⑦新疆文化事业大步前进[N]. 新疆经济报,2016-10-27.

除此之外，“十二五”时期，西北各省区从文化产业的政策环境、财政资金支持力度、评选各级文化产业园区、文化产业示范基地，建立文化产业发展专项资金，以及文化产业与其他产业融合发展，特别是与旅游业融合发展的成效显著，文化金融等方方面面，推动文化产业不断向集群化方向发展，促进文化企业实力和竞争力的提升。

数字化背景下学术期刊与受众关系的探析

刘家俊

随着数字网络技术的发展，学术期刊的传播方式发生了一系列重大变革：受众对学术期刊的阅读方式和习惯变化显著，朝着更加方便快捷的方向发展；学术期刊的内容被细分，打破了学术期刊“本”的概念，以“文章”为单位供受众选择；数字化平台的建立，以及对学术文献的分类、链接和整合，极大提高了学术期刊上每篇文章的使用效率，也使得优质文章得到深度挖掘和传播。在这个变革过程中，数字化同时也拉远了学术期刊和受众的社会距离，使其黏性越来越弱。本文意在探析这种关系的现状、新特征，并提出加强学术期刊与受众黏性的建议。

学术期刊因学术权威性受到受众的信赖，其受众通过学术期刊获得学术信息，以满足自身学术研究或了解专业发展等的需要。以下四个方面的人群是学术期刊的受众范围。第一，刊载内容所在专业的读者。这类受众会对学术期刊的专业性、创新性、前沿性、理论水平等进行评价，受众范围比较大。他们是否阅读，是否关注，对于学术期刊的发展起着关键作用，是学术期刊传播的目的和意义。第二，给学术期刊投稿的作者。各类学术期刊开展的优质稿源正是针对这样的受众进行的。第三，为他人作嫁衣的学术期刊编辑。编辑是学术期刊受众的“连接环”，

作者简介 刘家俊，宁夏社会科学院期刊中心编辑。

连接了学术期刊所有的受众群。在学术期刊出版的过程中，作者和编辑不仅是受众，同时又是传播者。第四，对学术期刊文章进行审读的专家和刊出后评阅的专家。

这四类人群一般来自高等院校、科研院所及相关研究领域，他们是在本领域有所研究有所建树的人，大部分都是高学历、高职称、高素质。相比其他期刊的受众，学术期刊的受众是小众化的群体。数字化背景下，学术期刊的传播由封闭式转向开放式，致使相对小众化的学术论文通过数字化平台使越来越多的人所共享，这样，学术期刊受众即小众化的精英群体范围也越来越广。

一、数字化背景下学术期刊与受众关系现状

在数字化背景下，学术期刊主要依托于数字化平台如中国知网、万方数据库等进行传播，数字化文献是现在学术传播的主要形态。

（一）数字化提高了学术期刊的效率，为其深度开发和更大发展提供机遇

数字化技术的进步，为学术期刊提高了效率，缩短了刊载在期刊上的学术论文的传播时间，拓展了其传播的空间。首先，传统的学术期刊的文字传播转变为数字化传播，改变了学术信息的传递、接收和储存方式。其次，数字化为学术期刊在选题策划、审稿方式、编辑加工和排版校对、信息反馈方式、评价方式、出版发行方式上都带来了变革与创新。

（二）数字化极大地方便了受众查阅期刊论文

数字化进程的加快，人们获取信息的途径越来越多样化，搜寻资料途径和阅读方式变化显著，朝着更加方便和快捷的方向发展。首先，网络的即时性、便捷性，以及网络数据库的集群性、资源共享性、操作简便性，从根本上改变了学术创作的研究环境。绝大部分的受众会选择在数字化平台上搜寻自己学术创作需要的学术期刊上的资料，并表示数字化平台如中国知网和万方数据库查阅学术期刊上的资料很方便，使原来耗时费力的信息收集变得弹指间即可完成，但还是有一少部分的受众选择去图书馆翻阅整本学术期刊，而找寻自己需要的文章。

（三）受众下载论文的衡量标准是实用性和质量

数字化平台的便捷性使受众在搜寻学术期刊论文时，会下载很多篇需要的选题相关的文章，并对质量高的文章做记号标志，进行重点阅读。他们下载学术期刊论文的衡量标准是论文的实用性和质量，考虑的是这篇论文是否有用，有用就下载，没用就不下载，同一个选题的多篇学术期刊论文都需要时，会以文章的质量来衡量下载哪一篇，当然有质量的论文实用性也强。学术期刊论文的质量以刊载这篇论文的学术期刊和作者的知名度以及其下载率、引用率这几个因素来判断。

二、数字化背景下学术期刊与受众关系新特征

（一）受众主体性凸显，学术期刊主体性丧失

1. 受众主体性凸显

数字化背景下，学术期刊的受众不再是单纯被动的信息接受者，取而代之的是信息搜索者、咨询者。借助数字化平台的网络传输和强大的搜索功能，受众面对的是具体可搜寻的单篇文献，更容易“决定在什么时间、从中心信息源所提供或存储的信息中选择什么内容”[①]，其信息需求容易被满足，受众主动性和选择性大大提高，主体性凸显。

受众的这种主体性主要体现在其检索方式上，以及在数字化平台上对学术期刊、栏目、文章的选择上。首先，受众不再盲目被动地去选择期刊或文章阅读，他们往往根据自己的需求在中国知网或万方数据库的搜索栏中选择“主题”“篇名”“作者”“关键词”“全文”“摘要”等进行关键词的检索，还可以进一步细化搜索范围，进行高级检索。其次，传统纸质期刊的受众在选择1篇文章的同时意味着选择购买了1本期刊，现在在数字化平台上可以直接下载所需要的电子版的某篇文章，打破了学术期刊原有的“本”的概念，受众可以根据自己的需要下载某篇文章，而不是购买整本学术期刊。

---

① 麦奎尔.受众分析[M].刘燕南，李颖，杨振荣，译.北京：中国人民大学出版社，2006:51.

2.学术期刊主体性丧失

数字化背景下，纸质学术期刊印刷出版的同时，编辑部会将电子版转交数字化平台如中国知网、万方数据库等，其内容在数字化平台上一般都是以零散的内容出现，如以主题、关键词、作者、单位等指标而出现，这样的学术期刊网络出版的方式湮灭了不同品质学术期刊的个性化特征，期刊的主体性和整体性消失。“这是因为任何一家学术期刊，在这些数据库中都不再是以独立‘期刊’的形式而存在，其整体的文化品位和编辑思想已荡然无存，剩下的只是一篇篇形单影只被拆分于各个专题库中的文献，成为海量信息的一个部分。”① “期刊不见了，因期刊而存在的刊物特色、编辑思想、编排风格、专栏结构、各专栏之间的呼应对话统统不见了。”②

（二）学术期刊与受众的黏合性减弱

1. 学术期刊与受众的社会距离被拉远

学术期刊数字化后，学术期刊与受众的社会关系之间加入了数字化平台的中介。因为有数字化平台，学术期刊直接面对的不再是受众而是数字化平台，而受众的直接认知对象也由原来的学术期刊变成了数字化平台。学术期刊和受众原来的直接面对面的关联被数字化平台所拉远。

2. 受众对学术期刊的认知降低

受众文献搜寻的第一目标不是学术期刊，而是一篇篇学术文章，受众对学术期刊的解释水平和认知越来越趋于抽象和模糊。学术期刊与受众的关联变成了中国知网、万方数据库上一篇篇文献与受众的关联。在过去，受众一般会在所有学术期刊中进行选择并关注部分期刊，在关注某篇文章的前提下关注纸质版学术期刊。现在面对中国知网、万方数据库如此强大的搜索引擎功能，受众会毫不犹豫地根据搜索结果选择性地关注单篇的学术文章，对学术期刊的关注和认知降低。

---

① 王华生. 数字网络环境下学术期刊传播方式的变革及因应策略[J]. 河南大学学报：社会科学版，2007(4)：147

② 朱剑. 徘徊于十字路口：社科期刊的十个两难选择[J]. 清华大学学报：哲学社会科学版，2007(4)：87.

3. 学术期刊与受众的互动减少

数字化背景下，学术期刊与受众的信息互动，变成了学术期刊和数字化平台的互动与受众和数字化平台的互动，学术期刊、受众与数字化平台单向流动。数字化以前，受众购买纸质学术期刊后，学术期刊编辑部可以根据受众购买的情况掌握本刊物的受众分布；数字化后，学术期刊的论文信息流向数字化平台，受众的论文需求信息也是反馈到数字化平台，期刊与受众之间的互动不断减少。

三、加强数字化背景下学术期刊与受众黏合性的思考

“对数字化平台而言，它只是在技术上集聚了学术文献的数量、延伸了学术期刊传播的时空，而由期刊提供的学术内容和以内容为信息期待的受众才是传受双方互动的原动力。面对学术期刊和受众黏性减弱的各种变化以及由此带来的传受双方的矛盾性后果，数字化平台应与学术期刊同台直接面对受众，拉近它们与受众的社会距离，进而提高与受众的黏合性。”① 在数字化背景下，加强学术期刊与受众的关系，需要学术期刊和数字化平台共同努力，在此，我们主要探讨学术期刊要努力的方向。

（一）了解受众，调研受众需求最多的是哪类文章

只有在了解受众的基础上，才能明确要为这些受众提供什么样的内容。比如经常向身边的读者了解他们对刊物的看法、意见；每年在刊物上印发受众情况调查表、对刊物的建议；增加与受众的互动，比如让读者评选每年的最佳论文，这样不仅能激发受众参与的热情，从中也能了解受众的需求，有利于刊物的发展。从数字化平台上可以看到本期刊每一篇文章的下载量和被引用次数，根据这一数据进行分析，可以得出受众更青睐哪一类的文章，要抓住受众，提高本期刊刊载的文章的下载率和被引用率，就得要在这一类选题的文章上下功夫。一般来说，下载量和被引用率高的文章的选题，都是具有现实意义的，具有对当下社会热点问题的现实指导价值的文章。

① 朱田凤.数字化背景下我国学术期刊与受众关系研究[J].编辑之友,2016(3):44.

（二）加强品牌栏目设计

期刊的栏目设置有着十分重要的地位，它不仅起着支撑期刊结构的作用，更是规划期刊内容的一个重要手段。现在的学术期刊越来越多，特别是性质接近的期刊，在内容上有很多相似之处。品牌栏目可以成为刊物区别于其他刊物的标志，更有可能带动刊物整体上水平、上档次。核心学术期刊大都有令人称道的特色栏目。

（三）加强网络宣传

学术期刊应积极利用数字化平台为其提供的期刊检索做好自身品牌形象的建设与宣传，以拉近学术期刊与受众之间的距离。现有的数字化平台都有期刊检索的入口，但是数字化平台并不了解所有的期刊及特色，难以为其作相应的介绍，这就需要学术期刊在自身建设的数字化平台上积极展示内容，如期刊专业特色的介绍，根据栏目变化、研究动态等，或当受众阅览单篇论文时依靠平台技术为受众提供相关的期刊信息。这样一来，学术期刊切实拉近了与受众的社会距离，满足了受众对期刊品牌、研究特点、关注动态等方面了解的需求，使得受众对学术期刊有了基本认知和价值判断。

（四）打造高质量的内容

优质的内容永远是提高学术期刊网络价值的唯一真理，永远是吸引受众的核心要义。其一，要精心策划选题。爱因斯坦说过，提出一个问题比解决一个问题更重要。选题是学术期刊的根本，选题选得好，期刊的质量就有了保证，就能成为吸引受众的“磁铁”。“好的学术期刊之所以能吸引人，就在于它们经常能在选题‘深入’上胜人一筹，或者在选题‘独到’上高人一等。”其二，要进行学术创新。数字化背景下，任何学术期刊同样遵循“内容为王”的铁律，提高学术质量，进行内容上的学术创新，是提升受众对学术期刊关注度的关键。

（五）构建与受众的互动交流平台

首先，受众是学术期刊的解读者。能为受众所解读的学术期刊才是真正具有传播力的，学术期刊应该利用数字技术和数字化平台，建立与受众的交流平台。由学术期刊编辑部组织，就所刊发内容在选题策划阶段、编辑出版阶段、刊后审读阶段等，与受众展开交流。这个过程既是帮助受众解读内容，又是一种有效的传播。其次，受众是学术期刊出版活动的参与者。无论是刊发前的策划，还是编辑校对、出版传播等过程，无一不需要受众的参与和关注。互动交流平台中，学术期刊编辑部要收集整合受众的信息反馈，及时吸收受众意见，调整出版内容，这样无疑能增强学术期刊与受众的黏合度。

神华宁夏煤业集团构建企业文化的探索、实践与思考

侯占岭　屈百原

企业文化是企业凝聚力和创造力的源泉。神华宁夏煤业集团成立以来，始终高度重视企业文化建设工作，积极探索企业文化建设促进企业科学发展、创新发展、绿色发展道路，神宁文化已成为企业软实力和核心竞争力的重要组成部分。

神宁文化的基本内涵：秉承科学和谐、厚德思进的价值追求，肩负提供绿色能源、驱动时代文明的历史使命，弘扬责任、创新、厚德、争先的企业精神，树立以人为本、安全至上的发展理念，全力推进煤炭生产、煤化工及煤炭产业链延伸，大力实施产业结构优化升级，为建成世界一流煤炭综合能源企业提供先进文化的驱动力。

一、神华宁煤集团企业文化建设探索历程

（一）开始起步阶段（2002—2005 年）

神华宁煤集团企业文化渊源于宁夏煤炭工业发展史，植根于神宁集团的组建与发展实践，经历了由不自觉到自觉，由不系统到系统的过程。2002 年，宁夏煤业集团公司成立以后，在专业管理咨询公司和集团公司的

作者简介　侯占岭，神华宁煤集团能源公司党委工作部部长；屈百原，神华宁煤集团党委组宣部企业文化主管。

共同努力下，历时三载，数易其稿，形成了《宁夏煤业集团企业文化方案》。通过组织实施企业文化建设推进年、提升年、创新年主题活动，全员对文化理念的认识、认同普遍提高，企业文化工作取得了初步成效。

（二）融入融合阶段（2006—2008 年）

2006 年 1 月，宁煤集团与神华集团实施了战略重组。按照神华集团高举神华一面旗帜，保持企业名称、企业标志、核心理念三个统一的原则，编印了《神宁集团企业文化手册》，对企业理念文化和行为文化系统进行了修改、扩充和提升，保留了先进的传统文化因子，形成了与时俱进、共性突出、个性鲜明的神宁文化框架体系，确立了企业文化建设的总体目标。

（三）实施探索阶段（2009—2011 年）

先后滚动制定、实施了《神宁文化三年战略规划》，确保神宁文化顶层设计与基层践行良性互动、集团目标任务与基层落实举措协调统一。基层各单位大力开展符合自身特色的子文化建设工作，初步形成了部分行业系统子文化和基层单位子文化，为神宁文化落地进行了有益的探索和尝试。

（四）优化提升阶段（2012—2013 年）

本着与时俱进、追求卓越的精神，对原来的神宁文化体系删繁就简，进行了优化和升级，制定出台了《神宁文化手册》，形成了新的神宁文化体系，正式确定以企业名称命名企业文化即神宁文化，并归纳明确了神宁文化的基本内涵，全面优化了企业文化理念体系，形成了“一主多优”的文化体系，建设以安全文化、创新文化、责任文化、争先文化、和谐文化、廉洁文化等子文化为重点的行业系统子文化和基层单位子文化。

（五）子文化建设阶段（2014 年至今）

按照神宁文化一主多优的建设思路，为了使神宁文化这棵大树枝繁叶茂，在各系统、各单位生根、开花、结果，我们探索出了一条建设子文化的路子。即在神宁文化的统领下，紧密结合本单位（系统）的特色和实际，建设与神宁文化一脉相承的、富有本单位（系统）特色和符合本单位（系统）实际的、最重要、最紧迫、不同于其他单位的特色子文化。特色子文化建设有力支持和补充了神宁文化体系，有效延伸和扩展了神宁文化的内涵和外延，加快了神宁文化落地的步伐。

二、神宁文化建设的实践路径

（一）形成了健全的企业文化建设工作体系

2002年集团公司重组伊始，就将企业文化纳入了企业发展战略规划，形成了党政“一把手”为第一责任人，党委领导、党政共同部署、各管理部门齐抓共管、职能部门协调推进，全体员工积极参与的建设工作格局。集团公司、各基层单位成立了企业文化建设领导小组，培养了一支具有敬业意识、训练有素和创新精神的企业文化建设骨干队伍。同时，设立了党组织活动经费，为企业文化建设提供了物质保证。

（二）构建了神宁文化框架体系

立足企业实际，突出行业特色，构建了以核心价值观为精髓的文化体系、以理念识别系统为先导的识别系统、以神宁文化为主体的“一主多优”文化为支柱的神宁文化体系。制定实施了《基层单位（行业系统）特色文化建设指导意见》，积极推动神宁文化向基层单位和行业系统延伸和发展，着力推进安全文化、责任文化、创新文化、争先文化、和谐文化、廉洁文化等六类特色文化建设，并形成了《神宁文化手册》《安全文化手册》《廉洁文化手册》等阶段性成果。

（三）形成了符合企业文化建设规律、具有神宁特点的企业文化建塑模式

遵循企业文化自然形成规律、主观能动性规律和点滴积累、循序渐进、逐步养成的规律，用愿景引领战略制定，用文化的力量保证战略的实施和推进，形成了神宁集团举旗、铸魂、立道、固本、导行、塑形、强基、聚力的企业文化建设模式和以美好愿景鼓舞人、以战略规划凝聚人、以先进理念引导人、以行为准则规范人、以核心价值评判人、以有效机制激励人、以优美环境熏陶人、以先进典型示范人的企业文化建设工作方法。

（四）搭建了自上而下的愿景激励体系和自下而上的愿景支撑体系

通过层层细化愿景，把企业愿景变为各级组织的愿景，激发了全员参与企业文化建设的积极性和主动性。开展了愿景牌板展示、愿景内容认知、愿景目标提升和愿景学习讲用活动，充分发挥了愿景的目标引领和凝心聚力作用。编印了《神华宁煤集团组织愿景汇编》，收录从神华集团、神宁集团到区队车间、班组 7 个管理层级的愿景 1998 条。

（五）营造了浓厚的企业文化氛围

大力实施绿化、美化、净化、硬化、亮化工程，形成了工业厂房和人造景点和谐统一、社会景观和自然景观交相辉映的生态文明和工业文明。加强文化软环境建设，企业核心理念醒目展现，理念、行为文化集中体现，特色文化别样展现。开展了规范使用神华集团企业标志工作，实现了与神华文化的全面对接、融合。建成了一批企业文化广场、安全文化长廊及企业文化一条街、一条巷、一面墙，区队会议室做到了“五个统一”，营造了浓厚的企业文化氛围。

（六）打造了一批各具特色的子文化

按照一主多优建设思路，各基层单位立足实际，勇于探索，积极打造个性特色子文化，形成了感恩文化、责任文化、争先文化等一批特色文化成果。同时，各单位（行业系统）积极探索实践，拓展文化建设思路，提升创建成效，形成了以工会文化、培训文化、廉洁文化等为代表的行业系统特色子文化。枣泉煤矿实施了“五安枣泉”特色安全文化建设、麦垛山煤矿筹建处着力打造了以“5361”为主体框架的和谐家园文化，有效提升了企业安全管理水平，维护了矿区和谐稳定。煤化工分公司积极践行“因创新而生，以创新而强”的创新理念，先后开设劳动模范、技能人才创新工作室 26 个，完成创新成果 87 项，全员创新意识不断提高，创新能力大为提升。太西洗煤厂建设“责任+”文化，借用互联网思维，把责任与安全、与创新、与和谐等子文化相加，解决文化力怎么加，加什么才能为企业发展建设助力的问题，使三代洗煤人的责任、奉献精神不断传承，发扬光大，并成为企业三次整合的黏合剂。

三、对持续推动神宁文化建设的思考

（一）要不断推动培育和践行核心价值观

引导企业聚焦社会主义核心价值观，结合弘扬“责任、创新、厚德、思进”的神宁精神，把核心价值观作为企业普遍遵循的价值准则，作为共同追求的价值目标，作为自觉遵循的价值规范，引导广大员工成为核心价值观的坚定信仰者、积极传播者和模范践行者。结合单位实际，紧贴企业特点，贯彻落实《关于培育和践行社会主义核心价值观的意见》，引导、鼓励各单位积极探索、不断创新，把核心价值观融入企业制度建设和企业管理，转化为工作标准、岗位规则和行为准则，创造有特色有价值的经验，推出有分量有影响的成果。

（二）要深化神宁文化理念学习践行

坚持神华集团企业文化理念、神宁文化理念的学习、宣贯、践行活动不断线，增强全员认知。开展神宁故事征集、评选、宣讲等活动，使理念故事化、故事理念化，增强全员认同。组织实施以理念与行为对号为主题的系列活动，积极践行集团公司《员工文明礼仪手册》，规范员工行为，推行文明用语，理顺工作关系，提高工作效率。坚持把员工道德规范、共同行为准则、层级行为准则和岗位行为准则、日常行为规范结合起来，把文明行为养成与文化行为养成、安全行为养成结合起来，营造员工尊严工作、体面工作、快乐工作的良好氛围。

（三）要促进神宁文化与企业管理融合

加强企业文化机制建设，完善符合企业实际、具有企业特色的企业文化建设规划、考核奖惩机制，形成从规划到实施、考核、整改闭环的神宁文化建设运行管理体系，全面建立与企业绩效挂钩的神宁文化考核和评价体系，促进文化与管理、理念与行为有机统一。结合管理机制、机构设置、产业结构的调整变化，及时修订、完善各种规章制度，通过文化渗透制度、制度体现文化，逐步建立与神宁文化相适应、相配套的管理制度体系，规范企业和员工行为，构建神宁文化制度建设长效机制。围绕创新驱动发展，经济转型升级这一中心任务，认真落实集团公司《基层单位（行业系统）特色文化建设指导意见》，推动企业安全文化、创新文化、责任文化、争先文化、和谐文化、廉洁文化等特色子文化建设，促进制度运用刚柔结合、宽严有度、情理交融，实现制度标准与价值准则协调同步、激励约束与文化导向优势互补，促进企业在改革中调整提升，在转型中创新发展，实现创新、协调、绿色、开放、共享发展。

（四）要以企业文化建设，提升员工队伍综合素质

加大企业文化建设的思想、科技和人文含量，加强个人品德、社会公德、职业道德、家庭美德教育，提高员工思想道德素质。加强职业素质教育，开展专业技术技能培训，提升专业技术素质和水平。加强人文关怀和心理疏导，普及心理健康知识，帮助员工掌握各种心理调节方法，为员工提供必要的情绪抚慰和心理支持，化解消极情绪、消除精神压力、保持身心健康。持续深入推进“创建学习型组织、争做知识型员工”等活动，着力打造一批学习型、创新型、技能性团队。充分发挥群团组织作用，广泛开展员工技术创新、青年创新创效等群众性技术革新活动，激励员工在工作岗位建功成才。组织员工参观爱国主义教育基地、改革开放标志地进行学习交流，提高综合素质。

（五）要继续推进神宁文化阵地建设

引导企业以需求为导向，有针对性地加大工业环境、工作环境、生活环境、生态环境建设投入，加强企业报刊、网络、图书室、文化广场、综合性展厅等阵地建设，优先安排与员工切身利益密切相关的企业文化项目，为员工提供实实在在的文化服务。鼓励各单位打造一批员工文化品牌和项目，传承优秀传统文化，办好企业文化节、艺术节、读书节等，广泛开展征文演讲、文艺汇演、体育健身、书法摄影等活动，逐步形成覆盖全员的企业文化服务体系。

（六）要不断强化神宁文化品牌建设

引导企业加强与社会媒体沟通合作，鼓励、支持企业开设官方微博、微信公众号等，设计制作《微故事》《微言录》《微视频》《微访谈》等栏目，综合运用企业网站、微博、微信等传播企业文化，增强神宁文化对外影响力。加强与中国文化学会、宁夏企业协会等专业组织的联系沟通，强化神宁文化建设成果的推介宣传，打造一批具有一定影响力的企业文化建设品牌集群。加强企业文化理论研究与交流，开展经常性的企业文化建设理论研讨、经验交流、走访参观等活动，整理编印神宁文化建设典型经验、知名品牌和优秀案例，提升神宁文化建设层次和品位。加强企业产品品牌建设与推广，通过统一产品包装设计和宣传策划，加快品牌的个性塑造、形象树立和价值传递，不断扩大和提升企业社会影响力。

（七）要深入开展文明创建活动

围绕企业发展建设目标任务，结合自身实际，拓展广度深度、创新形式载体，运用大众化、通俗化、多样化方式，强化中国梦宣传教育。深入开展“中国梦·劳动美”系列活动，引导广大员工立足岗位、爱国敬业、苦干实干，共筑中国梦、践行企业梦、实现个人梦。开展道德模范选树、表彰、宣传工作，深入挖掘“身边的感动”“企业最美员工”等，综合运用社会媒体、企业媒体及“微系列”传播渠道，全方位、多层次、人性化宣传先进事迹，弘扬道德模范、劳动模范精神，形成典型示范效应。鼓励各单位建设一批职业道德实践基地，通过现场参观、实践参与、互动体验等形式，激励广大员工比学赶超，争当一流员工，争创一流业绩。大力开展“讲文明树新风”活动，积极打造“雷锋号”志愿服务品牌，不断推进精神文明创建工作再上新水平。

（八）要以企业文化建设为契机，丰富员工精神文化生活

为广大员工提供内容丰富、形式多样的精神文化产品和服务，开展喜闻乐见、益于身心健康的员工文化活动，善于借助新兴传播手段和新的文化样式活跃员工精神文化生活。注重满足不同员工群体，特别是农民工的精神文化需求，让企业文化建设成果惠及全体员工。积极开展重大节日节庆活动、送温暖活动和各种社会公益活动，增强企业凝聚力。持续深化“倡导全员阅读，打造书香神宁”活动，广泛开展形式多样的“我们的节日”主题活动，努力打造具有神宁特色的文化活动品牌。

（九）要加强企业文化队伍建设

立足单位实际，设置专（兼）员工作人员负责企业文化建设工作。继续抓好企业文化骨干人员的培训轮训，健全学习交流、分类培训制度，运用讲座授课、现场观摩等方式，开展针对性强、务实有效、通俗易懂的学习培训，提高企业文化骨干人员在全面深化改革条件下做好工作的能力，在员工群众思想意识和价值取向纷繁多样的条件下做好工作的能力，在新媒体新技术快速发展的条件下做好工作的能力。

（十）要规范应用神华集团视觉识别系统

严格落实《关于全面导入神华集团公司视觉识别系统的通知》（神宁组宣〔2008〕68号）要求，加强对神华集团视觉识别系统（VI）的管理和使用，展示企业理念和文化底蕴，增强全员凝聚力、归属感和认同感。

总之，神宁文化建设要以习近平新时代中国特色社会主义思想为指导，坚持中国特色社会主义文化发展道路，以培育和践行社会主义核心价值观为根本，弘扬民族精神和时代精神。以服务企业改革发展和促进员工全面发展为出发点和落脚点，以改革创新为动力，遵循企业文化建设规律，大力弘扬“科学和谐、厚德思进”的核心价值观和“责任、创新、厚德、争先”的企业精神。树立安全发展理念，弘扬生命至上、安全第一的企业文化理念，弘扬劳模精神和工匠精神，营造精益求精的敬业风气。激发集团职工文化创新创造活力，内强素质、外树形象，建设具有新时代鲜明特征和神宁特色的企业文化，为企业全面实现“十三五”发展目标提供文化驱动力。

2016年宁夏文化及相关产业发展报告

张雪艳　王海群

2016年，是"十三五"规划实施的开局之年，也是供给侧结构性改革的深化之年。在各级党委、政府大力推动和有关部门共同努力下，宁夏文化及相关产业[①]（以下简称文化产业）继续保持良好发展势头，文化产业在稳增长、促改革、调结构、惠民生等方面做出新的贡献，为"十三五"时期推动文化产业发展奠定了较好的基础。

一、文化产业发展现状及特点

（一）文化产业增加值构成基本情况

2016年，全区文化产业实现增加值74.36亿元，比上年增加9.42亿元，增长14.5%，比上年提高3.9个百分点，文化产业增加值占地区生产总值（GDP）比重为2.35%，比上年提高0.12个百分点（见表1）。

分行业看，2016年，文化制造业实现增加值7.18亿元，占文化产业增加值比重为9.6%，比上年增长12.4%，增幅比上年回落28.7个百分点；文化批发和零售业实现增加值4.82亿元，占6.5%，比上年增长16.1%，增幅

作者简介　张雪艳，自治区统计局社会科技与文化产业处处长、高级统计师；王海群，自治区统计局社会科技与文化产业处主任科员。

① 文化及相关产业指为社会公众提供文化产品和文化相关产品的生产活动的集合。

比上年回落 2.5 个百分点；文化服务业实现增加值 62.36 亿元，占 83.9%，比上年增长 14.6%，增幅比上年提高 7.3 个百分点。

表 1　2016 年全区文化产业增加值及增长速度

行　业	2016 年(亿元)	2015 年(亿元)	比上年增长(%)
文化产业增加值	74.36	64.94	14.5
其中:文化制造业	7.18	6.39	12.4
文化批发和零售业	4.82	4.15	16.1
文化服务业	62.36	54.4	14.6
全区地区生产总值	3168.59	2911.77	8.2
文化产业增加值占 GDP 比重	2.35	2.23	—

分类别看，2016 年，全区文化产品的生产实现增加值 64.56 亿元，占文化产业增加值的 86.82%。文化及相关产业 10 大类别中，增加值占比最多的六个行业依然是文化创意和设计服务 18.50 亿元，占 24.88%；文化休闲娱乐服务 14.55 亿元，占 19.57%；新闻出版发行服务 12.55 亿元，占 16.88%；广播电影电视服务 8.62 亿元，占 11.59%；文化产品生产的辅助生产 6.09 亿元，占 8.19%；文化艺术服务 6.55 亿元，占 8.81%（见表 2）。

分地区看，2016 年，地区文化产业发展总量分布为：银川市文化产业

表 2　分类别文化产业增加值及构成

类别名称	增加值			
	2016 年(亿元)	构成(%)	2015 年(亿元)	构成(%)
合计	74.36	100.00	64.94	100.00
一、文化产品的生产	64.56	86.82	56.21	86.56
(一)新闻出版发行服务	12.55	16.88	10.84	16.69
(二)广播电影电视服务	8.62	11.59	6.85	10.55
(三)文化艺术服务	6.55	8.81	4.44	6.84
(四)文化信息传输服务	2.46	3.31	1.94	2.99
(五)文化创意和设计服务	18.50	24.88	16.43	25.30
(六)文化休闲娱乐服务	14.55	19.57	14.49	22.31
(七)工艺美术品的生产	1.33	1.79	1.22	1.88
二、文化相关产品的生产	9.80	13.18	8.73	13.45
(八)文化产品生产的辅助生产	6.09	8.19	5.50	8.47
(九)文化用品的生产	3.42	4.60	2.94	4.53
(十)文化专用设备的生产	0.29	0.39	0.29	0.45

增加值 49.91 亿元，占全区文化产业增加值比重为 67.12%。其次，中卫市文化产业增加值 8.28 亿元，占 11.14%；吴忠市文化产业增加值 6.81 亿元，占 9.16%；石嘴山市文化产业增加值 5.56 亿元，占 7.48%；固原市文化产业增加值 3.80 亿元，占 5.11%（见图 1）。

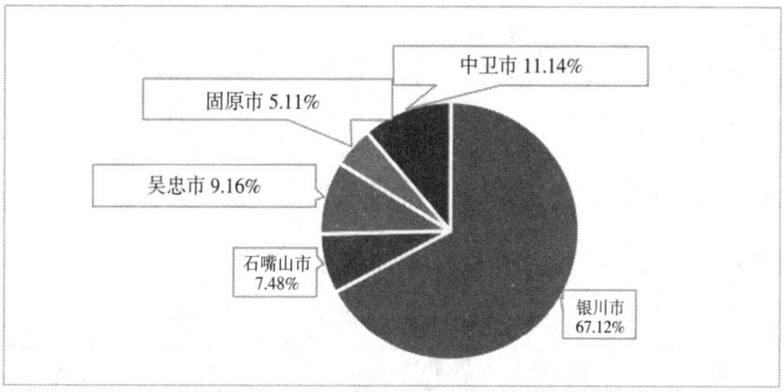

图 1　分地区文化产业增加值及构成

对经济发展的贡献度为：银川市文化产业增加值占（GDP）的比重为 3.08%，中卫市占 2.44%，固原市占 1.58%，吴忠市占 1.54%，石嘴山市占 1.08%（见表 3）。

表 3　分地区文化产业增加值及占比情况

单位：亿元

地　区	2015 年增加值	构成(%)	文化产业增加值占 GDP 比重(%)
全区总计	74.36	100.01	2.35
银川市	49.91	67.12	3.08
石嘴山市	5.56	7.48	1.08
吴忠市	6.81	9.16	1.54
固原市	3.80	5.11	1.58
中卫市	8.28	11.14	2.44

（二）规模以上文化及相关产业法人企业基本情况

2016 年，全区规模以上文化及相关产业法人企业①（以下简称规模以

①全区规模以上文化及相关产业法人企业：指在《文化及相关产业分类(2012)》所规定行业范围内，年主营业务收入在 2000 万元及以上的工业企业；年主营业务收入在 2000 万元及以上的批发企业或主营业务收入在 500 万元及以上的零售企业；从业人数在 50 人及以上或年营业收入在 1000 万元及以上的服务业企业，其中文化和娱乐服务业年营业收入在 500 万元及以上。

文化及相关产业增加值：指一个国家（或地区）所有常住单位一定时期内进行文化及相关产业生产活动的最终成果。

上文化企业）99 家，比上年增长 2.1%，从业人员 1.18 万人，增长 1.7%。

从企业规模和从业人数分析，文化服务业是规模以上文化发展的主体。2016 年，规模以上文化制造业企业 21 个，比上年下降 4.5%，占全区规模以上文化企业的 21.2%，从业人员 0.43 万人，下降 8.5%，占 36.5%；文化批发和零售业企业 20 个，下降 9.1%，占 20.2%，从业人员 0.07 万人，与上年持平，占 5.9%；文化服务业企业 58 个，增长 9.4%，占 58.6%，从业人员 0.68 万人，增长 9.7%，占 57.6%。文化服务业单位数和从业人数稳步增长，且所占比重均超过一半以上，成为全区规模以上文化发展的主要支撑力量（见表 4）。

表 4　分行业规模以上文化及相关产业情况

指标名称	单位数				从 业人员			
	2016 年(个)	2015 年(个)	增速(%)	占比(%)	2016 年(万人)	2015 年(万人)	增速(%)	占比(%)
总　计	99	97	2.1	100	1.18	1.16	1.7	100
文化制造业	21	22	-4.5	21.2	0.43	0.47	-8.5	36.5
文化批零业	20	22	-9.1	20.2	0.07	0.07	0.0	5.9
文化服务业	58	53	9.4	58.6	0.68	0.62	9.7	57.6

分地区看，银川市规模以上文化企业聚集度高，核心引领作用显著。2016 年，银川市规模以上文化企业 66 个，占全区规模以上文化企业的 66.7%。从业人员 0.68 万人，占全区规模以上文化企业从业人员的 57.6%；吴忠市规模以上文化企业 11 个，占 11.1%，从业人员 0.18 万人，占 15.3%；中卫市规模以上文化企业 11 个，占 11.1%，从业人员 0.26 万人，占 22.0%；固原市规模以上文化企业 7 个，占 7.1%，从业人员 0.05 万人，占 4.2%；石嘴山市规模以上文化企业 4 个，占 4.0%，从业人员 0.01 万人，占 0.8%（见表 5）。

表 5　分地区规模以上文化及相关产业情况

名称	单位数			从业人员		
	2016 年(个)	2015 年(个)	增速(%)	2016 年(万人)	2015 年(万人)	增速(%)
总计	99	97	2.1	1.18	1.16	1.7
银川市	66	62	6.5	0.68	0.63	7.9
石嘴山市	4	4	0.0	0.01	0.01	0.0
吴忠市	11	13	-15.4	0.18	0.19	-5.3
固原市	7	7	0.0	0.05	0.06	-16.7
中卫市	11	11	0.0	0.26	0.27	-3.7

（三）城镇居民人均文化娱乐消费支出逐渐提高

随着全区城镇居民收入水平的不断提高，文化娱乐消费支出继续保持增长。2016 年，全区城镇居民人均消费支出 20364 元，其中文化娱乐消费支出 1064 元，比上年增长 7.3%。人们对文化产品的更高需求不仅拉动了文化产业的发展，而且也给消费升级带来了新的变化。

（四）文化产业固定资产投资继续保持增长势头

2016 年，全区文化产业固定资产投资额达 140.95 亿元，比上年增长 18.3%，增速比全社会固定资产投资高 9.7 个百分点；占全社会固定资产投资的比重为 3.7 %，比上年提高 0.3 个百分点（见表 6）。

表 6　分类别文化及相关产业固定资产投资情况

指标名称	投资额			比上年增长（%）
	2016 年（万元）	2015 年（万元）	占比（%）	
合　计	140.95	119.10	100	18.3
一、新闻出版发行服务	0.78	0.27	0.55	184.0
二、广播电影电视服务	1.32	1.07	0.94	24.1
三、文化艺术服务	25.03	8.95	17.75	179.7
四、文化信息传输服务	17.60	9.61	12.49	83.2
五、文化创意和设计服务	6.23	3.33	4.42	87.1
六、文化休闲娱乐服务	63.26	79.00	44.88	-19.9
七、工艺美术品的生产	0.45	0.26	0.32	73.9
八、文化产品生产的辅助生产	3.58	13.15	2.54	-72.8
九、文化用品的生产	22.71	3.47	16.11	555.3
十、文化专用设备的生产	—	—		—

分类别看，有 7 个行业增速上升，2 个行业增速下降。按增速排序为：文化用品的生产，比上年增长 5.5 倍，新闻出版发行服务增长 1.8 倍，文化艺术服务增长 1.8 倍，文化创意和设计服务增长 87.1%，文化信息传输服务增长 83.2%，工艺美术品的生产增长 73.9%，广播电影电视服务增长 24.1%。

2016 年，投资额最多的行业仍是文化休闲娱乐服务业，投资额达 63.26 亿元，占文化产业总投资额的 44.9%，但比上年减少 16 亿元，比重降低 21.5 个百分点。

二、文化产业发展过程中存在的问题

(一) 文化产业增速和占 GDP 比重偏低

2016 年，宁夏地区生产总值增速为 8.1 %（按可比口径计算），文化产业增加值增速仅为 5.4%，增速比地区生产总值低 2.7 个百分点。文化产业增加值占 GDP 比重为 2.35%，比上年提高 0.12 个百分点，全国文化产业增加值增速为 13%（未扣除价格因素，下同），比同期 GDP 名义增速高 4.4 个百分点，占 GDP 的比重为 4.14%，比上年提高 0.17 个百分点。宁夏比全国低 1.79 个百分点。

(二) 规模以上文化产业企业数量少且发展缓慢

2016 年，全区规模以上文化产业企业 99 家，比上年仅增加了 2 家。其中，文化制造业企业 21 家，文化批发和零售业企业 20 家，文化服务业企业 58 家。在全国 31 个省（区、市）排名倒数第三，仅多于青海和西藏，占全国规模以上文化企业数仅为 0.2%。

2016 年，全区规模以上文化法人企业实现增加值 15.16 亿元，比上年增长 2.8%，增速比全区文化产业增加值低 11.7 个百分点，比规模以下文化法人企业低 16.4 个百分点。

(三) 规模以上企业盈利能力薄弱，龙头品牌缺乏

2016 年，全区 99 家规模以上文化企业资产总计超过亿元的企业有 32 家，其中资产总计超过 10 亿元的企业只有 3 家，占全区规模以上文化企业的 3.0%。营业收入超过亿元的企业有 17 家，仅 1 家企业营业收入达 5 亿元以上。营业收入利润率仅为 3.07%，比上年下降 0.67 个百分点。全区规模以上文化企业底子薄、盈利能力弱，缺乏有影响力、带动力的龙头品牌企业。

(四) 文化企业自主研发覆盖面窄，新兴文化产业发展滞后

2016 年，全区 21 家规模以上文化制造企业中，有研发活动的企业仅 4 家，研发覆盖面为 19.0%，这 4 家企业研发投入强度（即研究与试验发展经费与主营业务收入之比，下同）平均水平为 1.52%。其中研发投入强度

最高的宁夏金世纪包装印刷有限公司也仅为3.16%。一般来说，研发投入强度要达到5%及以上，企业才有较强的竞争力。

全区文化产业的发展局限于对一些传统文化领域的发展，而现代网络传媒文化、动漫游戏、数字内容、影视制作、演艺会展等新兴文化产业发展滞后，尚未跟上市场需求步伐。

三、推动文化产业发展的途径思考

“十三五”时期是我国全面建成小康社会的决胜阶段，也是推动文化产业快速发展的关键阶段。

习近平总书记在党的十九大报告中提出：推动文化事业和文化产业发展。要深化文化体制改革，完善文化管理体制，加快构建把社会效益放在首位、社会效益与经济效益相统一的体制机制。

面对新形势、新机遇、新要求，全区要在文化自信的支撑和引领下，及时转变观念和发展理念，健全现代文化产业体系和市场体系，创新生产经营机制，完善文化经济政策，培育新兴文化业态，进一步推动文化产业转型升级，坚持创新驱动，提质增效，在发展传统产业的同时，狠抓新兴产业的转型升级，进一步拓宽文化产业发展空间，促进文化产业的繁荣兴盛。

（一）加大培育力度、精准扶持、壮大规模以上龙头文化企业

要加快培育一批成长性好、盈利能力强、有竞争力影响力的文化企业，有效落实部门培育责任，将规模以上文化企业培育情况纳入部门职责范围，督促各级各部门加大培育力度，壮大规模以上文化企业数量，制定精准扶持政策及措施，加大对文化企业的扶持力度，采取以奖励、贴息、资助等方式，支持文化企业建设，推动文化企业实施经营创新、技术创新、平台创新、管理创新和市场开拓创新。鼓励金融机构支持文化企业发展，创新文化产业投融资方式，促进龙头企业做大做强。

（二）推动多产业融合发展，加快新兴产业培育

创新是推动文化产业发展的不竭动力。在继续发展传统文化行业的同时，要紧跟市场需求，推动多产业融合发展，促进互联网等高新科技在文化创作、生产、传播、消费等各环节的应用。新形势下，文化产业发展空间前景广阔，要借助“文化+”和“互联网+”战略，深入推进文化与科技融合，文化与制造、建筑、设计、信息、旅游、农业、体育、健康等相关产业融合发展。

大力发展以文化创意和设计服务为核心，互联网信息服务、文化软件服务、专业化设计服务等为依托的新兴产业，提升动漫、游戏、创意设计、网络文化等新兴文化产业发展水平，促进文化科技成果转化。

（三）扩大有效供给，推动文化产业转型升级

扎实推进文化产业供给侧结构性改革，以创新供给带动需求扩展，创新文化产品和服务供给方式，优化文化产品和服务供给结构，提升文化产品和服务供给质量，扩大文化产品和服务的有效供给，满足人民群众日益增长、不断升级和个性化的精神文化需求和文化产业发展新需求。

（四）加强人才培养，为产业发展提供有力支撑

人才一直是制约文化产业升级转型和又好又快发展的重要因素之一。随着文化产业的发展，许多新业态的出现对人才培养提出更高要求。要尽快实施发展文化产业的人才工程，大批量培养和引进各种层次文化产业专家和经营管理人才，培养具有认识、开发、经营文化资源的眼光、魄力、能力的文化产业人才，为文化产业发展提供强有力的人才支撑，为振兴文化产业提供有力保障。只有这样才能够适应更多的业态发展和更快的产业发展，满足社会需求。

习近平总书记在党的十九大报告中指出：没有高度的文化自信，没有文化的繁荣兴盛，就没有中华民族的伟大复兴。为文化产业发展确立了新的航标，文化在国民经济与社会发展中的重要性日益提升。

宁夏文化产业发展现状分析报告

鲁忠慧

一、宁夏文化产业发展现状

2016年，宁夏文化产业实现增加值74.36亿元，增长14.5%，比上年提高3.9个百分点，文化产业增加值占地区生产总值（GDP）比重为2.35%，比上年提高0.12个百分点；全区规模以上文化及相关产业法人企业99家，比上年增长2.1%，从业人员1.18万人，增长1.7%；文化产业固定资产投资额达140.95亿元，比上年增长18.3%，增速比全社会固定资产投资高9.7个百分点。2015年，宁夏文化产业实现增加值64.94亿元，增长10.6%，占GDP的比重为2.23%，文化产业法人单位为10421个，规模以上文化企业97个，规模以下文化企业为2883个，个体户为7441户，从业人员为8万多人，文化及相关产业固定资产投资近120亿元。

（一）基于宁夏视角的全区文化产业发展现状

从年度数据变化看全区文化产业纵向发展情况，主要用宁夏文化产业发展情况系列表来反映。

1. 从近5年来文化产业增加值、年增长速度以及所占地区GDP的比重的数据看全区文化产业的发展趋势

近5年来，全区文化产业总体规模持续扩大，保持着稳定的发展态势，

作者简介 鲁忠慧，宁夏社会科学院文化研究所所长、研究员。

逐步成长为深化宁夏供给侧结构性改革的重要助推力量。全区文化产业增加值自2012年的51.7亿元增加到了2016年的74.36亿元，占GDP的比重自2012年的2.12%增至2016年的2.35%，增长了0.23个百分点，如表1所示。

表1　2012—2016年宁夏文化产业增加值、年增长速度及所占GDP比重情况

年度	生产总值年增长速度(%)	文化产业增加值(亿元)	年增长(%)	占GDP比重(%)
2012	11.5	51.7	—	2.12
2013	9.8	54.54	5.5	2.13
2014	8.0	58.73	7.7	2.14
2015	8.0	64.94	10.6	2.23
2016	—	74.36	14.5	2.35

2. 从近5年来宁夏文化产业法人单位及从业人员的数据看全区文化企业以及吸纳就业人员的情况

近5年来，宁夏文化产业法人单位自2012年的6713个增至12246个，增加了5533个，年均增长约1100个，吸纳就业人员年均在6万多人，如表2所示。

表2　2012—2016年宁夏文化产业法人单位及从业人员情况

年度	文化产业法人单位数(个)		年增长速度(%)	从业人员(人)	年增长速度(%)
2012	6713(含个体和产业活动单位)		—	—	—
2013	—		—	—	—
2014	10087	规模以上:69 规模以下:2815 个体:7203		60987	—
2015	10421	规模以上:97 规模以下:2883 个体:7441	3.3	80448	31.9
2016	—	规模以上:99 规模以下:— 个体:—	—	11800	—

3. 通过3年分类别的文化产业增加值及构成数据看文化产业10大类分别对全区文化产业发展的贡献率

根据宁夏统计局所提供的2012年、2014年和2015年的权威数据看，以文化软件服务、广告服务、设计服务为主的文化创意和设计服务和文化

信息传输服务的新兴文化产业呈现快速增长趋势，“互联网+”的效应不断释放，成为文化产业融合发展巨大的推动力量；新闻出版发行服务传统文化产业转型升级成效明显，广播电影电视服务、工艺美术品的生产发展迟缓；文化休闲娱乐服务持续稳定发展；文化相关产品的生产活力不足，先进文化装备制造生产能力和带动效应亟须提高。

表3 2012年、2014和2015年分类别宁夏文化产业增加值及构成情况

类别名称	增加值(亿元)					
	2012年	构成(%)	2014年	构成(%)	2015年	构成(%)
合计	46.71	100.0	58.73	100.0	64.94	100.0
一、文化产品的生产	40.6	86.92	52.57	89.5	56.21	86.56
(一)新闻出版发行服务	4.81	10.31	7.69	13.1	10.84	16.69
(二)广播电影电视服务	6.86	14.67	5.92	10.1	6.85	10.55
(三)文化艺术服务	4.15	8.89	6.33	10.8	4.44	6.84
(四)文化信息传输服务	3.8	8.18	6.27	10.7	1.94	2.99
(五)文化创意和设计服务	10.28	22.02	13.58	23.1	16.43	25.30
(六)文化休闲娱乐服务	9.1	19.48	11.84	20.2	14.49	22.31
(七)工艺美术品的生产	1.57	3.37	0.94	1.6	1.22	1.88
二、文化相关产品的生产	6.1	13.08	6.16	10.5	8.73	13.44
(八)文化产品生产的辅助生产	1.92	4.11	3.94	6.7	5.50	8.47
(九)文化用品的生产	4.19	8.97	2.01	3.4	2.94	4.53
(十)文化专用设备的生产	—	—	0.21	0.36	0.29	0.45

说明：2012年数据不包括个体户和产业活动单位。

4. 从近2年的文化产业行业增加值及2015年增长速度看不同行业推动全区文化产业发展

如表4所示，全区文化产业增加值的主要推动力是文化服务业的企业，其增加值占宁夏文化产业增加值的50%，文化制造业企业年增长速度最快，预示着文化企业未来的发展方向。

5. 从近3年文化产业法人单位构成数据看宁夏文化企业结构及行业结构的情况

如表5所示，宁夏文化企业近3年来总体上持续增长，规模以下文化企业和个体户是全区文化企业中的强势力量，规模以上文化企业明显偏弱。文化制造业企业数增长较快，文化批零业企业和文化服务业企业数稳定增长。

表 4 2014—2015 年宁夏文化产业行业增加值及 2015 年增长速度情况

行业	2014 年	2015 年	年增长速度(%)
全区文化产业增加值(亿元)	58.73	64.94	10.6
文化制造业增加值(亿元)	4.53	6.39	41.1
文化批发和零售业增加值(亿元)	3.50	4.15	18.6
文化服务业增加值(亿元)	50.70	54.40	7.3

表 5 2014—2016 年宁夏文化产业法人单位构成情况

名称	单位数(个)		
	2014 年	2015 年	2016 年
合计	10087	10421	12246
(一) 规模以上	69	97	99
制造业	16	22	21
批零业	24	22	20
服务业	29	53	58
(二) 规模以下	2815	2883	—
制造业	244	230	—
批零业	399	457	—
服务业	1614	1625	—
事业单位	268	274	—
其他单位	290	297	—
二、个体户	7203	7441	—

6. 从 2015 年 5 市文化产业增加值以及各市所拥有的文化企业数看各市文化产业的发展实力和竞争力

如表 6 所示，以文化产业增加值和规模以上文化企业数看，显然银川市是推动全区文化产业发展的重要力量，从文化产业增加值所占 GDP 的比重看，中卫市后发优势明显。一般而言，文化产业发展竞争力是与地区经济发展水平相一致的，经济发展基础好的地区，文化产业的发展具有先天优势，竞争力就强，反之，则弱。

表 6　2015 年、2016 年宁夏 5 市文化产业发展情况

地区	2015/2016 年增加值(亿元)	2015/2016 年构成(%)	2015/2016 年文化产业增加值占 GDP 比重(%)	2015/2016 年规模以上文化企业数(个)
全区总计	64.94/74.36	100.00	2.23 /2.35	97/99
银川市	43.59/49.91	67.12/67.12	2.94 /3.08	62/66
石嘴山市	4.85/5.56	7.47/7.48	1.01 /1.08	4/4
吴忠市	5.95/6.81	9.16/9.16	1.47 /1.54	13/11
固原市	3.32/3.8	5.11/5.11	1.53 /1.58	7/7
中卫市	7.23/8.28	11.13/11.14	2.28/ 2.44	11/11

7. 从国家级的文化产业示范园区、示范基地数据看全区文化企业的竞争实力，从自治区级文化产业示范园区、示范基地以及示范户的数据看全区在推动文化企业成长、促进文化产业集聚化、集群化发展的持续性的实践路径情况

国家文化产业示范园区、示范基地是国家为培育文化产业市场主体，增强文化企业发展活力，发挥骨干文化企业的示范、窗口和辐射作用，不断提高我国文化产业总体实力和竞争力的一个重要举措。自 2004 年至 2014 年，国家级文化产业示范（试验）园区已先后命名了 5 批，国家级文化产业示范基地命名了 6 批，文化企业能否进入被命名的行列，也成为反映地方文化企业竞争力的一项重要指标。2008 年国家命名了第 3 批 59 个国家级文化产业示范基地，宁夏有了首个国家级文化产业示范基地，2010

表 7　宁夏文化产业示范园区、示范基地以及示范户情况

年度	国家级文化产业示范(试验)园区(个)	国家级文化产业示范基地(个)	自治区级文化产业示范园区(个)	自治区级文化产业示范基地(个)	文化产业示范户(个)
2006 年	—	—		2(首批)	
2008 年	—	1(第 3 批)			
2009 年	—			2(第 2 批)	
2010 年	—	1(第 4 批)		4(第 3 批)	
2011 年				5(第 4 批)	
2012 年	1(第 4 批)	2(第 5 批)			
2013 年				10(第 5 批)	
2014 年	—	2(第 6 批)	4(首批)	13(第 6 批)	37(首批)
2015 年				5(第 7 批)	19(第 2 批)
合计	1	6	4	41	56

年国家命名了第4批70个国家级文化产业示范基地，宁夏有了第2个国家级文化产业示范基地，2012年国家命名了第5批59个国家级文化产业示范基地，宁夏被命名了2个国家级文化产业示范基地和1个国家级文化产业示范（试验）园区（第4批被命名了4个），2014年国家命名了第6批71个国家级文化产业示范基地，宁夏有2个国家级文化产业示范基地，截至2016年，自治区共有6个国家级文化产业示范基地和1个国家级文化产业示范（试验）园区。

自治区级文化产业示范园和示范基地的命名活动，自2006年开始到2015年共命名了7批41个示范基地，1批4个示范园和2批56个示范户。

8. 从“十一五”时期以来自治区党委、政府出台的文化产业政策情况看自治区顶层设计对全区文化产业发展引导与推动情况

自2007年至2012年自治区党委、政府共出台了7个与文化产业相关的《意见》《规划》，如表8所示，特别是2009年出台的《关于加快宁夏文化产业发展的若干政策意见》具有一定的标志性意义，该《意见》从财税、投融资、土地、人才、奖励六个方面提出了具体的实施措施。

表8 “十一五”以来自治区党委、政府出台的与文化产业发展相关的政策情况

年度	政策名称
2007	《关于进一步加强全区文化建设的意见》
2008	《关于进一步深化文化体制改革的意见》
2008	《关于推动文化大发展大繁荣的意见》
2009	《关于加快宁夏文化产业发展的若干政策意见》
2010	《关于进一步加强宁夏文化产业金融服务工作的意见》
2011	《关于做强做大文化旅游产业的决定》
2012	《宁夏文化产业发展“十二五”规划》

9. 自治区财政资金对文化产业发展的支持情况

自治区财政对宁夏文化产业自2001—2015年支持27815万元，2016年支持4300万，2017年计划支持1500万。自2009年以来，自治区设立了文化产业发展专项资金，财政拨付资金从每年1000万元增至每年1500

万元；自治区财政用于奖励自治区文化产业示范园、文化产业示范基地以及示范户的资金为2014年200万，2016年200万。奖励标准为每个示范园区20万元，每个示范基地10万元，每个示范户2014年2万元，2016年5万元。

说明：以上表1—表8数据来源于自治区统计局网站、《宁夏文化蓝皮书》、自治区财政厅以及自治区文化厅等。

（二）基于全国视角的宁夏文化产业发展水平

从全国及各省市区文化产业增加值及所占GDP比重的比较看宁夏文化产业发展水平，2014年，我国文化产业增加值占GDP比重为3.76%，比上年增长12.1%，北京文化产业增加值占GDP比重8.45%，位列全国首位，宁夏文化产业增加值占GDP比重为2.14%，比上年增长7.7%，宁夏文化产业增加值占GDP比重低于全国1.62个百分点，低于北京6.31个百分点，年增长速度低于全国4.4个百分点；2015年，我国文化产业增加值占GDP的3.97%，比上年增长11%，北京文化产业增加值占GDP比重13.4%，位列全国首位，宁夏文化产业增加值占GDP比重为2.23%，比上年增长10.6%，宁夏文化产业增加值占GDP比重低于全国1.74个百分点，低于北京11.17个百分点，低于西部首位四川（约4%）约1.77个百分点，低于西北首位陕西（3.95%）1.72个百分点，年增长速度低于全国0.4个百分点。根据下面表9和表10数据可以看出，2015年宁夏文化产业增加值位于全国第25名，GDP占比在全国暂列第22名。

表9　全国部分省区文化产业增加值对比表

排名	地区	2015年文化产业增加值(亿元)
1	广东	3648.8
2	江苏	3167
3	北京	3072.3
4	上海	3020
5	浙江	2490
6	山东	2481
7	湖南	1714.12
8	四川	超1200
9	河南	1111.87

续表

排名	地区	2015 年文化产业增加值(亿元)
10	福建	1050
11	河北	959.76
12	湖北	853.78
13	安徽	833.71
14	天津	超 800
15	陕西	711.93
16	重庆	540
17	黑龙江	482.7
18	内蒙古	432
19	云南	425.05
20	广西	424.22
21	贵州	344
22	山西	268.65
23	甘肃	157.09
24	海南	110.29
25	宁夏	64.94
26	青海	54.76

数据来源于《“十三五”文化产业要成支柱 各地如何立下“军令状”》，中国经济网，2017-6-27。

表 10 全国部分省区文化产业占 GDP 比重对比表

排名	地区	2015 年文化产业占 GDP 比重(%)
1	北京	13.4
2	上海	12.1
3	湖南	5.9
4	浙江	5.81
5	广东	5.01
6	天津	5.0
7	江苏	4.97(江苏文化厅数据)
8	福建	4.1
9	四川	约 4
10	陕西	3.95
11	山东	3.94
12	安徽	3.79
13	重庆	3.4

续表

排名	地区	2015 年文化产业占 GDP 比重(%)
14	河北	3.22
15	黑龙江	3.2
16	云南	3.12
17	河南	3.0
18	海南	3.0
19	广西	2.52
20	内蒙古	2.42
21	青海	2.27
22	宁夏	2.23
23	山西	2.1
24	湖北	—
25	贵州	—
26	甘肃	—

数据来源于《“十三五”文化产业要成支柱 各地如何立下“军令状”》中国经济网，2017-6-27。

二、宁夏文化产业发展的困境

现阶段，谈到文化产业发展的问题和发展困境，无论是文化产业发展领先地区还是文化产业发展落后地区，普遍存在的问题不外乎：一是文化企业规模小，文化企业大多是中小微企业，市场主体散小弱，由此带来的文化产业增加值所占 GDP 比重不高；二是文化企业发展遇到的资金问题——财政资金支持力度不大、融资难；三是文化产业发展地域间的不平衡的问题；四是文化产业结构不合理；五是缺乏文化产业的高端人才，如复合型人才，即既懂管理又善经营的人才；六是文化产品“走出去”的能力弱，文化对外贸易额偏低，在文化产业增加值的占比低；七是政策与制度创新薄弱；八是文化产业新兴业态发展相对滞后，文化与科技结合度低，如 VR、AR 技术等，这些问题和发展困境也是宁夏文化产业发展中遇到的问题和需要消解的困境，与文化产业发展领先地区相比，宁夏由于自身经济基础薄弱，这些问题表现出的程度更深，对文化产业发展的影响更为突出。宁夏文化产业发展中的这些问题具体表现为：

（一）文化产业增加值占 GDP 比重偏低的问题（以 2015 年和 2016 年数据为例）

2015 年，宁夏文化产业增加值占 GDP 比重低于全国（3.97%）1.74 个百分点，低于北京（13.4%）11.17 个百分点，低于西部首位四川（约 4%）约 1.77 个百分点，低于西北首位陕西（3.95%）1.72 个百分点。2016 年，宁夏文化产业增加值占 GDP 比重（2.35%）低于全国 4.14%的 1.79 个百分点。

（二）文化企业规模小，文化企业大多是中小微企业，市场主体散小弱，竞争力不强的问题（以 2014 年、2015 年数据为例）

2014 年宁夏规模以上文化企业（69 个）和规模以下文化企业（2257）为 2326 个；北京规模以上文化企业（3820 个）和规模以下文化企业（91263）为 95083 个；四川规模以上文化企业（1004 个）和规模以下文化企业（16642）为 17646 个；陕西规模以上文化企业（553 个）和规模以下文化企业（13976）为 14529 个。

（三）宁夏地域之间文化产业发展不平衡的问题（以 2015 年宁夏 5 市文化产业数据为例）

2015 年全区文化产业增加值 64.94 亿元，其中银川市为 43.59 亿元，占 GDP 比重 2.94%；石嘴山市 4.85 亿元，占 GDP 比重 1.01%；吴忠市 5.95 亿元，占 GDP 比重 1.47%；固原市 3.32 亿元，GDP 比重 1.53%；中卫市 7.23 亿元，占 GDP 比重 2.28%。

（四）文化产业结构不合理的问题（以 2015 年全区文化产业增加值数据为例）

2015 年，全区文化产业增加值 64.94 亿元，其中文化制造业增加值为 6.39 亿元，文化批发和零售业增加值为 4.15 亿元，文化服务业增加值为 54.40 亿元。文化服务业增加值占比过高，文化制造业增加值占比过低。传统业态多，新兴业态少。

（五）文化产业人才结构失衡

文化产业从业人员队伍中缺乏高端人才，如复合型人才，即既懂管理又善经营的人才少，一般人才过多，如传统娱乐业、经营性从业人员偏多，创意和设计人才、文化制造业技术人才，以及新兴业态专业人才偏少。文化产业从业人员的知识结构、能力结构、年龄结构等都存在与文化产业发展要求不相适应的问题。

（六）文化产品“走出去”的能力弱，文化对外贸易额偏低，在文化产业增加值中的占比极低，参与国际竞争实力弱

近年来，随着改革开放的推进，宁夏对外文化贸易不断拓展、特色更加明显，2016年，宁夏骨干国有文化企业以及民营文化企业，在影视类对外文化贸易和出版类对外文化贸易取得了一些新进展，但对外文化贸易额极低的状况，亟待进一步拓展。这里以国家2007年开始每2年评选并发布的《国家文化出口重点企业目录》和《国家文化出口重点项目目录》，可以看出宁夏文化产品对外贸易之端倪。为培育一批国际文化市场竞争主体，鼓励、支持和引导各种所有制文化企业开拓国际市场，培育和发展一批实力雄厚的外向型文化企业，使之成为文化出口的主导力量，2007年商务部会同财政部、中宣部等有关部门开始每年1次的评选并发布的《国家文化出口重点企业目录》和《国家文化出口重点项目目录》，截至2015年已发布了5次，在这两个《目录》中的企业和项目。可以得到国家在资金、金融以及税收等方面的支持。宁夏在2015年发布的《国家文化出口重点项目目录》中终于有所突破，宁夏智慧宫文化传媒有限公司的中国—阿拉伯国家中阿文互译及版权交易平台项目和宁夏网虫信息技术股份有限公司的动漫、电子产业国际会展项目名列其中，而《国家文化出口重点企业目录》还有待于宁夏文化企业去突破。

三、对繁荣发展宁夏文化产业的路径思考

市场主体力量的强大即文化企业的实力与竞争力的强弱是繁荣发展文化产业的核心和关键所在，因此，繁荣发展宁夏文化产业的对策应该围绕推动和促进文化企业的发展壮大来进行思考。自治区十二次党代会报告提出要大力实施创新驱动战略，并指出“越是欠发达地区，越需要实施创新驱动。宁夏的发展不足，从深层次看，主要是创新不足”，因此，发展宁夏文化产业关键也在创新。

（一）以创新驱动的理念，尽快谋划出台宁夏“十三五”时期文化产业的发展规划，以顶层设计的主导性思路，推动宁夏文化产业的发展

据不完全统计，截至2017年8月，已有24个省（区、市）发布了26份文化“十三五”规划，其中山西、湖南、云南三省发布了两份。已发布省区市有北京、天津、河北、山西、内蒙古、辽宁、吉林、上海、江苏、浙江、安徽、福建、江西、湖北、湖南、广西、海南、重庆、四川、贵州、云南（未披露全文）、西藏（未披露全文）、甘肃、青海，暂未发布的省（区、市）有黑龙江、山东、河南、广东、陕西、宁夏、新疆。关于2020年的发展目标，其中有16个省（区、市）明确提出文化产业占GDP的比重，北京、天津、河北、辽宁、安徽、福建、江西、湖北、四川、云南、甘肃、江苏12省（区、市）明确提出到2020年使文化产业成为支柱产业，北京提出让文化创意产业占GDP的比重达到15%左右，内蒙古、广西、重庆、青海4省（区、市）则提出，到2020年，让文化产业增加值占GDP的比重达到4%或以上，还有一些省（区、市）虽没有明确提出数据要求，但也对文化产业的发展提出了相应的要求。鉴于此，应尽快制定出台切实能指导宁夏文化产业科学健康发展的规划。宁夏文化产业发展的顶层设计、顶层规划，应该立足宁夏文化产业的发展实际，放眼未来文化产业发展趋势，尽量是建立在大数据基础上的设计与规划。同时要改变只注重中长期规划，而忽视文化产业操作性强的政策、机制的制定，要探索出台具有创新性的操作性强的政策、制度，要将宏观发展的顶层设计与中微观的操作性强的政策、制度的制定相结合，形成文化产业完整的政策、制度体系。

（二）以创新驱动的理念，持续改善宁夏文化企业发展中的资金困境

根据北大文化产业研究所的调研结果，我国文化产业发展面临的问题有57类，其中资金不足最为关键。主要表现在：文化建设资金缺口巨大；文化企业间接融资困难、支持面很窄，总体上僧多粥少；民间资本与外资观望的多，实投的少；地方文化产业项目招商引资还在告急；等等。毋庸置疑，资金的短缺同样也是制约宁夏文化企业繁荣发展的瓶颈。

因此，为了缓解宁夏文化企业发展的资金困境，政府与企业应该协同予以解决，政府要发挥好引导和服务文化企业的作用。首先，要用好文化产业发展专项资金，并要加大资金投入量。在财政政策方面，自治区设立了文化产业发展专项资金，由于资金量不大，又存在资金使用方式单一、效率难以评估等问题，对文化产业引导和促进作用并不显著，因此，要建立从管理、使用以及评估等办法用好文化产业发展专项资金的机制。学习和借鉴中央文化产业发展专项资金的使用模式，破解长期困扰文化产业发展专项资金难以发挥重要作用的问题。2016年财政部下达44.2亿元文化产业发展专项资，首次实行“市场化配置+重大项目”双驱动模式，除保留部分资金继续用于落实党中央、国务院和宣传文化部门确定的重大政策、项目外，将逐步引入市场化运作模式，通过参股、基金等方式提高资源配置效率。同时要加大文化产业发展专项资金的支持力度，增强文化产业主管部门对产业发展的引导和扶持职能。青海2015年省财政安排下达省级文化产业发展专项引导资金1亿元，2017年6月设立了20亿元的青海文化产业发展基金；陕西省财政自2012年开始每年安排5亿元文化发展基金，并逐年增加。在宁夏资金能力有限的情况下，要集中财力，支持大项目和好项目的发展，让有限的财政资金发挥四两拨千斤的作用。其次，发挥好自治区文化产业投融资公司的作用。融资难仍是制约文化企业瓶颈，特别是中小微文化企业发展的突出问题。目前银行信贷仍是小微文化企业的主要融资渠道，自治区文化产业投融资公司要发挥对小微文化企业支持的作用。再次，以机制的健全，加大和发挥好财政资金对文化产业示范园以及示范基地、示范户的奖励力度，以此促进小微文化企业的成长。最后，探索创新建立由政府主导的市场化运作的文化金融公共服务平台，即“文化金融服务中心”，统揽有关文化金融合作及服务的有关事宜，使之可以快速运转起来，通过引导、项目对接、信息服务、业务培训、信用增进、资金支持等方式服务于文化企业和金融机构；建议有条件的地区尽快探索建立文化金融合作实验区，引导和促进各类资本参与文化金融创新，建立文化金融合作发展的创新机制；探索建立文化产业的引导基金，引导和促进社会资本进入文化产业等，为文化企业创造有利于发展的资本市场环境。

文化企业也要发挥好自身的能动作用。首先，积极全面掌握国家关于文化产业发展的方针政策，积极申请各部各委与文化产业发展的相关项目，从不同渠道争取资金，缓解企业资金难题。如中央文化产业发展专项资金、文化与科技融合提升计划项目、国家文化出口重点企业及重点项目、国家级文化产业示范（试验）园区、示范基地的申报等。其次，中小微文化企业要继续积极创造进入创业板、新三板直接融资的企业实力，截至 2017 年 2 月，宁夏有 59 家新三板企业（中国证券监督管理委员会宁夏监管局网站），其中有像盛天彩数字科技有限公司、宁夏网虫信息技术股份有限公司、宁夏希望信息产业股份有限公司、宁夏凤翔九天影视文化传媒股份有限公司等这样的文化企业共 8 家，约占新三板挂牌企业的 14%，占比很低。

总之，要通过资本的力量、政府的力量、平台的力量去帮助在文化产业链上不同节点的文化企业，帮助这些文化企业打通链条，协同创新、协同创业，能够共创价值和共享价值。

（三）进一步完善和细化已有的文化产业政策，给文化产业发展创造良好的政策环境，继续保持宁夏文化产业发展驱动力较强的势头

文化产业发展驱动力是衡量一个地区文化产业发展水平的指标之一，根据中国人民大学公布的研究数据，宁夏文化产业发展驱动力排名如下表所示。

表 11 中国省市文化产业发展指数（2014 年）得分及排名情况

排名	综合指数		生产力指数		影响力指数		驱动力指数	
1	北京	82.1	广东	83.9	上海	84.7	北京	83.5
2	江苏	81.1	江苏	80.8	江苏	84.6	辽宁	81.5
3	浙江	79.7	山东	80.8	北京	83.6	青海	80.3
4	广东	79.6	北京	79.1	浙江	83.6	宁夏	80.1
5	上海	78.8	浙江	78.3	广东	79.7	西藏	78.9
6	山东	77.7	四川	76.8	湖南	79.0	江苏	78.0
7	辽宁	77.2	上海	76.1	山东	78.1	浙江	77.1
8	河北	75.2	河北	75.7	江西	77.6	山西	76.5
9	湖南	75.1	河南	74.9	辽宁	76.5	河北	76.5
10	江西	74.2	辽宁	73.8	安徽	76.3	上海	75.4

说明：数据来源于《中国省市文化产业发展指数报告》(2015)，中国人民大学出版社，2015 年。

驱动力指数排名靠前说明在产业发展环境方面，宁夏由于政府的高度重视与支持，公共环境较好，产业面貌在迅速优化，发展势头值得期待。

自治区应继续保持文化产业发展驱动力强势势头，进一步完善作为公共环境重要内容的文化产业政策。要在深刻领会国家出台的《关于推进文化创新和设计服务与相关产业融合发展若干意见》《关于深入推进文化金融合作的意见》以及《关于支持小微文化企业发展的意见》等文件所制定的系列经济政策，进一步完善和细化2009年《关于加快宁夏文化产业发展的若干政策意见》，该政策出台已8年，需要进一步完善、健全相关的扶持政策，如财税、土地及煤、水、气、电价格等方面如何减负的问题，这些政策针对性强，也是企业关注度高的内容。

（四）从宁夏文化产业发展的亮点，寻找文化产业发展的突破点

1. 以“一带一路”建设为契机，以中阿博览会为重要平台，做强中阿文互译出版产业

目前宁夏智慧宫文化传媒有限公司在这个方面已经具备了一定的影响力和实力，2015年该公司的中国—阿拉伯国家中阿文互译及版权交易平台项目进入了国家文化出口重点项目，自治区应该重点推动和扶持该企业做大做强，以此作为自治区文化“走出去”的突破口，逐步形成自己的产业特色，推动中阿文化产业的发展。自治区应对进入国家重点出口企业或项目的自治区这类文化企业给予相应的奖励或贷款贴息等方式进行鼓励。推动文化产品“走出去”。

2. 以银川市举办的WCA赛事为切入点，推动宁夏游戏产业的发展

虽然电竞只是游戏产业消费端的一环，但2015年中国电竞用户已达1.24亿，总产值达269.1亿元。乐视、腾讯、网易、完美、暴雪等纷纷把电竞赛事提上日程，电竞俨然已成为吸引资本追逐的一大产业。自2014年银川市政府主办WCA赛事以来，在WCA赛事的带动下，银川的游戏产业集群效应在业界崭露头角，“电竞之都”也成为银川新的城市名片。2014年，WCA获银川市财政投资6000万元，2015年WCA奖金达到1亿元，2016年总奖达2亿元，远超国内同类赛事，历届WCA赛事通过30家直播平台的合作，观看人次已达到2.8亿。自治区应该大力支持这一赛事，从

而带动相关产业的发展。

（五）制定文化产业人才培育、引进的顶层规划

发展文化产业，人才是关键要素。自治区政府既要从宏观层面又要从微观视角，制订出文化产业人才培育规划，用财政资金支持文化产业人才的培育、引进。以高端创意设计、经营管理人才为重点，加强对文化产业人才的培养和扶持。结合文化产业发展的顶层设计，从文化企业现阶段和未来发展以及不同类型的企业对人才的需求，培育、扶持和引进文化产业发展人才。

宁夏文化市场发展报告

郭虎林　崔忠良

近年来，全区文化市场管理领域深入贯彻中央和自治区关于文化改革发展和政府职能转变的一系列决策部署，牢牢把握社会主义先进文化方向，坚决维护国家文化安全和意识形态安全，围绕建立统一开放、竞争有序、诚信守法、监管有力的现代文化市场体系，一手抓促进行业发展与繁荣，一手抓加强市场执法与监管，文化市场呈现出繁荣稳定的发展态势。

一、文化市场发展与管理综述

文化市场主体不断壮大。截至 2017 年 11 月，全区共有各类文化经营场所（单位）7200 余家，银川市 2637 家，占 36.5%，石嘴山市 1021 家，占 14.,1%，吴忠市 1160 家，占 16.1%，固原市 1577 家，占 21.9%，中卫市 758 家，占 10.5%，宁东基地 63 家，占 0.90%。区域发展趋于协调，首府银川市带动作用进一步增强。从主体类型情况看，民营经济占绝大多数。已经形成了网吧市场（上网服务业）、娱乐市场、艺术品市场、演出市场、电影市场、印刷复制市场、出版物市场、音像市场、网络文化市场等市场门类。其中，网吧市场 988 个、娱乐市场 1470 个、艺术品市场 1147 家、

作者简介　郭虎林，宁夏文化厅文化市场综合执法管理局局长；崔忠良，宁夏文化厅文化市场综合执法管理局副调研员。

印刷复制市场1780家、出版物市场606家、演出市场264家、电影市场50家，形成一定市场规模，对于促进文化产品生产，扩大文化消费内需，发挥了积极作用。根据2016年度文化市场经营机构基本情况综合年报，统计文艺表演团体、演出场所经营单位、演出经纪机构、娱乐场所、经营性互联网文化单位、互联网上网服务场所（网吧）、艺术品经营机构专项信息，被统计文化经营场所（单位）2025家，从业人员10118人，资产总计312883万元，营业收入90092万元。

行业发展环境进一步优化。深化“放管服”改革，释放活力，激发动力，着力构建宽松便捷的市场准入环境，规范有序的市场竞争环境，推动文化市场持续健康发展。一是简政放权，降低准入门槛。落实权责清单制度，制定文化行政权力清单和责任清单及动态管理办法。深化行政审批制度改革，2013年以来，取消行政审批事项6项、下放4项、调整合并26项，承接国务院下放的文化行政审批事项11项，取消非行政许可事项。落实文化市场主体准入“先照后证”制度，将文化系统12项审批事项由前置审批改为后置审批。二是公正监管，促进公平竞争。加强事中事后监管，制定《宁夏文化市场“双随机一公开”实施细则（试行）》《宁夏回族自治区文化市场经营场所分级管理评定办法（试行）》，推行“双随机、一公开”工作，实施文化市场分级管理。建设文化市场信用体系，制定《宁夏回族自治区文化市场黑名单管理工作实施细则（试行）》，在全区推行文化市场黑名单制度。创新文化市场监管方式，发挥行业协会自我管理、自我监督、自我发展的作用，形成文化市场“执法+协会”管理模式，文化部在宁夏召开全国文化市场综合执法形势研讨会，向全国推广“执法+协会”文化市场管理经验和做法。三是高效服务，营造便利环境。适时修订《文化市场行政审批办事指南》，推行行政审批标准化工作，梳理政务服务事项目录，规范审批事项要素，开展预约上门服务，依法公开审批信息，“不见面”审批超过90%。

行业转型升级持续推进。在上网服务行业方面，2015年转型升级工作全面深入推进，按照文化部、工商总局、公安部、工业和信息化部《关于加强执法监督　完善管理政策　促进互联网上网服务行业健康有序发展的通知》和《文化部关于推动互联网上网服务行业转型升级的意见》精神，在全区进行上网服务场所管理长效机制试点，全面放宽行业准入政策，积极引导推进转型升级，宣传推广典型经验做法，行业发生显著变化，场所环境明显改观，服务水平明显提高，从政策推动变为行业的自觉行动，全区涌现出一批“转型升级示范店”，在县城也能看到优美亮丽的“网咖”。在文化娱乐行业方面，在总结上网服务行业转型升级工作的基础上，2015年第四季度启动文化娱乐行业转型升级工作，引导经营场所游戏内容益智化、健身化、技能化，鼓励企业通过增加投入、改造服务环境、丰富经营业态、扩大消费人群、参与公共文化服务，促进行业提质增效、健康发展，支持综合娱乐场所建设，扩大文化市场惠民消费。

文化市场管理体制逐步健全。积极推进文化市场综合执法改革，贯彻落实中央和自治区党委关于加快深化文化体制改革的新要求，根据自治区编委会《关于全区文化市场综合执法机构设置等有关事项的通知》（宁编发〔2011〕23号）精神，撤销自治区文化市场行政执法总队，设立自治区文化市场综合执法管理局（自治区文物执法大队），五个地级市设立文化市场综合执法（支）队，县级均未设立文化市场综合执法机构，由县（市、区）文化行政主管部门直接执法。自治区文化市场综合执法管理局为文化厅内设机构，吴忠市为行政单位，银川、石嘴山、固原三市为参公单位，中卫市为事业单位。文化市场队伍日益壮大，各项制度日趋健全，文化市场管理和“扫黄打非”工作体制机制不断完善。2017年7月21日，自治区党委办公厅、人民政府办公厅印发《关于进一步深化文化市场综合执法改革的实施意见》（宁党办〔2017〕69号），明确了文化市场综合执法改革的基本原则、总体目标、重点任务和保障措施，确定了文化市场管理的定位、方向和举措。11月份，吴忠市和石嘴山市出台了改革实施方案，积极推动改革政策落实落地。

文化市场监管能力稳步提高。加强综合执法队伍建设，全面加强思想政治建设、党风廉政建设、作风纪律建设、业务能力建设，推动严格规范公正文明执法。建立健全区、市、县常态化培训机制，按照《文化市场综合执法队伍业务技能训练考核大纲》要求，开展经常性业务技能训练。认真落实省级全员培训责任，每年举办全区文化市场综合执法培训班，开展全员集中培训，利用在线考试培训系统开展线上培训。加强师资队伍建设，在培训中提高师资能力，2 名自治区级执法师资入选文化部师资库。落实中西部地区执法能力提升计划，建立对口交流协作机制，积极与广东、河南两省开展文化市场综合执法对口交流协作培训，提升基层执法办案能力。执法办案连年取得新突破，2016—2017 年，石嘴山市联合公安部门办理的“聚众淫乱和传播淫秽色情案”“散发法轮功宣传品案”和“制作、传播邪教、政治类非法出版物案”连续两年被全国“扫黄打非”办公室列为全国督办案件；2016 年，石嘴山市“周某等 8 人盗窃文物案”、中卫市“海原县墩墩梁烽火台遭破坏案”分别荣获文化部 2015—2016 年度全国文化市场“十大案件”和“重大案件”；2017 年，中卫市“在文物保护单位的保护范围内进行建设工程或者爆破、钻探、挖掘等作业案”荣获文化部 2016—2017 年度全国文化市场“重大案件”。

综合执法信息化建设加快推进。深入推广应用全国文化市场技术监管与服务平台，加强与各有关行政部门信息系统的衔接共享，行政许可与行政执法实现在线办理。加快宁夏文化市场智慧监管平台建设，研发互联网上网服务营业场所统一监管系统，通过在线监测措施，屏蔽非法网页游戏、非法网站、过滤网络黑名单音乐。启动宁夏文化市场双随机抽查评级公示系统，随机抽查事项达到文化市场监管执法事项的 80%。研发手机版现场移动执法系统，在全区推行文化市场移动执法，运用信息技术对执法流程进行实时监控，提升综合执法效能。吴忠、中卫两市建设文化市场远程监控系统，从主要依靠人工巡查向人工巡查与技术监管相结合转变。

文化市场经营秩序逐步规范。大力加强文化市场监管。牢固树立底线意识，以互联网上网服务场所、娱乐场所、出版物市场为重点，加强日常巡查、安全生产监督检查，积极开展专项整治行动，突出重要节点和重点领域监管，严厉打击违法违规行为，坚决取缔无证照经营场所，互联网上网服务场所接纳未成年人现象得到有效遏制，校园周边文化市场经营秩序明显好转，保护未成年人的合法权益。2014 年，自治区公安厅、文化厅、工商行政管理局联合下发《关于进一步加强游艺娱乐场所管理严厉打击赌博游戏机违法犯罪活动的通知》，大力开展“铲赌患、正风气”专项整治行动，群众广泛关注的游艺娱乐场所涉赌问题得到全面根除。深入开展“扫黄打非”。以“扫黄打非”五大专项行动为抓手，严查严管政治性、宗教性、淫秽色情等非法有害印刷、销售出版物行为，规范印刷复制企业的经营行为。强化综合执法指导监督。认真履行执法指导监督职责，组织开展文化市场暗访抽查、交叉执法检查、重点任务督查、大案要案督办，建立督查动态通报和跟踪监督落实机制，全面落实文化市场管理工作任务，行业面貌发生了积极而深刻的变化。

二、文化市场行业发展形势分析与发展趋势预测

近年来，文化市场营商环境逐步优化，市场投资活力持续激发，小微企业活力迸发，新登记市场主体数量和资本总额总体保持增长趋势，文化市场新业态、新主体、新产品层出不穷。上网服务，2014 年，全面放开行政审批，场所数量和上网终端保有量激增，在网吧市场竞争加剧、优胜劣汰的背景下，经过近两年的快速增长后开始加速萎缩，2017 年减少近 350 家，减少近 30%，行业进入衰退期。通过行业转型升级、多元化经营增添了一定活力。文化娱乐，歌舞娱乐行业，总体处于良性发展状态，市场进入饱和状态，同时面临其他行业跨界竞争压力。部分餐饮场所（餐厅、火锅店、烧烤店、酒吧）出现多业态经营的行为，在提供餐饮服务的同时，在场所的包间内设置歌曲点唱系统提供娱乐点唱服务，银川市有 1000 余家，全区有 1400 余家，市场竞争加剧，促进行业转变经营方式、改造服务环境、提高服务质量。游艺娱乐行业，单体游戏娱乐场所基本退出市场，游艺娱乐场所以规模化经营为主力，市场主体多出现在大型商业体及人群相对集中的休闲区，营业面积在 500—1000 平方米，呈现多种设备融合经营的发展趋势，设有面向年轻人的娱乐和电玩机型、适合老年人的娱乐机型，并出现 VR 影片体验、VR 游戏体验、迷你唱吧等新模式，目前全区有近 20 家，社会消费支出不断增加，营业收入保持平稳增长，用互联网思维提升用户体验成为行业转型趋势。网络文化，互联网文化经营单位 2016 年前共有 6 家，现有 22 家，企业数量增长较快。其中，国有资本 1 家，以数

字传媒为主业，民营资本21家，涉及网络游戏经营、网络游戏开发、网络表演等业务，总体处于起步发展阶段，投资规模小，市场地位不高，市场前景看好，在规范中良性发展。艺术品经营，市场规范程度不高，假货泛滥，诚信缺失，严重阻碍市场健康发展，受经济增长速度放缓影响和线上交易冲击，市场持续萎缩，巨大市场潜力有待释放。营业性演出，以个体演员在餐饮、酒吧演出形式居多，大型营业演出比较少，总体市场规模不大，发展比较平稳。电影放映，与全国同步进入电影票房高速发展期，银幕数量持续增长，随着居民消费水平上升、城市化进程的深入，市场需求加大，电影市场还有较大发展空间。印刷复制，印刷企业500家占比28%，银川市280家，超过一半，大型企业多居于主要城市；打字复印店1280家占比72%，小微企业居多，市场总体持续萎缩，受互联网传输和网络产品冲击大。出版物，以教辅教材经营为主，教辅类保持较快增长，图书实体书店市场规模出现小幅下降，受网上书店影响明显。音像制品，市场极度萎缩，数字音乐催生了一个新的音乐时代，随着网络音乐市场规模增长，传统音像市场将逐步被网络视听产品所取代。

三、宁夏文化市场发展中存在的主要问题

文化市场体系建设还不够完善。近年来，自治区党委、政府立足小省区办大文化，深入实施文化强区战略，不断深化文化发展改革，大力推进文化资源与市场对接，文化市场持续繁荣发展，文化软实力大幅提升。取得成绩的同时应该看到，与发达地区相比，宁夏现代文化市场体系建设还处在起步阶段，从城乡居民文化需求快速增长的趋势看，文化领域的有效供给还不适应需求，供给短缺的矛盾还比较突出，文化产品和要素市场发育还不完善，存在文化消费潜力释放不够，文化产品流通和服务渠道还不畅通。

文化市场发育还不够健全。在7000多家文化经营单位之中，没有一家在全区有一定影响力的连锁企业和叫得响的文化品牌，既缺乏广泛认同的精品力作和拳头产品，也缺乏质优价廉的大众文化产品，不少文化产品在消费环节遭受冷遇，难以获得应有的市场价值。市场还是以传统行业为主，

市场主体还比较弱小，网络文化行业还处于起步阶段，文化市场发展不平衡，新型文化业态市场影响力明显不足。

文化市场管理体制不健全。市级文化市场综合执法机构编制数量少，县级均未设立文化市场综合执法机构，由县（市、区）文化行政主管部门直接执法，执法力量明显不足。文化市场综合执法改革推进较慢，只有两个市出台改革实施方案。面对快速发展的市场，文化市场管理部门存在理念不适应、市场管理方式和手段创新不足、公共服务质量不高等问题。

四、对繁荣发展宁夏文化市场的路径思考

党的十九大报告指出，健全现代文化产业体系和市场体系，创新生产经营机制，完善文化经济政策，培育新型文化业态，为推动文化市场繁荣发展指明了方向。

建立健全现代文化市场体系。构建统一开放、竞争有序的现代文化市场体系，成为在社会主义市场经济条件下文化改革发展的重要内容和决定性因素。发展文化产业是丰富人民精神文化生活、提升国家文化软实力的重要途径，文化市场的繁荣发展，归根结底是经济社会的发展。加强对文化市场发展的宏观调控，在制订发展规划上发挥战略导向作用，加快发展各类文化产品和要素市场，打破条块分割、地区封锁、城乡分离的市场格局。

增强文化市场主体竞争力。增强文化市场主体竞争力，完善文化市场准入和退出机制，鼓励多元文化企业充分竞争、自主发展，建立充满富有生机活力的文化市场。以骨干优势企业为依托，以市场为导向，以资本为纽带，鼓励文化企业开展跨地区、跨行业、跨所有制兼并重组，培育大型文化企业集团和文化产业集群，提高文化产业规模化、集约化、专业化水平。深入实施“互联网+”战略和“文化+”行动，激发文化产业发展的内生动力，推进文化与科技、旅游、金融等产业融合，培育新型文化业态。

扩大非公有制文化企业发展空间。降低社会资本进入门槛，鼓励社会资本参与国有经营性文化企业改革，扩大技术、品牌、知识产权等生产要素投资参股份额，在信贷、土地、税收、融资、专项资金等方面给予和国

有资本同等的支持。扩大非公有制文化企业准入领域，鼓励非公有制文化企业参与网络出版，文化艺术中介等领域，构筑多元资本、多元主体共同发展的文化市场主体格局。落实国家和自治区关于扶持小微型企业健康发展政策措施，通过项目扶持、资金奖励、融资担保、贷款贴息等举措，培育一批具有发展潜力的品牌文化企业。

建立多层次文化产品和要素市场。健全多层次文化产品市场。在发展传统文化产品市场载体平台的同时，加快建设依托网络平台的新兴文化产品市场、面向不同受众群体的分众化消费市场，扩大农村文化市场，优化文化产品流通渠道，降低文化产品物流成本。建设多层次文化要素市场。以现代产权制度为依托，积极推进产权、版权、人才、技术、信息等文化生产要素市场建设，不断提高文化生产要素市场运行的便利化、规范化、法治化程度。加强各类文化行业协会等行业管理组织建设，优化版权代理、文化经纪、评估鉴定、技术交易等文化市场中介服务，保障文化市场主体高效有序运行。

优化文化市场发展政策环境。发挥政策在宏观调控、市场监管和制度建设等方面的作用。保护多元文化市场主体公平竞争、依法自由发展。加大公共财政投入和政策扶持力度，健全推广公共文化服务政府采购制度，优化资源配置方式。在扶持优势企业和精品生产的同时，向中小文化企业和重点消费群体倾斜。完善文化企业人才评价、技术创新鼓励政策，健全以市场为基础、兼顾经济效益和社会效益的文化产品评价体系，改革评奖制度，全方位调动文化精品创作生产的积极性和创造性，推动优秀文化产品大量涌现。

深化文化市场综合执法改革。自治区党委政委出台《关于进一步深化文化市场综合执法改革的实施意见》，是自治区党委、政府贯彻落实中共中央办公厅、国务院办公厅印发的《关于进一步深化文化市场综合执法改革的意见》（中办发〔2016〕20号）精神的具体举措。按照坚持党的领导、坚持依法行政、坚持分类指导、坚持权责一致的基本原则，通过深化改革，建立权责明确、监督有效、保障有力的文化市场综合执法管理体制，维护文化市场秩序，推动社会主义文化繁荣兴盛。

宁夏文化产业投融资发展报告

焦连新

文化产业作为新经济常态下的经济和现代产业发展的新亮点，在我国经济社会发展全局中的地位日益凸显。党的十八大以来，自治区党委、政府认真贯彻落实党中央、国务院决策部署，围绕“将文化产业发展成为国民经济支柱产业”战略目标，全力推进“文化强区”战略。通过深化文化体制改革，加大政策扶持力度，加快园区（基地）建设，实施重大项目引领，培育特色文化品牌，促进文化与金融、科技、旅游融合发展等措施，加快发展文化产业，促进产业结构优化升级，提高规模化、集约化、专业化水平，扩大和引导文化消费，提高文化产业发展质量和效益。全区文化产业呈现出良好发展态势。

一、打造文化产业投融资平台，助推宁夏文化产业发展

宁夏文化产业投融资公司的成立是为促进和推动宁夏文化产业快速发展，是自治区党委、政府贯彻十八大精神、落实自治区第十一次党代会部署的重要举措。公司自 2012 年成立以来，按照自治区党委、政府安排部署，深入贯彻“文化强区”战略，打造“三平台、一主体”，有效发挥投融资平台和战略主体功能，支持全区文化产业发展的投融资平台作用和引领

作者简介　焦连新，宁夏文化产业投融资有限公司总经理。

示范文化产业快速发展的重要作用会日益凸显。

（一）融资平台

一是2013年12月，公司与中信银行合作，共同发起设立了“宁夏文化旅游产业种子基金”，主要为全区文化旅游企业提供融资担保。截至2016年年底，累计为中华回乡文化园二期工程、华夏河图——黄河艺汇、新科动漫3D电影《西夏权杖》等重点文化项目和50余家中小微企业提供融资支持逾15亿元。二是与石嘴山市政府，共同引入中国光大集团旗下控股子公司——光大兴陇信托有限责任公司，按照“政府引导，市场化运作，封闭管理，专款专用”的原则，合作发起设立“石嘴山文旅产业基金”。基金规模为2.005亿元，专项用于“煤城·记忆”文化旅游景区项目二期工程建设。三是联合宁夏产业引导基金管理中心、北京正阳富时投资管理有限公司及5家民营企业，共同发起设立股权投资基金——宁夏文创基金，主要对区内优质品牌企业、拟上市企业及文化旅游科技企业进行股权投资。基金总规模10亿元，初始规模2.7亿元，2015年11月开始正式运营。

（二）信用平台

公司充分发挥自治区级信用平台的作用，对全区重点文化产业项目提供金融信贷所需的信用保证，使全区重点文化项目顺利实施。2012年为中华回乡园二期工程提供了3000万元贷款支持和3.7亿元信用担保，为其工程顺利进展提供了强有力的保障；为宁夏艺术学校新校建设提供贷款担保，同时还为新科动漫等十多家企业和项目提供信用服务。今后，公司将继续发挥好信用平台的作用，加强同金融机构合作，在支持中小文化企业发展的同时重点扶持培育3—5家文化企业成为龙头骨干企业。

（三）投放平台

自治区创新财政扶持企业发展资金投入方式，通过宁夏文化产业投融资公司等平台投放，改“拨”为“投”，对自治区重点项目和工程释放财政支持功能，进行市场化运作，保障国有资产保值增值。2012年，自治区政府通过公司投入500万元与北京金洋湖影视公司联合拍摄反映人民音乐家王洛宾艺术人生的27集电视连续剧《歌海情天》，2014年10月在央视8套黄金时段播出；在自治区党委统一部署和宣传部精心组织下，公司共计出资4000余万元投资拍摄纪录片《神秘的西夏》（10集）、《贺兰山》（6集）和《六盘山》（8集），作为项目制片人，全面负责纪录片的资金筹措、服务协调、市场运行及项目的后续开发；《神秘的西夏》和《贺兰山》分别于2015年3月和2017年1月在中央电视台科教频道黄金时段播出，播出后社会反响强烈，取得良好社会效益，《六盘山》作为自治区成立60周年献礼工程正在拍摄当中，预计2018年10月在央视播出。

（四）投资主体

公司作为自治区文化产业重要的市场主体，主要采取一是信贷支持，对全区文化企业和项目提供融投资服务；二是以参股、控股形式进行投资合作，在对全区文化企业进行支持和发展中，实现公司自身的快速扩张和壮大。公司盘活存量资产，开发建设“西夏文化创意创业产业园”，园区占地54亩，建设面积约10万平方米，投资概算5亿元。该园区是集教育培训、创意创业、4K院线、动漫游戏、书城和商品展销、休闲娱乐为一体的大型综合体。目前进入拆迁安置阶段并准备开工建设。此外，公司还打造了宁夏文化旅游精品，实施惠民项目，即成立了宁夏文化旅游品开发公司，聚集区内的民间艺人创意、研发、营销剪纸、刺绣等一批具有地方民族特色、富有文化内涵的产品，在隆德县、惠农区等贫困地区建立生产加工基地，带动500多名农民进行生产，增加农民收入。

二、宁夏文化产业投融资中存在的主要问题

宁夏文化产业发展起步较晚，发展基础薄弱，文化企业小、弱、散现象比较突出，融资难、融资贵的瓶颈问题还没有得到根本解决。主要原因：一是投资大、周期长、见效慢等原因，抑制了投资主体的投资意愿；二是文化企业轻资产的特性，资金实力较弱，缺少对版权、著作权、商标、专利技术等无形资产的评估、质押、登记、变现等配套管理办法和专业机构，无法实施抵押或担保，致使融资费用高、周期短、手续繁杂；三是民间资本进入文化领域的渠道不畅，文化企业融资成本过高。

全区文化企业规模以上文化企业占比极低，绝大多数为中小微企业，企业经营发展过程中，急需大量资金、多样化的信贷产品给予支持。据不

完全统计，自治区重点文化产业项目如华夏河图、中华回乡文化园二期、三沙源国际旅游度假区、新科动漫等项目及石嘴山“煤城记忆”文化旅游景区等五市规划的重点文化项目所需资金规模约500亿。因此，努力拓展融资渠道，提高融资能力，提供多元化的融资产品，是宁夏在推进文化产业快速发展过程中需要迫切解决的问题。

三、对加快宁夏文化产业投融资发展的思考

《中共中央关于制定国民经济和社会发展第十三个五年规划的建议》明确提出“推动文化产业成为国民经济支柱性产业”的战略目标。自治区第十二次党代会提出“深化文化体制改革，加快推进文化产业发展，培育文化新兴业态，打造一批有实力、有活力、有竞争力的骨干文化企业”，党的十九大报告中提出要“健全现代文化产业体系和市场体系，创新生产经营机制，完善文化经济政策，培育新型文化业态”，在不同层面上为文化产业发展进行了宏观的安排部署。因此，努力构建多元化、多层次、多渠道的文化产业投融资体系，在全社会形成支持文化产业发展的氛围，为促进宁夏文化产业快速发展，实现与全国同步建成全面小康社会目标具有重要的现实意义。

（一）加大政策扶持力度，贯彻落实好文化产业发展的相关政策

宁夏先后出台了《做大做强文化旅游产业的决定》《关于加快文化产业发展的若干政策意见》，《关于进一步加强文化产业金融服务工作的意见》及相关促进文化产业发展的文件和政策，这些政策为推进宁夏文化产业快速发展起到了重要作用。但在贯彻执行中，依然存在着资金投入、土地、税收、人才引进等政策难以落实或落实不到位的问题。建议自治区加大政策落实、落地力度，在已出台支持文化产业发展政策的基础上，针对性的制定配套措施、实施细则等，在财政、税费、土地等方面给予专项资金支持、税费减免或返还、财政贴息、以奖代补等多种方式，努力造就促进文化产业加快发展的政策环境。另一方面要结合贯彻宁夏“两区”建设和打造国家向西开放“桥头堡”的需要，要充分运用国家赋予宁夏在政策上“先行先试”的鼓励政策，持续实现政策创新的“小杠杆”撬动文化产

业“大发展”的目标，更好地发挥政策引领、推动发展的作用。

（二）实行银政企联动

由于文化产业轻资产、重创意、无形性、周期长等特点，文化旅游企业可抵押实物资产少、社会上对无形资产的评估体系尚不健全，投资回收期长，这就造成文化旅游产业贷款难、融资难。有效破解这一难题，需要政府、银行、企业间构筑起信任、合作、互利的协调机制，一是金融机构要开发出适应文化旅游产业特点的金融产品，降低门槛，为企业提供优质高效的服务；二是要逐步建立健全无形资产评估体系和风险保障机制，拓宽融资渠道，为文化产业发展注入活力。

（三）拓宽文化产业融资方式，扩大文化企业的直接融资规模

1. 股权融资

⑴ 文化产业引导基金。按照自治区人民政府《关于设立政府产业引导基金促进产业加快发展的意见》要求，设立文化产业引导基金，按照“政府引导、市场导向、防范风险、滚动发展”的原则，吸引社会资本投资文化产业。

⑵ 文化产业私募股权投资基金。在政府设立的文化产业引导基金基础上，联合国有企业，吸引民营企业和基金管理公司，发起设立私募股权投资基金（如目前已投入运营的由文投公司发起设立的宁夏文创品牌基金），对宁夏文化产业、地方特色优势产业和品牌企业进行股权投资。

⑶ 上市融资。扶持资产质量优良，发展前景广阔的文化企业申请在主板、中小板、新三板及区域性股权交易中心挂牌交易。拓宽直接融资渠道，降低融资成本。

2. 债权融资

⑴ 银行贷款。针对文化产业特性，降低贷款标准，简化流程和手续。通过流动资金贷款、项目贷款、无形资产评估贷款、经营权（收益权）质押贷款等方式提供贷款支持。

⑵ 债券融资。力推文化企业通过债券市场融资，支持符合条件的文化企业通过发行企业债、集合债和公司债等方式融资。积极为中小文化企业通过发行短期融资券、中期票据、集合票据等方式融资提供专业服务。

对于运作比较成熟未来现金流比较稳定的文化产业项目，可以以优质文化资产的未来现金流收益权等为基础，探索开展文化产业项目的资产证券化业务。

(3) 种子基金。由政府或国有企业出资设立专项资金，与金融机构合作开展信贷业务，按比例放大资金使用规模，对全区文化企业提供贷款支持。例如文投公司发起设立的“宁夏文化旅游产业种子基金”，按照 1:10 的比例（7 亿资金规模）办理保证金账户监管手续，为宁夏符合标准的文化企业提供融资担保。

3. 一揽子融资

对于列入国家和自治区重点规划和支持的文化产业项目，可综合利用多种金融业务和金融产品，推出信贷、债券、基金、担保和再担保、保险等多种金融工具相融合的一揽子金融服务，做好重点文化产业项目建设各阶段融资方式的衔接。

（四）引导民间资本进入文化领域

国家鼓励民间资本以投资、控股、参股、并购、重组、项目合作等多种方式，积极参与国有文化企业转企改制。民间资本参与国有文化企业转企改制，应享受国家扶持文化企业发展的相关优惠政策。扶持鼓励改制职工、名家能人、乡土人才、非遗传承人、专业技术人才辞职创办文化企业。进一步降低市场准入门槛，鼓励支持中小民营文化企业向文化产业园区和基地集中，向“专、特、精、新”方向发展，在立项审批、投资核准、项目招投标、政府采购、评比表彰、申请专项资金、享受税收优惠、申报国家级文化产业示范园区和国家文化产业示范基地等方面与国有文化企业享有同等条件。

（五）培育国有文化骨干企业，切实增强文化产业投融资发展动力和活力

着力培育以文化产业战略投资主体强势带动、国有骨干文化产业集团重点支撑、民营文化企业互补互促，以公有制为主体、多种所有制共同发展的文化产业发展格局。做大做强宁夏文化产业投融资公司。以增加实物资本运作和财政注资为主要资金来源，以银政企合作联动、社会资本和品牌企业投资入股合作等多种方式扩大资金规模，以文化产业重大项目投资、贷款融资担保、产权产品评估交易为主要职能和运营手段，通过资本撬动、项目带动、市场运作，推动文化产业跨行业、跨地区、跨所有制资源整合重组、规模经营，把宁夏文化产业投融资公司打造成为立足宁夏、面向全国、上市融资的宁夏最大文化产业投融资平台和战略投资主体。

（六）进一步促进文化产业融合发展

当前，宁夏文化产业已具备一定的规模，一批骨干文化企业已经涌现，文化产业正处于快速发展时期。要按照自治区党委、政府“抓转型、调结构”的战略部署，加强文化产业与旅游、体育、科技、信息、金融等产业深度融合发展。积极发展文化旅游，促进文化艺术精品创作、地域特色文化产品、文化遗产和非物质文化的保护传承与旅游相结合。利用互联网思维，催生新业态，促进文化创意、动漫等新兴产业发展。支持文化产业数字化产品融入科技、通信、传输服务、信息集成、装备制造等领域。支持金融、保险、经纪、版权交易等为文化产业提供专门性服务的行业快速成长。

宁夏葡萄酒产业与旅游业融合发展的思考

陶雨芳　张红梅

党的十九大提出“把人民对美好生活的向往作为奋斗目标”。全域旅游发展有利于旅游业在人民创造美好生活的伟大征程中发挥更大作用。全域旅游既是新时代旅游发展理念和模式，也是当前国家旅游发展的基本战略。

随着宁夏全域旅游的不断推进，宁夏正以创建全域旅游示范区为抓手，把旅游业融入经济社会发展全局。同时，伴随着宁夏贺兰山东麓葡萄酒产业的发展，宁夏贺兰山东麓因地理特征、资源禀赋和鲜明特色日益成为区域产业经济的增长点和文化新名片。在党的十九大精神指引下，旅游产业与葡萄酒产业作为宁夏的两大特色优势产业，均以千亿产业为发展目标，二者以其共同具备的一、二、三产高度融合特征及复合价值，以“葡萄酒+旅游”“酒庄搭台，旅游唱戏”的结合方式释放出独特的体验价值和文化魅力。葡萄酒产业旅游作为由葡萄产业、旅游产业、文化产业逐渐融合而生的一种新型特色旅游，在全域旅游时代更加体现为一种美好的生活方式，在宁夏区域经济和人民健康生活协调发展中发挥着日益重要的作用。

作者简介　陶雨芳，宁夏旅游投资集团有限公司总经理，博士研究生；张红梅，北方民族大学管理学院教授，硕士生导师。

一、宁夏葡萄酒产业与旅游融合发展的现状

宁夏贺兰山东麓葡萄酒产业旅游发展优势凸显。首先，产业特色鲜明，可依托资源丰富，产业发展基础良好。贺兰山东麓产区已列入世界葡萄酒地图，是业界公认的世界上最适合种植酿酒葡萄和生产高端葡萄酒的黄金地带之一。截至2017年底，全区酿酒葡萄种植面积达57万亩；全区已建成酒庄86个，年产葡萄酒近10万吨；酒庄接待游客40万人次，为生态移民提供就业岗位12万个以上，综合产值超过200亿元。其次，列级酒庄制度引领行业标准。贺兰山东麓作为中国第一个同时也是唯一一个实行了列级酒庄制度的产区，目前共有列级酒庄36家，其中三级酒庄3家，四级酒庄11家，五级酒庄22家。再次，葡萄酒品牌知名度美誉度高。在2017年《品醇客》、布鲁塞尔葡萄酒大赛等国际赛事上，产区葡萄酒囊括奖项150个，获奖总数500多个，产区品牌蜚声海内外。自2014年“宁夏贺兰山东麓葡萄酒地理标志”成功注册以来，已经有近20家酒庄获批使用地理证明商标。“宁夏贺兰山东麓葡萄酒”以品牌价值140.96亿元入选《2016中国品牌价值评价信息发布》。最后，贺兰山东麓葡萄酒文化旅游长廊是贺兰山国家级风景道的重要组成部分，且位于宁夏全域旅游发展的核心区域。

二、宁夏葡萄酒产业与旅游融合发展中存在的主要问题

（一）葡萄酒业发展旅游的自我意识和能力有待提高

一是产业融合的观念滞后时代发展。葡萄酒企业（酒庄、酒厂、体验店等）普遍存在“酒香不怕巷子深”的观念占据主导地位，未能有效针对游客需求通过旅游产品及渠道的开发与旅游业对接。二是即使有的酒庄与旅游对接了，也处于初步培育阶段，普遍存在旅游形式单一、服务接待跟不上的问题。三是葡萄酒业与旅游业融合发展的专业人才欠缺。既懂酒业又懂旅游的专业人才、营销人才等复合型人才严重缺位。

二是葡萄酒产业举办的节会，在规模、市场吸引力、品牌影响力等方面有待提高。近几年宁夏举办过的贺兰山东麓葡萄酒展藤节、葡萄酒设备技术展览会、国际葡萄酒博览会、自酿节、“醉美味、中国行”等展会活

动，但影响力、社会效益与经济效益等方面都有待于进一步提升。

三是葡萄酒业与健康休闲、智慧旅游等的融合度极低，很大程度上制约了葡萄酒业与旅游业的发展。

（二）葡萄酒业开发的旅游产品单一，旅游商品性价比差

因产业运作水平低，资源转化为产品和品牌的能力有限，导致宁夏葡萄酒旅游商品同质化、规模小，衍生产品不足、性价比差、附加值低，盈利能力低。如目前的酒庄旅游主要体现为短时间的观光、游览，偶尔配以雷同讲解下的品鉴，个别酒庄少有的采摘体验也会因鲜食葡萄园的设置短缺、服务短缺而受影响。各酒庄旅游路线同质化的设计，酒窖参观——葡萄园观光采摘——品鉴成为各酒庄的常规雷同线路。另外，受酿酒葡萄品种、灌装生产线所限，目前大多数酒庄的旅游商品以同质化的葡萄酒产品为主，主要体现为常规750mL瓶装形式，葡萄酒原料缺乏多样化品种、类型和包装。酒庄工作人员重视推广价格高的获奖酒产品，而忽视了百元左右亲民化旅游产品的推广，从而导致游客重游度、满意度、忠诚度低。

（三）葡萄酒业与旅游融合发展中文化内涵挖掘不深，葡萄酒文化的大众普及度不高

葡萄酒业+旅游文化，包含深厚的自然生态文化、历史人文文化、社会文化、精神文化等，通常需要由品牌故事、独特个性及配套服务来体现。目前宁夏近200家在建葡萄酒庄内，建成并产酒10年以上或种植树龄15年以上的酒庄不到20家，如贺兰晴雪、巴格斯、西夏王、贺兰山、类人首、御马等品牌拥有一定的历史人文底蕴，其他大多数新建酒庄缺乏文化的积累和挖掘。部分酒庄凭借其国际获奖酒品牌酒的酿造工艺、品种价值、种植文化来进行文化传播，但仅限于少数葡萄酒圈内专业人士或高端定制类游客，而针对大众游客的葡萄酒文化知识如酿酒品酒侍酒常识、酒俗酒礼等并未受到重视和实践。目前各酒庄的导游讲解水平也参差不齐，缺乏应有的个性化和规范化。

（四）葡萄酒业与旅游融合发展的活力不足，缺乏整体营销的自觉意识

目前只有少数酒庄如张裕摩塞尔十五世酒庄、玉泉国际酒庄、巴格斯酒庄、贺东庄园、志辉源石酒庄等具有较为规范的旅游服务能力并参评为3A、4A景区，纳入了宁夏旅游营销体系。大多数酒庄的旅游景区参评意识不足，并受葡萄酒采摘季、榨季生产以及服务人力、交通等方面的制约而影响了旅游接待。2016年宁夏旅游接待国内游客突破2100万人次，而产区酒庄旅游接待人次仅达35万，这说明宁夏的葡萄酒旅游市场空间潜力很大，葡萄酒庄不应仅仅注重酒的销售，“紫色名片”不应仅是葡萄酒本身的品牌，更应利用好旅游载体，在“葡萄酒+旅游”方面大做文章，通过整合营销，调动葡萄酒旅游产品、价格、渠道、促销、公共关系各方面因素，发挥市场倍增效应，通过旅游带动葡萄酒品牌吸引力和影响力，从而构建以葡萄酒为特色的旅游目的地的形象。

（五）葡萄酒业与旅游融合发展的基础设施亟待完善

目前宁夏拥有银川市（西夏区、贺兰、永宁）、石嘴山市、青铜峡市、红寺堡区、农垦系统等五个葡萄酒子产区。葡萄酒旅游公共设施与基础设施建设尚不完善，“吃住行游购娱”方面的旅游设施支持力明显不足，旅游线路尚未融入贺兰山东麓旅游廊道体系。如目前建设的葡萄酒试验示范区主要针对6大类（水利、电力、防护林、道路、酒庄、葡萄园）基础设施项目进行建设，有关旅游的配套设施明显不足。现有酒庄普遍缺乏旅游专线廊道、自驾车廊道、低碳旅游绿色廊道等。在公共服务设施方面，在主要的产区葡萄酒旅游节点或酒庄内缺乏旅游集散中心、游客服务中心、旅游餐厅、旅游厕所、旅游购物场所、旅游标识标牌的建设。葡萄酒旅游信息网络平台尚未形成。

三、加快宁夏葡萄酒业与旅游融合发展的路径选择

（一）挖掘葡萄酒产业旅游资源潜力，形成葡萄酒旅游产品优势和品牌优势

1.科学编制葡萄酒与旅游融合发展的专项规划，指导葡萄酒业与旅游融合发展的产品开发

“十二五”贺兰山东麓葡萄酒+旅游专项规划应由自治区旅发委、葡萄产业发展委员会发起，宁夏旅游投资集团参与，由银川市政府牵头各葡萄

酒子产区的市县旅游局、葡萄酒局等联合编制。邀请国内优质规划企业或研究机构共同为贺兰山东麓葡萄酒+旅游发展制定总体规划，用于指导下一步系统性开发和建设。首先，有关旅游酒庄及酒庄集群的建设规划应与全域旅游统筹并行，其空间布局、功能分区、产品设计、营销规划应与旅游相融合，避免同质化、单一化和盲目投资，形成“一庄一品”“一镇一品”“一区一品”。其次，有关葡萄酒旅游线路产品的规划需要将酒庄看作景区并和周边景点相结合，形成各区域联动并各具特色的长短组合、纵深组合的葡萄酒特色旅游线路。有关葡萄酒旅游商品的开发规划需要将葡萄酒看作旅游产品并注重衍生开发，打造具有实用性、便携性、纪念性、艺术性的葡萄酒系列旅游商品。有关葡萄酒旅游节庆会展产品规划应充分融合农业、工业、文化、健康、金融服务、新兴信息技术等产业。再次，需进一步完善葡萄酒旅游公共服务设施（旅游集散中心、文化展示中心、旅游交通、旅游厕所、道路标识等）及酒庄基础设施的规划和建设。指导各旅游酒庄编制葡萄酒旅游详细规划，如有关“食住行游购娱”基础设施的建设规划需要和自身的建筑风格、地域特色文化、接待容量相匹配。

2. 结合地域文化，深度挖掘葡萄酒文化内涵，将资源优势转化为品牌优势

葡萄酒旅游文化建设既是一项长远的工作又迫在眉睫。结合宁夏的世界遗产——引黄古灌区的农耕文化以及丝路文化、红色文化、西夏文化、边塞文化、民俗文化等多元文化，以大旅游的视角，将地域文化与葡萄产业的自然景观文化（风土、生态）、人文景观文化（葡萄小镇、酒庄建筑、园林）、社会文化（品酒、酿酒、侍酒、饮食、服饰、民俗、宗教）和精神文化（艺术、文教）等有机结合并深度挖掘，形成旅游吸引力、差异化、主题性和多样性。如在西夏区镇北堡依托大贺兰山文化旅游带打造具有影视文化、民俗文化、温泉养生文化、西夏文化特色的葡萄酒小镇；在青铜峡产区打造具有黄河文化特色的葡萄酒小镇，在红寺堡打造具有移民文化特色的葡萄酒小镇。通过旅游载体引领和传播具有地方特色的葡萄酒旅游文化及生活方式，逐步形成品牌影响力。

（二）加强葡萄酒业与旅游产业的融合，培育依托葡萄业的健康休闲的旅游新业态

1. 加强葡萄酒旅游的内部融合

做好葡萄酒酒庄与旅游景区的相互延伸，通过进一步整合优化旅游资源，加强工农业旅游示范园区、庄园旅游景点、循环型景观生态园的开发，设置科学合理的功能区，如展示区、采摘区、体验区、酿制区、品尝区、文化交流区、接待区等，开发各区域旅游项目，“从田间到餐桌”延伸产业链、“从葡萄与葡萄酒到枸杞、蔬菜、花卉、药材、茶等”丰富和衍生产品种类，拓展其葡萄酒文化旅游功能，提升旅游消费的品位与层次，从而将传统旅游景点、葡萄酒庄或基地打造为全功能服务型的新型旅游景点。

2. 加强葡萄酒旅游产业与文化、健康、商贸、会展、科技、金融等产业的外部重组融合和渗透融合

一是依托贺兰山东麓葡萄产业带的种植园、精品酒庄及主题小镇，整合打造若干个新型葡萄酒文化旅游集聚区，开发一批特色旅游线路。如围绕贺兰山东麓“避暑”“避霾”“避寒”的健康旅游资源优势，依托苏峪口国家森林公园、镇北堡瑞信小镇、檀溪谷温泉度假区、凤凰花溪谷生态农业园区等开发葡萄酒康养休闲小镇，打造“养生、养心、养老、养颜、养疗”系列葡萄酒健康休闲旅游品牌。依托并整合现有旅行社推出的特色线路如“酒庄鉴酒骑行游”“沙漠星空美酒游”“美酒穿越心灵之旅”等继续开发观光休闲游、生态乡村游、工业研学游、运动休闲游、康体养生游、美酒美食游、教育科考游、商务休闲游。二是依托葡萄酒博览会、葡萄展藤节、采摘节、自酿节、美酒美食节、葡萄酒旅游文化艺术节、葡萄酒研学旅游月、葡萄酒动漫节等会展平台，实现资源重组，打造葡萄酒文化旅游新业态。三是依托相对成熟的旅游集散地、旅游景区、葡萄酒生产基地或酒庄，建设贺兰山东麓葡萄酒博览中心或文创园，将 VR、AR、全息影像、RFID 追溯等高科技手段渗透应用于酒庄导游、导览、导购领域，带动酒庄科普旅游和研学旅游，传播葡萄酒文化，增强葡萄酒旅游产品的体验性与吸引力。

（三）细分市场，精准定位，开发葡萄酒产业与旅游融合发展的新市场

葡萄产业旅游市场呈现“两头大中间小”的哑铃模式特征，遵循“既亲民又品质”的旅游特征。一方面可倾向于以本地及周边为主的大众化消费市场如宁蒙陕甘地区，重点开发大众亲民式旅游产品如美酒美食类、研学旅游类、生态农庄、田园综合体等。另一方面可倾向于长三角、珠三角、成渝城市群等远程区域开发相对高端定制类产品。比如“一带一路”背景下海上丝绸之路沿线区域、长江流域经济带，以及国内西南部成都、重庆这些重要的葡萄酒消费市场（春糖会、秋糖会重要节点），都可以作为宁夏的重点葡萄酒旅游市场及营销渠道。另外，结合在全国一二线城市设立的贺兰山东麓葡萄酒体验中心，将葡萄酒的销售、美酒美食体验和葡萄酒旅游地接结合起来，实现“葡萄酒线上销售+线下场馆品鉴体验+实地旅游深度体验”相融合的葡萄酒旅游市场推广模式，针对这类市场可以重点开发高端定制产品如旅游民宿类、精品度假类、心灵研修类等。还要关注大众旅游时代下的微度假消费模式，通过“互联网+”“旅游+”“葡萄+”智慧平台，如“宁夏丝路风情智慧旅游”“酒庄惠”“读醉”等本土平台，挖掘并细分消费者行为特征，注重家庭周末短途游、科普教育研学游、探亲访友游、休闲度假游等类型的旅游市场开发，借助智慧载体整合优化旅游资源实现市场良性转化。

（四）提升服务品质，营造文化氛围，打造葡萄酒产业与旅游融合发展的新体验

事实证明，好的酒庄旅游不仅仅在于有好酒，热情大方的庄主、朴实亲和的员工、规范标准的旅游服务和主题鲜明的酒庄特色均能带给消费者流连忘返的惊喜体验。一方面，旅游酒庄需要加强公共服务能力和配套服务能力，靠硬件设施反映服务文化，靠导游员、讲解员、服务人员等软件服务提升服务价值和服务品牌。葡萄酒旅游的精髓在于“将千姿百态的葡萄酒文化传播和产品销售结合在一起”。因此对于不同目的的游客，酒庄的产品设置也应有所区别。例如对于大众化游客，主要提供葡萄酒基础知识的普及讲解；对葡萄酒专业游客，则可以进一步向他们介绍酒庄的种植文化、独特品种及其酿造工艺； 对于高端消费者，可以实行全程“个性化定制”。另一方面，需重视导服人员的葡萄酒文化知识普及及培训支撑，从而做好大众全域旅游时代的文化传播和服务。通过在当地高校葡萄酒专业、旅游专业、葡萄酒学院、旅游学院设置葡萄酒文化普及课堂，增强饭店、景区、旅行社导服人员的葡萄酒文化素养和旅游服务水平。

（五）引领全民美好生活新范式，增强葡萄酒产业与旅游融合发展的核心吸引力，树立特色旅游目的地品牌的新形象

大众全域旅游时代的旅游产品特征体现为“既亲民又品质”。贺兰山东麓需通过特色小镇、共享酒庄田园综合体等模式，引领居民与游客共建共享，美酒融入大众生活的葡萄酒旅游新生活。如充分利用现有的红酒巴士车——环保铛铛车，在核心旅游区面向大众推出葡萄酒旅游公交，以“大众育小众”“小众带大众”的方式，逐步从区内市场扩充至外部市场，从高端市场带动大众市场。

旅游发展最核心的追求是“IP”,葡萄酒旅游的 IP 就是其“核心吸引力”和“文化竞争力”，贺兰山东麓需要通过打造适合的葡萄酒旅游 IP 形象，体现“浪漫葡萄酒+塞上江南”的元素，打造游客参与体验为特色的 IP 鲜明的葡萄酒主题小镇或主题公园，通过吉祥物、微电影、游戏、音乐、文学等创意整合塑造，实施葡萄酒旅游纪念品创意营销，借助智慧旅游网络营销渠道进行整合营销推广及传播。

宁夏媒体融合发展报告

王亚军

近年来，按照中央推动传统媒体与新兴媒体融合发展要求，自治区党委、政府把推进媒体融合作为巩固宣传思想文化阵地、壮大主流思想舆论的战略举措，纳入深化改革领导小组工作计划。自治区主要媒体单位和五市党委宣传部采取多种措施，加快推进传统媒体和新兴媒体深度融合，媒体传播力、引导力、影响力、公信力明显增强，融合发展取得了良好开局。

一、宁夏媒体融合发展的基本情况

截至 2016 年年末，全区有播出机构 21 家，报社 19 家，期刊社 36 家，新闻网站 14 个，备案网站 10729 家，微信公众账号 10 余万个，网民规模达到 339 万，移动互联网用户 602.1 万户，自治区和 5 个地市全部建立了一报（日报）一台（广播电视台）一网（新闻网）。

（一）加强顶层设计，媒体融合发展初见成效

一是高起点规划。按照传统媒体和新兴媒体优势互补、一体发展思路，从 2014 年下半年开始，我们就传统媒体与新兴媒体融合发展和媒体改革进行了专题调研，学习借鉴浙江、河北、湖南、陕西、青海等地先进经验，

作者简介 王亚军，自治区党委宣传部新闻出版处副处长。

起草制订了《推动传统媒体和新兴媒体融合发展的实施意见》，经自治区党委深化改革领导小组第十二次会议研究通过，于2016年5月以自治区党委办公厅、政府办公厅文件印发了《关于推进传统媒体和新兴媒体融合发展的实施意见》，并将宁夏日报报业集团全媒体平台、宁夏广播电视台全媒体平台、中阿新闻文化信息交流服务平台、宁夏报业传媒集团印刷广告物流发行文化产业园、宁夏广电传媒集团智慧家庭云电视及产业大数据中心项目、宁夏广电传媒集团“宽带乡村”工程及中小城市（县）基础网络完善工程项目等一批推进媒体融合和自身发展的重点项目，列入自治区“十三五”规划。文件提出用2—3年时间初步形成媒体融合发展的业务模式，报网融合、台网融合迈出实质性步伐。用3—5年时间，自治区主流媒体的传播力、公信力和舆论引导能力大幅提高。自治区第十二次党代会将媒体融合发展作为推进文化繁荣发展的重要内容，提出“加强舆论阵地建设，加强主流媒体，加快传统媒体和新兴媒体融合发展，打造拥有强大影响力、竞争力的新型主流媒体”的重大部署，为加快推动媒体融合发展打下了坚实基础。2017年年初，自治区宣传思想文化工作会议把媒体深度融合列为“十大工程”之一，做了具体安排部署。

二是融合成效显著。按照习近平总书记强调的“融合发展关键在融为一体、合而为一，要尽快从相‘加’阶段迈向相‘融’阶段，着力打造一批新型主流媒体”的要求，宁夏日报报业集团通过深入分析集团媒体融合发展需求，考察学习发达省区报业集团成功经验，以建设高水平的新闻客户端为重点，全力推进宁夏融合媒体服务云平台、融媒体智能传播服务平台建设，加快推进媒体深度融合发展，着力打造现代媒体传播平台。目前，开通运营了5家网站、1家手机报、50余个微博公众号、24个微信公众号、1个微商城和1个客户端，完成了融媒体智能传播服务平台的基本搭建工作，融合媒体服务云平台已经完成了前期项目设计和项目书制作等工作，正在积极申报立项。截至2017年11月底，宁夏日报客户端下载量3万次；宁夏日报微信公众号粉丝量3.7万，宁夏日报新浪微博粉丝量250万；宁夏新闻网微信公众号粉丝量16万，宁夏新闻网新浪微博粉丝量70万。宁夏广播电视台对播出系统全部升级改造，搭建起了媒体融合发展的技术新平台，并在此基础上不断延展和完善产业链条，形成了涵盖宁夏广电网、IPTV、“红枸杞”手机云平台、微博微信公众平台、微广播微电视、高清互动电视、移动多媒体广播电视等七大新媒体平台，将网络平台与广播电视等传统媒体相互融合，建成了“红枸杞”云平台，开辟了在手机互联网领域经营发展的新窗口，并于2017年4月26日推出基于移动端的新闻网站和客户端——宁夏广播电视台新闻移动网，5市电视台及宁煤电视台正式签约入驻。截至11月17日，宁夏网络广播电视台（含手机站）新闻总点击量达503万次，总的IP点击量达到310多万次；红枸杞手机客户端下载用户数约12万；宁夏广播电视台IPTV播控平台用户超过50万；宁夏广播电视台官方微博粉丝537260；宁夏网络广播电视台微信公众号粉丝36715人，阅读量201841次。5个地级市中，已有4个市整合报、台、网，建立新闻传媒集团或新闻传媒中心，初步实现了信息内容、技术应用、平台终端、人才队伍的共享融通，形成了一体化组织结构、传播体系和管理体制。银川市以报纸、广播、电视、网站、新媒体五大平台为基础，构建5^n现代传播体系。成立以中央厨房为核心的全媒体中心，实现全媒体联动。全媒体编委会负责报纸、广播、电视、网站、新媒体各平台新闻策划、采编指挥协调等各项工作。整合多媒体采编队伍，成立全媒体采集中心和各媒体编辑中心，实现新闻一次采集、多元生成、多平台发布。目前，银川发布的总粉丝量已达35万左右，银川晚报微信公众号进入全国1000强，位列西部榜第四位，位居宁夏地区榜首；石嘴山市整合石嘴山日报社、广播电视台、网络信息中心三家市属新闻媒体资源，成立新闻传媒集团，成立编审委员会、技术委员会、经营管理委员会，形成集团党委领导下的新闻报道、经营发展一体两翼和新媒体技术支撑的管理格局，实现了发展规划、党群、行政后勤、人力资源、计划财务等一体化融合；吴忠市新闻传媒集团的成立已被吴忠市委、市政府作为重点工作进行推进，目前，已将吴忠日报社、吴忠市广播电视台进行整合，正在进行集团的组建和资产清理中；中卫市新闻传媒集团在内容建设、传播手段、体制机制、技术支撑、平台建设、经营收入等方面持续用力、加快融合，取得了显著成效。

（二）以项目建设为纽带，打造融合发展现象级工程

我们将媒体融合作为文化体制改革的一项重要内容，坚持重点突破和整体推进相结合，加强战略统筹和规划引导，以内容建设为根本、主流价值传播为核心、先进技术为支撑、项目建设为抓手、队伍建设为保障，加大投入和支持力度，紧紧抓住采编发流程再造这个关键环节，立足处理好“统”与“分”的关系，分层级构建新型采编发网络。

一是紧紧抓住“中央厨房”建设这个龙头工程，以流程再造为主线，深度整合现有资源，积极吸纳外部有利条件，建设全媒体融合生产和大数据服务平台。宁夏日报报业集团融媒体智能传播服务平台基本搭建工作，已进行内部测试，在自治区第十二次党代会召开前，实现了宁夏日报客户端上线运行。在党的十九大召开前，建成了全媒体指挥调度中心，“中央厨房”正式投入使用；银川市在银川日报社“中央控制室”的基础上，建设成了银川市新闻传媒集团“中央厨房”，初步实现了全媒体策划、全媒体采编联动，特别是在重大主题报道中，银川市新闻传媒集团统一策划、统一调度指挥，充分发挥各类媒体各自优势，全方位、立体化、渐进式进行全媒体联动报道，使全市的重大主题宣传报道声势强、影响力大、效果好；中卫市在组织相关人员到浙江日报社、徐州日报社、淮北日报社、廊坊日报社和人民日报社考察的基础上，积极筹措资金，实施媒体资源调整整合，加快推进“中央厨房”建设，于2017年9月4日，“中央信息厨房”正式投入使用。

二是强化移动优先战略，建设自治区门户级移动客户端，使其成为本土新闻资讯、生活实用服务和交流互动的入口。宁夏日报报业集团加强与全区各类信息化平台的互联互通，以用户为中心提供全方位的跨界融合服务，搭建宁夏24小时不间断信息发布平台和服务型门户客户端的工作部署。以宁报集团移动客户端为龙头，整合集团内所有移动端新媒体，在“准”“新”“微”“快”上下功夫，打造载体多样、渠道丰富、覆盖广泛的，与自治区党委机关报品格和气质相一致的移动传播矩阵。宁夏广播电视台通过手机APP客户端，进一步推进移动传媒平台在电视台的内容集聚，24小时直播所有广播电视节目，并实现主要新闻栏目的分条传播功能。进一步完善广电网和手机 APP 的技术壁垒和内容渠道，健全 APP 报料系统、微信报料系统以及 QQ、电子邮件接收系统等，多渠道全方位接收、编辑记者和网友或市民从现场或新闻制作区发来的视频和图文信息，第一时间上线发布，形成手机 APP 第一时间传播新闻资讯、广播电视深度详尽跟进报道、宁夏广电网二次传播的全媒体传播格局；银川新闻传媒集团与人民网合作，升级改版银川发布手机客户端，在功能上增加了《网络问政》《视频直播》《爱心公益》等栏目，大大提升了银川发布手机客户端的用户黏性，在内容上，把电视、报纸、广播等新闻嵌入客户端中，丰富了客户端内容和资讯信息。

三是拓宽媒体服务、信息服务、政务服务、大数据服务等领域，助推全区媒体融合发展和政务信息公开建设，搭建宁夏融合媒体服务云平台。目前，宁夏日报报业集团的宁夏融合媒体服务云平台已完成了前期项目设计和项目书制作工作，正在积极申报中。宁夏印刷广告物流产业园，一期项目于 2014 年 3 月陆续开工，目前已建设完成，正在进行最后的搬迁收尾工作，二期项目正在推进。宁夏云电视（家庭云一期）项目基础平台已完成建设，于 2016 年 4 月 26 日举行了上线运营发布会，现已具备 200 万家庭用户规模，实现 40 万用户双向点播片源、信息的能力，云电视平台全面向社会推出家庭云电视“六盘云”“睛彩宁夏”等业务，其他项目建设正在积极推进。宁夏融合媒体服务云平台已完成基本系统建设，实现了电视主平台、PC 客户端、手机 APP 客户端、微信公众号、市县分平台的统一部署、个性展示、多渠道多终端融合发布的功能。

（三）以内容建设为本，新闻传播力迅速提升

推动媒体融合发展，在注重技术的同时，我们始终把内容建设摆在十分突出的位置，以内容优势赢得发展优势。

一是再造编采流程，增强宣传实效。自治区新闻媒体和各市媒体积极创新形式和方法，不断增强了新闻传播的实效性和可读性。不断巩固传统媒体在信息权威采集、深度分析解读等方面的优势，加强新媒体的内容创新，破除了传统媒体、新闻网站和新媒体采编发环节的壁垒，建立了采编分离、全媒体生产的运行机制，极大地发挥了全媒体优势，各报、刊、网、微统一行动，形成了多媒体发布、多终端覆盖、立体式传播的强大舆论声势。宁夏日报报业集团尝试打破现行媒体运行模式，破除采编部门相互分割、自成一体的藩篱，去除传统媒体、新闻网站和新媒体采编环节的壁垒，加快推动集团内部新闻产品生产流程再造、采编力量整合和组织架构重建。银川市新闻传媒集团积极打造新闻传播的“联合舰队”，逐步形成了报纸、电视、广播、网站、新媒体五个传播体系、若干传播平台，开启了全媒体策划、全媒体联动报道模式，促进了新闻传播规模和效果的最大化。

二是全媒体联动，传播合力集聚提高。在注重传统媒体发展的同时，各媒体充分发挥各自优势，按照统一策划、统一调度指挥的要求，在新闻报道方面全方位、立体化、渐进式进行全媒体联动报道，极大地提高了主流舆论引导力。宁夏日报报业集团积极推广微博、微信、客户端“两微一端”发布模式，丰富报道方式，满足多终端传播和多种体验需求，自宁报集团中央厨房投入使用以来，宁夏日报客户端，官方微博微信的覆盖面、影响力与日俱增，“吸粉量”已接近170万人，在党的十九大期间制作的H5《为宁夏党代表的好声音点赞》获得了网友们的争相点赞。增强吸引力、感染力。银川市新闻传媒集团实现“先新媒体、网站、广播，再电视、报纸”的发布传播模式，同时以媒体矩阵形式入驻全国性新媒体平台，与人民日报、新华社、央视、腾讯、新浪、今日头条等大型新闻机构新媒体中心合作，形成“一次采集、多元生成、多种产品、多媒体传播”的宣传格局，采编报送的《银川：新产业吸引务工者返乡发展》被中央电视台财经频道知名栏目《经济信息联播》采用播发，极大地提高了宁夏的影响力。

三是机制不断完善，管理模式进一步健全。自治区党委深化改革领导小组把推进媒体融合发展作为深化文化改革的一项重要内容，纳入自治区文化体制改革考核评估机制，建立了自治区推进媒体融合发展工作联席会议制度，由自治区文化体制改革专项小组牵头，自治区党委宣传部、网信办、发改委、经信委、财政厅等部门和宁夏日报报业集团、宁夏广播电视台等主要新闻单位参加，抓好总体部署和项目实施。不断完善政策扶持体系，自治区财政每年根据各项目进度，安排一定比例资金予以支持，并统筹安排自治区信息化建设专项资金，向媒体融合发展重点项目倾斜。同时，健全完善适应媒体融合发展的选人用人机制，加快推进身份管理向岗位管理转变，建立统一的人才管理体系，健全绩效考核体系，完善薪酬分配制度，创新项目用人机制。银川市新闻传媒集团通过打破身份界限，开展竞聘双选工作，为平时表现优秀、能力突出的聘用人员创造竞聘到中层领导岗位的条件和机会，一部分中层领导干部到普通工作岗位工作，实现中层干部竞争上岗、工作人员双向选择岗位的良好竞争局面。通过竞聘双选，实现了干部能上能下。石嘴山市新闻传媒集团抽调骨干采编人员组建成立了全媒体新闻部，培养了一批集采、编、摄、播于一体的全媒体新闻人才。

二、宁夏媒体融合发展中存在的主要问题

客观讲，目前宁夏推进媒体融合发展还只是起步阶段，跟发达地区相比，基础还比较薄弱，面临的挑战也很大，自身还存在着不少问题。

一是高端人才缺乏，培养和引进非常困难。推动融合发展需要引进高水平媒体管理、研发、经营人才，培养本地高层次传媒人才，打破身份界限和体制机制约束，不拘一格使用和选拔人才。宁夏地处西北欠发达地区，由于受发展水平、创业环境、待遇等因素制约，高层次人才引进和培养相对困难，本地培养的优秀人才也多向经济发达省区流动。人才匮乏是影响宁夏媒体融合发展的重要因素。

二是从发展形态看，层次还比较低下。宁夏媒体融合基本上还停留在新闻单位内部资源整合的阶段，传统业务与新媒体业务还存在“两张皮”互不相融的现象。虽然银川市新闻传媒集团的媒体融合走在了全国省会城市的前列，但和中央媒体、和发达省区的融合情况相比，还有很大差距。其他各媒体单位的融合进展情况也有几项外延拓展的尝试，但主要还是对内的部门整合和互动，并没有根据各个媒体的传播特点和受众的需求进行深度的重组加工，融合发展产生的良好效应还没有显现出来。

三是从产业基础看，底子薄弱，实力不够。由于宁夏地域小，受众少，因而媒体少，实力不足，宁夏传媒产业的发展也就有先天性的弱点。就具体的产业基础而言，新兴媒体产业结构不完善，尤其是手机、电子阅读器这些终端完全掌控在渠道运营商手中。新兴媒体产业的服务体系也不完善，

一些阻碍媒体做大做强的制度瓶颈还没有彻底消除。

三、推动宁夏媒体融合发展的基本思路

一是全力推进媒体融合，提升新闻传播力。认真贯彻党的十九大报告提出的“高度重视传播手段建设和创新，提高新闻舆论传播力、引导力、影响力、公信力”的精神，继续深入推进传统媒体与新兴媒体的深度融合，树立一体化的理念，形成一体化的组织结构、一体化的采编流程、一体化的传播体系、一体化的管理体制，真正实现从相“加”向相“融”转变。继续深化采编流程再造，建立统一指挥调度的全媒体采编平台，提供适应不同受众阅读特色和阅读习惯的新闻产品，努力满足不同受众需求，实现新闻信息一次采集、多种生成、多元传播。紧紧围绕“打造拥有强大影响力、竞争力的新型主流媒体”的目标，加大媒体融合发展力度，不断提升新闻引导力、传播力和影响力，凸显主流媒体的主渠道作用。

二是加大培训力度，提升全媒型人才质量。在巩固现有传统人才存量的同时，有步骤、有重点地强化与新兴媒体业态相关的内容生产、技术实现和经营管理等各类人才的引进、储备和培养。及时总结推广各新闻单位媒体融合发展的成功经验，为各单位提供有益借鉴。适时举办培训班，在重点工作和关键环节上加强对各地媒体融合工作的指导和推动。通过专题培训、实战演练、业务研讨、观摩交流等方式，重点引导现有人员向全媒记者、全媒编辑、全媒管理人才转型。打通传统媒体和新媒体人才使用通道，推动名记者、名编辑、名评论员、名主持人到新媒体平台上去施展拳脚，开办原创栏目，培育品牌公众号，成为传播正能量的“网红”。对高校新闻传播院系课程设置做相应调整，培养具有全媒体理念和技能的复合型新闻人才，为媒体发展注入新鲜血液。同时组织宁夏新媒体从业人员、高校新媒体专业教育科研人员积极开展在职教育、进修、培训、交流、实习等培训，帮助宁夏提升新媒体研发维护、策划、经营人才的层次和水品。

三是加大技术投入，提升媒体产品质量。现在已进入移动互联网时代，“终端随人走、信息围人转”成为信息传播的新态势。为适应互联网内容传播、全媒体平台建设和高清化采编录播等工作需要，必须加大推进媒体融

合发展技术改造力度。紧盯技术前沿，瞄准发展趋势，努力开发数字化产品，让媒体内容产生价值，提升媒体综合竞争实力。充分发挥宁夏日报报业集团全媒体指挥调度中心“中央厨房”和银川传媒集团“中央厨房”的作用，按照“中央厨房”的功能定位，及时跟进总编协调制度、部门沟通制度、岗位值班制度、采前策划制度、线索通报制度、效果反馈制度建设，确保“中央厨房”与采编发网络紧密结合、无缝衔接，打造可视化移动新闻传播平台，形成一系列融媒体“拳头”产品，全面构筑“新型融媒体生态圈”。按照文化体制改革的要求，继续加大推进各新闻单位媒体深度融合工程的建设和体制机制改革的推进，完成宁夏广播电视台全媒体高清演播厅改造和全媒体节目制作平台建设和 “中央厨房”的设计搭建，打造宁夏广播电视台“融媒体内容生产平台”，集中资源为全媒体业务提供整体技术支撑。

宁夏文化产业发展的调研报告

自治区政协文史和学习委员会

《国家“十三五”时期文化发展改革规划纲要》（以下简称《纲要》）指出，“十三五”时期是全面建成小康社会决胜阶段，也是促进文化繁荣发展关键时期。《纲要》提出了全面实现文化发展改革的目标任务，强调“十三五”末文化产业成为国民经济支柱性产业。中央发出通知，要求各地区各部门结合实际认真贯彻落实《纲要》。自治区政协文史和学习委员会对此非常重视，就宁夏文化产业发展情况进行了调研。

一、宁夏文化产业发展的概况

近年来，自治区党委、政府深入贯彻中央有关文化改革发展的指示精神，高度重视文化产业发展，着力培育壮大文化市场主体，打造重点文化产业项目，创建特色文化产业品牌，文化产业总体规模不断扩大，结构不断改善，增速不断加快，社会效益和经济效益稳步提高。2016年，宁夏文化产业实现增加值74.36亿元，比上年增长14.5%，占GDP比重2.35%；宁夏规模以上文化及相关产业法人企业99家，从业人员1.18万人；宁夏现有国家级文化产业示范基地6家、试验园区1家，自治区级文化产业示范基地41家，文化部等部门认定的动漫企业5家、新三板挂牌企业8家。

二、宁夏文化产业发展中存在的主要问题

(一)发展意识滞后，扶持政策措施有待加强

一些政府部门对文化产业的重要性认识不足，只重视强调社会效益，而轻视经济效益；推进文化产业发展的各相关部门通力协作比较少，没有形成精准施策、共同推进的合力；文化产业投入不足，全区每年投入专项资金仅为0.15亿元，与兄弟省（区、市）相比差距较大。如，内蒙古自治区每年投入文化产业专项资金2亿元，甘肃省每年投入文化产业专项资金1亿元。部分市县财政投入文化产业发展的资金少，且扶持政策较为宏观，有的难以落地，推进力度不够。

(二)产业基础薄弱，经济效益有待提升

尽管近年来宁夏文化产业发展的增速较快，但总量依然偏小，大型骨干企业少，整体实力不强，没有形成规模效应。目前支撑文化产业发展的门类主要是占多数的新闻出版、广告印刷、广播影视、演艺娱乐等传统文化行业，新型文化产业，如数字出版、软件开发、数字院线、动漫研发等所占数量小，对GDP增长贡献率低。市、县（区）两级文化产业增加值占全区比率较低，潜在优势未能充分发挥。2016年，国家文化产业增加值占GDP比重为4.14%，宁夏仅为2.35%，低于全国平均水平1.69个百分点。

(三)创新能力不足，市场竞争能力有待提高

一是专业人才紧缺。文化产业人力资源现有的总量、结构、水平，以及文化产业人才培养和培训体系、人才流动和引进机制、人才使用和管理制度等，不能满足产业发展的要求。会管理、能研发、懂销售的企业精英和一线高级技工非常稀缺。

二是自主创新能力不强。多数企业产品往往停留在简单复制，或跟风模仿，具有地域性、时代性、审美性和商业性的文化产品极少。

三是品牌优势较弱。一些企业仅满足于“增量”和“规模”，不注重把新思想、新观念融入到品牌建设中，忽视塑造品牌内涵和品质提升，造成产品品类单一、特色不鲜明、品质也不高。

三、推动宁夏文化产业发展的对策思考

（一）加强引导服务，优化文化产业发展环境

一是提高认识，准确定位。深入学习习近平总书记在十九大报告提出“坚定文化自信，推动社会主义文化繁荣兴盛”的精神和石泰峰书记在自治区第十二次党代会报告提出“扎实推进文化繁荣发展，构筑共有精神家园”的精神，深刻理解、准确把握新时代对文化的新定位和对文化产业提出的新要求，既要认识到文化产业在经济转型升级中发挥着越来越重要的作用，也要认识到满足人民过上美好生活的新期待，要为人民提供更多更好的文化产品。切实统一思想，凝聚共识，把文化产业摆上重要议事日程。

二是加强领导，精心规划。建议将文化产业发展纳入领导干部的任期目标，列入政府效能目标管理考核之中。各级政府成立专门领导文化产业发展的组织机构，建立健全机制，形成齐抓共管的工作合力。突出比较优势和特色优势，着眼文化产业与自治区“十三五”规划纲要、空间发展规划、内陆开放型经济实验区规划等重点规划有效衔接和相互推动，尽快出台《自治区文化产业“十三五”发展规划》。

三是用足政策，合力推进。积极构建现代文化市场和文化服务体系，为文化产业发展提供广阔的空间。深入宣传解读文化产业政策，提高企业和社会对政策的知晓率、利用率。加强国家和自治区扶持文化产业发展各项政策落实的分类指导和跟踪问效。推进体制机制创新，着力推动文化企业跨地区跨行业跨所有制兼并重组，建立体现自身独特优势、可持续的经营模式，促进文化资源向优势企业集聚，提高文化企业规模化、集约化、专业化水平。对国有企业和民营企业一视同仁，采取“大发展大支持、小发展小支持”的差异化政策措施和激励机制，在财政、税收、投融资等方面加大扶持力度。减免小微文化企业税收，着力以优质服务为民营文化企业、小微文化企业排忧解难。引导和支持民营文化企业、小微文化企业走“专、精、特、新”的路子。加强对具体扶贫性质文化企业的指导服务。建议自治区政府尽快出台金融支持文化产业发展的具体办法，搭建文化企业与银行等金融机构合作的平台，推动银行等金融机构针对不同类型和成长

阶段的文化企业量身定制多元化、全方位的金融服务。支持符合条件的文化企业直接融资。

四是加大投入，激发活力。用政策资金“小杠杆”撬动产业“大发展”。建议自治区政府将文化产业专项资金增加至1.5亿元，充分发挥自治区产业引导基金的政策性扶持作用，专门设立宁夏文化产业发展基金。有条件的市、县（区）也应参照自治区政府的做法，设立文化产业专项资金。建立和完善相关政策、机制，切实管好用好专项资金和基金。公开发布投资指导目录，吸引社会资本投资、兴办文化企业。

（二）突出工作重点，加快文化产业发展步伐

一是实施项目带动战略。建议政府组建高水平的专家团队，深入发掘整理文化资源，持续做好向国家文化产业项目资源库输送重点文化产业项目和特色文化产业项目的工作，争取国家相关专项资金的扶持。每年在全区遴选产业优势多、发展后劲足、持续增长能力强的文化产业项目列入自治区重点建设项目，建立领导包保责任制，加强跟踪服务和定期调度，培育一批具有较强示范效应和拉动作用的重点文化产业项目。

二是加快产业园区建设。自治区政府要加强统筹规划和指导，着眼科技创新和特色培育，支持自治区级文化产业园区、示范基地全力创建国家级文化产业示范园区（基地）。加快园区内展示交易、研发设计、数据分析、知识产权保护等公共服务平台和技术中心建设。注重以核心产品为主导，搞好上下游产品的配套开发，拉长增厚产业链条，形成园区配套集聚优势。

三是培育壮大骨干企业。建议在全区开展“文化企业30强”和“重点文化产业项目”评选活动，树立全区文化产业发展典型。从自治区、市、县（区、市）三个层面确定文化产业龙头企业、骨干企业，采取“一企一策”，制定具体责任人和目标，力争在“十三五”期间，全区龙头骨干文化企业相关绩效在全国取得席位。

四是扩大文化交流合作。建议出台自治区文化产品出口重点企业、重点项目评选办法，对重点企业、重点项目应给予专项财政支持。对文艺演出、广播影视、新闻出版等核心文化领域的重大境外营销渠道和落地平台建设项目应给予重点支持。加强与国家商务部门的联系协作和文化贸易出口指导，重点推动宁夏外向型文化企业和基地与“一带一路”文化消费市场对接，组织企业积极申报国家专项资金，支持文化企业“走出去”开拓市场。

（三）促进融合发展，提升文化产业市场竞争力

一是加快文化与科技融合。建议政府加大以高新技术改造传统文化产业的政策扶持力度，重点帮助规模以上企业建立自主研发机构，提升企业自主创新能力；加强对文化企业信息化建设的引导服务工作，以“互联网+文化产业园区”转型升级为切入点和突破口，加快大数据、云计算、物联网在文化企业的建设和运用，带动互联网与传统文化产业的融合发展；积极引导、大力支持“非遗”项目借助科技和创意手段改造传统技艺，为“非遗”项目产业化发展注入活力。

二是推进文化创意和设计服务与相关产业融合。建议政府搭建对外合作平台，组织文化创意企业积极参加国内、国际性文博交流活动，开阔企业发展思路，提高创意能力和水平；鼓励企业和个人争取政府专项资金支持，对获得重大文化创意奖项的企业和个人，应给予重点奖励。深入推进文化创意与旅游融合发展，以文化提升旅游的内涵质量，以旅游扩大文化的传播消费。大力发展节庆会展业，吸引大企业、大财团和媒体参与，高水平、高层次谋划，打造出几个在全国闻名的节庆会展品牌。

三是注重创建品牌。深入实施品牌战略，引导和帮助企业准确把握市场需求，以“差异美”引领文化产品的创作和提供，促进特色文化、地域文化的商业化、市场化、品牌化。一方面，立足现有资源禀赋和产业基础，将已初具影响的品牌做好做大。另一方面，鼓励原创内容生产，提升文化产品的内涵和品位，打造新品牌。精心创意策划，加强营销宣传，让更多品牌理念根植于消费者的生活和习惯之中，使宁夏文化品牌逐步走向全国、走向国际。

（四）重视人才建设，为推进文化产业发展提供智力支撑

一是立足长远发展，储备人才。自治区文化厅应建立自治区文化人才库，健全文化人才在职教育和岗位培训机制等，加大现有文化人才培训的力度；五市文化部门应联合建立文化人才交流协作机制，常态化交换用人单位信息，以岗位聘任、项目合作、客座邀请等多种方式集聚和使用文化人才。

二是发挥院校优势，培养人才。建议充分发挥宁夏艺术职业学院的作用同时，在宁夏大学、北方民族大学、宁夏职业技术学院开设文化产业重点专业和学科，并建立文化产业研究机构，逐步完善有关课程，有针对性地培养所需专业人才。政府要牵头促成学校、企业、政府间建立合作交流机制与共享平台，推动高校、科研机构与文化产业园区、文化企业联合建立文化产业人才培训和实验基地，实现产、学、研良性循环，互利互惠。

三是加强文化交流，引进人才。通过举办全国性学术文化交流活动、文化创意产业博览会等，吸引国内外文化名人、创意人才聚集宁夏，扩大宁夏文化影响力，促进创意水平提升。邀请文化名人、企业家到企业办讲座、搞培训，对人才培养、产业打造进行指导帮助。通过团队引进、技术项目开发、兼职挂职、定期服务等方式，大力实施文化产业引才工程和引才计划。

宁夏文化体制改革及产业统计监测调研报告

吴灵捷

中共十九大报告指出:“要深化文化体制改革，完善文化管理体制，加快构建把社会效益放在首位、社会效益和经济效益相统一的体制机制。完善公共文化服务体系，深入实施文化惠民工程，丰富群众性文化活动。”“健全现代文化产业体系和市场体系，创新生产经营机制，完善文化经济政策，培育新型文化业态。”自治区第十二次党代会也指出“深化文化体制改革，加快推进文化产业发展，培育文化新兴业态，打造一批有实力、有活力、有竞争力的骨干文化企业。”“深入推进文化惠民工程，加快基层公共文化服务体系标准化、均等化建设，实现区市县乡村五级公共文化设施全覆盖。”按照《自治区党委办公厅　人民政府办公厅关于开展全面深化改革督察的通知》精神，我们就文化体制改革及文化产业统计监测工作，赴自治区党委宣传部、文化厅、新闻出版广电局、体育局和统计局进行了专题调研，调研具体情况如下。

一、改革有关任务落实的总体情况

今年以来，自治区文化体制改革专项小组按照年初自治区《2017 年深化改革工作要点》第 53 项任务要求，紧紧围绕促进城乡文化资源互联互通

作者简介　吴灵捷，自治区党委台湾工作办公室秘书联络处处长。

均衡发展、开展文化及相关产业统计监测工作等两大任务，细化分工，落实责任，严格按照时间表和路线图推进工作，扎实推进全区文化发展改革任务稳步有序推进落实。“建立以城带乡联动机制，促进城乡文化资源互联互通均衡发展”的任务基本完成，推进顺利，成效较大，城乡人民群众受益显著；文化及相关产业动态监测工作实施方案已经制定，全区统一的文化产业统计单位名录库已建立，入库企业4898家，基本实现了“在全国率先开展规模以下文化及相关产业统计监测工作”的目标。

二、改革的成效

（一）建立以城带乡联动机制，促进城乡文化资源互联互通均衡发展

一是建立“结对子、种文化”工作机制。开展了“文化走亲·欢乐有约”文化志愿者服务、下派辅导员包片种文化、区直文艺院团帮扶基层文艺团体等活动，招募“阳光工程”农村文化志愿者79名、乡村学校少年宫文化辅导员15名，招聘村综合文化服务中心专管员716名，配备到贫困地区村综合文化服务中心及农村中小学校开展文艺创作、培训等志愿服务工作，选派186人到中南部9县区开展文化志愿服务，促进城乡文化资源互联互通均衡发展。推动各地市、县级文化馆、图书馆等专业技术人员通过挂职、蹲点、结对帮扶等形式，开展业务培训和指导。扎实开展惠民文化活动。

二是城乡联动，常态化制度化开展惠民文艺演出。春节期间，协调中国文联、中国视协来宁举办了“送欢乐、下基层”慰问演出，迎接党的十九大和自治区第十二次党代会“中国梦·宁夏情——送欢乐下基层”文艺演出，庆祝建军90周年交响音乐会等，4万多名观众观看了演出。“欢乐宁夏”群众文艺会演、“清凉宁夏”广场文化演出、送戏下乡服务顺利开展，为群众提供了丰富的文化大餐。截至7月底，组织“送戏下乡”惠民文艺演出1100场次，“欢乐宁夏”群众文艺会演96场，广场文化演出930场，惠及群众100余万人次。放映农村电影1.18万场，观众79万人次，完成年度任务的30%。

三是大力实施贫困地区村综合文化服务中心建设工程。紧紧抓住提高

基层公共文化服务标准化、均等化这条主线，大力推进文化扶贫，整合基层宣传文化、党员教育、科学普及、体育健身等设施，加快基层公共文化设施建设，全力推进 606 个村综合文化服务中心建设项目。目前，606 个村综合文化服务中心建设项目整体完工率达到 93.3%，文化设备器材正在配送，党的十九大召开前将全面完成项目工程建设任务，实现宁夏贫困地区村综合文化服务中心建设全覆盖的目标。

四是推进市、县文化馆、图书馆总分馆制建设。综合考虑行政区划、服务人口与服务半径，按照普遍均等、合理布局的原则，推进市、县文化馆、图书馆总分馆制建设，实现与乡村、社区公共文化服务设施的资源整合和互联互通。加快推进市县（区）文化场馆及 8 个标准化乡镇文化站建设。

（二）开展文化及相关产业统计监测工作

一是制定了文化及相关产业动态监测工作实施方案。利用建设“宁夏经济发展动态监测共享平台”的有利时机，以全区文化及相关产业发展情况先行先试，制定了《全区文化及相关产业发展动态监测工作实施方案》，明确了监测范围、监测对象、监测方法和相关部门的工作职责，为开展文化及相关产业统计监测工作奠定了基础。二是建立了全区统一的文化产业统计单位名录库。统计局会同文化厅举办了全区文化及相关产业统计培训班。在各市、县（区）统计部门和文化部门配合下，依据《文化及相关产业分类（2012)》筛选出历年经济普查中符合文化及相关产业特征的企业名单，初步建立了全区统一的文化及产业法人单位名录库，开展了全区规模以下文化及相关产业名录库核实工作。通过与全区工商、税务等部门的资料比对、核实，确定了文化及相关产业的企业名单，完善了全区统一的文化及相关产业单位名录库，目前入库企业 4898 家。三是开展了规模以下文化及相关产业统计监测。文化厅与统计局联合制定了《宁夏规模以下文化及相关产业监测统计报表制度（试行)》，下发了《关于认真做好规模以下文化及相关产业名录库核实工作的通知》《关于认真做好规模以下文化及相关产业监测统计工作经费保障的通知》，建立文化及相关产业动态监测工作机制，开展了规模以下文化产业统计监测统计报表可行性测试评估工作，年底将完成报告期为2015年度、2016年度和2017年上半年报表的统计调查工作。宁夏文化产业统计监测工作得到文化部领导肯定，在2017年全国文化产业工作会议上做了经验交流。

三、制约发展的主要瓶颈

一是文化产业增加值不高。目前，宁夏文化产业发展总体水平还不高，2015年文化产业的增加值仅为64.94亿元，较上年增长10.57%，占全区GDP的2.23%（低于全国1.74个百分点），北京、上海、广东、浙江、云南等省市文化产业增加值占GDP的比重都超过了5%。从2010年以来，历年文化产业增加值占全区GDP的比重的增幅分别为-0.16%、0.17%、0.13%、-0.09%、0.01%和0.1%，与中央和自治区提出的“推动文化产业成为国民经济支柱性产业”“到2020年，文化产业的增加值占国内生产总值的比重达到5%，实现文化产业成为国民经济支柱性产业的目标”相距甚远。

二是村综合文化服务中心运行缺乏长效机制。今年为建成的606个村综合文化服务中心各招聘1名专管员负责设施设备的管理、使用和维护，组织开展文化体育活动。但专管员专业性不强、服务能力不够，村综合文化服务中心运行单一，社会力量参与不够。由于村综合文化服务中心没有活动开展经费，人员补贴低且缺乏长效经费保障机制等因素，制约了村综合文化服务中心的作用发挥。

三是文化产业统计监测工作难度较大。根据国民经济行业分类标准，文化产业行业分为10个大类和120个小类，包括文化制造业、文化批零业和文化服务业，分别涵盖45个、20个和55个行业活动，涉及自治区经信委、新闻出版广电局、教育厅、商务厅、科技厅、民政厅、住建厅、林业厅、旅发委、工商局、通信管理局、档案局、统计局13个部门的行业管理，还需要自治区党委宣传部、发改委、财政厅、地税局、国税局5个部门协助配合开展工作。而目前我区主要依靠“年度工作要点”的责任分工来实现工作目标，完成重点工作，没有建立相应的联席协调制度。加之市、县级文化及相关产业的管理部门大部分是几个行业部门合署办公，人员力量严重不足，难以及时完成大量基础性的文化产业统计和监测工作。

四、对缓解发展瓶颈的现实思考

一是深化文化体制改革，向改革要活力。文化产业是朝阳产业，也是富民产业、无烟工业。要通过大力推进文化体制改革，建立健全国有文化资产管理体制，组建由党委和政府监管有机结合、宣传部门有效主导的国有文化资产监督管理机构，实现管人管事管资产管导向相统一。深化国有文化企业分类改革，积极推进文化事业单位法人治理结构、文化市场综合执法等改革，建立完善现代企业制度，激发文化发展活力。

二是围绕突出宁夏地域特色，抓文化产业发展。吸引更多的人才、资金、企业投入到文化产业发展当中，努力打造更多更好的文化企业和文化产品，加快构筑宁夏文化优势，确保在激励竞争中赢得主动。坚持改革创新，立足科技进步，以壮大实力、提高竞争力为核心，推动文化产业成为宁夏支柱产业。突出宁夏特色，推进文化与其他产业融合发展，特别是与旅游业融合发展。深入实施“互联网+”“文化+”行动，推动文化与科技、金融等产业深度融合，培育游戏动漫、数字服务、创意设计等新兴业态，扩大和引导文化消费，推动文化产业成为国民经济的支柱产业。加快文化产业基地和园区建设，做大做强国有文化企业，培育规模以上文化企业，着力培育文化大企业、大集团，扶持中小微文化企业，打造一批有实力、有活力、有竞争力的骨干文化企业。鼓励社会资本参与文化产业，大力发展民营文化企业。

三是规范村综合文化服务中心管理使用。将村综合文化服务中心运行经费纳入财政预算。充分发挥各部门和企业、社会组织的作用，采取专管员负责日常管理，委托当地文化能人托管，乡镇文化站、农民文化大院代管等多种方式，实现供给主体多元化，提升村综合文化服务中心服务效能。制定《村综合文化服务中心基本服务标准》，保证村综合文化服务中心服务常态化。

四是建立文化产业统计监测工作协作机制。要进一步统一思想，提高认识，各市、县、区、有关部门和单位要把文化产业统计监测工作作为发展文化产业的重要基础性工作，更加自觉主动地支持配合统计部门做好文化产业统计工作。要进一步明确重点任务，科学界定统计范围，明确统计重点，把各类单位不同的统计指标理解好、掌握好，协调工商部门准确填写其行业代码和业务活动，防止漏统。建立由自治区经信委、新闻出版广电局、教育厅、商务厅、科技厅、民政厅、住建厅、林业厅、旅发委、工商局、通信管理局、档案局、统计局 13 个行业管理部门，自治区党委宣传部、发改委、财政厅、地税局、国税局 5 个部门协助配合的文化产业统计监测协调领导协作机制，发挥行业管理的优势、部门之间的协调配合，形成合力，加强对文化产业统计工作的组织领导，建立完善党委宣传部门统筹协调、统计部门牵头实施、文化行政管理部门和有关单位共同参与的工作机制。按照分工，各司其职，密切配合，通力协作，形成齐抓共管的局面，确保文化产业统计监测工作的及时、准确、有效和全面。为促进全区文化产业持续健康发展做出贡献。积极探索统计监测社会化购买服务模式，通过开展社会化购买统计监测有偿服务，解决基层文化产业统计监测难的问题。

2017年宁夏报刊业发展报告

付满玉　王　芳

一、宁夏报刊业的基本情况

截至2017年11月，宁夏具有“国内统一连续出版物号”的报纸19种（含高校5种），期刊37种，其中，社科类期刊18种、时政类期刊8种、文学类3种、自然科学类8种。

二、2017年报刊业的成效

（一）围绕中心，做好主题宣传

2017年度，宁夏各报刊社充分发挥舆论主阵地的作用，始终把抓好主题宣传、坚持正确导向，作为新闻出版工作的首要任务，充分发挥主流媒体的优势和作用。强化主题宣传，一是紧紧围绕十九大和自治区第十二次党代会这条主线，按照中央和自治区的部署，大力宣传贯彻十九大精神和自治区第十二次党代会精神。二是深入宣传习近平总书记系列重要讲话精神和治国理政新理念新思想新战略。三是深入宣传党的十八大以来以习近平同志为核心的党中央团结带领全党全国各族人民取得的辉煌成就。四是

作者简介　付满玉，宁夏回族自治区新闻出版广电局新闻报刊处处长；王芳，宁夏回族自治区新闻出版广电局培训中心，记者。

深化中国特色社会主义、中国梦、社会主义核心价值观、“四个全面”战略布局、“五位一体”总体布局、“一带一路”战略、“五大发展理念”等重大主题宣传。五是深入宣传自治区第十二次党代会、第三届中阿博览会、“四个宁夏”建设、“银川会议”一周年、全国工商联常委会、县域经济观摩会等主题宣传报道。开展“砥砺奋进的五年”“十三五开局成绩单”等主题宣传，围绕深化改革开放和宁夏经济转轨、社会转型生动实践，大力宣传中央和自治区推动“三去一降一补”、打赢脱贫攻坚战、“一带一路”建设等取得的显著成效。六是认真做好纪念中国人民解放军建军90周年、香港回归20周年、内蒙古自治区成立70周年等重大活动的宣传报道，激发人们爱党爱国爱军的情怀，大力营造团结奋进的主流舆论强势。

（二）刊发公益广告，弘扬社会正能量

为全面贯彻落实党的十九大和自治区第十二次党代会精神，充分发挥公益广告在传播文明、引领社会新风尚方面的重要作用，进一步推动“讲文明 树新风”活动深入开展，各报刊社按规定、按期、按量积极刊发了“全民阅读 书香宁夏”公益广告，提升公益广告的思想性、感染力和社会影响力，弘扬社会正能量，为建设开放、富裕、和谐、美丽宁夏营造了良好氛围。12家报纸、13家期刊全年共刊发“全民阅读 书香宁夏”等公益广告988个版，有力推进了“书香宁夏·文化强区”建设，不断提高全区各族人民的文化素质、社会文明程度和全民阅读水平。

（三）加强报刊审读工作，确保正确的政治方向和舆论导向

审读工作是加强意识形态领域管理和监督的重要手段、方式，在意识形态领域工作中具有举足轻重、不可替代的作用。报刊审读是新闻出版广电行政部门和报刊主管单位在报刊出版后组织有关人员，依法对出版质量进行的审阅和评定，是报刊出版事后管理的重要制度，是报刊管理工作的重要抓手。其任务是了解报刊内容，掌握报刊动态，研究报刊在新闻宣传工作中出现的倾向性问题，及时向上级有关部门提供情况和建议，更好地对报刊进行宏观指导和行政监管，帮助报刊出版单位总结经验，保证报刊出版工作坚持正确的政治方向和舆论导向，更好地服务中心工作，服务大局，提升报刊质量，为中国特色社会主义建设事业营造良好的文化氛围和舆论环境。

自治区新闻出版广电局历来高度重视报刊审读工作，及时健全审读机制，明确任务，完善报刊审读制度。一是指导新闻报刊出版单位强化把关意识，建立健全三审三校制度，发现问题及时纠正，并定期写出审读报告和阅评报告。及时向主管主办单位及自治区新闻出版广电局提交综合审读报告。二是自治区新闻出版广电局作为负责全区报刊审读工作的一级机构，制定审读管理办法，协调、指导报刊出版单位和主管主办单位开展审读工作。汇总各报刊出版单位和报刊主管主办单位提交审读报告，研究处理审读中发现的问题，整理和编发报刊审读的有关简报材料，及时向报刊主管主办单位和报刊出版单位进行通报，更好地运用审读结果。三是加强审读队伍建设。2017 年，我局聘请了 9 名理论水平高、原则和政策观念强、业务工作经验丰富、文字水平高的审读员，形成了一支较高素质的专职审读员队伍，开展了对全区 14 种报纸和 24 种期刊进行审读工作，截至目前，共撰写审读报告 400 多篇，编印审读简报 10 期。为确保新闻报刊正确的政治方向和舆论导向、提高报刊质量发挥了重要作用。

（四）结构优化，谋求发展

《新短讯报》拟更名《宁夏日报·农村版》，《华兴时报》根据报纸期的成本和客户的实际拟缩小版数；《吴忠日报》《中卫日报》根据调研结果及时进行了改版；《宁夏社会科学》《宁夏人大》《石油化工》根据报纸发展需要各增刊 1 期；《宁夏日报》根据报纸和印刷费用的实际，提高了报刊订阅价格。

（五）坚持依法出版，规范出版行为

在出版工作中能严格遵守宣传纪律和新闻出版的法律、法规，没有出现买卖刊号、版号，一号多刊、多报、超越业务范围、转让出版权等违规现象和重大的政治问题，充分发挥了主流媒体的舆论引导作用。

三、2017 年报刊业发展的主要困境

一是个别报刊存在严重导向问题。有些主管主办单位不严格履行管理职责，放松阵地管理，出现导向问题，有些甚至发生在机关刊物和重要学

术期刊中。有的不严格遵守党的政治纪律和政治规矩，刊发严重错误导向的文章，重要时间节点宣传意识差。比如，2016 年《新知讯报》4 月 29 日《新媒体精选》一条消息标题是《全球假货超 60%来自中国，美国成重灾区》，这是典型的导向问题，政治问题。再如，2016 年宁夏某报纸刊登了永宁县小学食堂全部改成清真食堂的报道，存在严重虚假和导向问题。还有 2016 年 8 月 15 日，大家知道这一天是日本投降日，可这一天宁夏只有《华兴时报》刊登了日本侵略我国的相关文章，如此重要的时间节点，其他报纸反应迟钝，没有日本投降的相关报道，说明我们还存在重要时间节点的宣传导向不敏锐问题。

二是新闻报道“标题党”问题突显。为吸引公众视线，追求眼球效应，一些报刊所办网站、微博、微信等新媒体在转载文章时，罔顾事实真相，歪曲报道，耸人听闻，迎合低级趣味，故意制作一些具有煽动性、“引人遐想”的新闻标题，损害主流媒体的权威性和公信力，扰乱了正常的社会秩序。

三是内容质量下滑严重。有些报刊编校质量差错严重，甚至在标题中将有关负责人的姓名等重要信息搞错，严重损害媒体的公信力。有些报道使用网络低俗语言，内容媚俗、庸俗；有些报刊单位忽视社会效益，片面追求发行量、点击率，文化垃圾涌上版面。

四是报刊收入连续下滑。从全国大形势看，2016 年，全国期刊出版实现营业收入 193.7 亿元，降低 3.6%，利润总额 25.7 亿元，降低 2.2%；报纸出版实现营业收入 578.5 亿元，降低 7.6%，利润总额 30.1 亿元，降低 15.7%。宁夏报纸全年实现营业总收入 2.22928 亿元，比去年同期减少 0.0695 亿元，减少 3.12%；期刊全年实现经营总收入 0.707 亿元，比上年同期减少 0.075 亿元，下降 10%。据不完全统计，截至 2017 年 11 月份，宁夏报纸、期刊营业收入依然持续下滑。

五是媒体融合发展滞后。2014 年，中央出台了《关于推动传统媒体和新兴媒体融合发展的指导意见》。习近平强调，推动传统媒体和新兴媒体在内容、渠道、平台、经营、管理等方面的深度融合，着力打造一批形态多样、手段先进、具有竞争力的新型主流媒体，建成几家拥有强大实力和传播力、公信力、影响力的新型媒体集团，形成立体多样、融合发展的现代传播体系。我们没有及时抓住政策的有利时机，丢失了第一次发展的绝佳时机。从我们调研掌握情况看，宁夏报纸、期刊单位个别的发展了新媒体，做了“两微一端”，绝大部分期刊社依然是传统媒体，这也是经营业绩下滑的主要原因。

六是精品报刊短缺。国家新闻出版广电总局于2017年9月至11月开展第三届全国“百强报刊”（“百强报纸”“百强社科期刊”“百强科技期刊”）推荐工作。宁夏推荐的期刊《共产党人》、报纸《银川日报》参选全国“百强报刊”，但未获得“百强报刊”奖项。在第4届中国（武汉）期刊博览会上，《中华奇石》被评为“2016中国最美期刊”奖、《看天下》《财经天下》当选“2016期刊数字影响力100强（大众类）”奖。

四、促进报刊业发展的思考

（一）融合发展，打造新型主流媒体

以互联网为代表的新兴传播平台已成为新闻竞争的主战场，更是党的舆论工作的新阵地。习近平同志审时度势，适时做出了“融合发展”的顶层设计，为新媒体环境下新闻舆论工作改革创新提供了思想方法。他强调，“推动传统媒体和新兴媒体融合发展，要遵循新闻传播规律和新兴媒体发展规律，强化互联网思维，坚持传统媒体和新兴媒体优势互补、一体发展，坚持先进技术为支撑、内容建设为根本，推动传统媒体和新兴媒体在内容、渠道、平台、经营、管理等方面的深度融合，要着力打造一批形态多样、手段先进、具有竞争力的新型主流媒体，建成几家拥有强大实力和传播力、公信力、影响力的新型媒体集团，形成立体多样、融合发展的现代传播体系”。因此，推动传统媒体与新媒体融合发展，是巩固宣传思想文化阵地、壮大主流思想舆论的必然要求。一要统筹设计，找准定位。确定了走融合发展的路子后，我们就要统筹规划设计，找出融合发展的黏合剂，不能“形合神不合”，找准定位，发展宁夏的龙头上市企业，同时以这些龙头企业为主体，对宁夏从事报刊业的文化企业实行合并同类项，宁夏日报报业集团要实行“一个党委，两个机构，一体化运作”机制，做大做强集团公

司，打造融合发展的控股上市集团；要利用宁夏新闻网打造宁夏的新型主流媒体。二要深化改革，破除障碍。习近平强调，加快构建把社会效益放在首位、社会效益和经济效益相统一的体制机制。针对文化多元发展、多头管理、运行不规范等问题，深化文化体制改革和机制创新，切实转变文化行政职能，准确定位行政主管部门、事业单位、改制企业的工作职责，真正做到政企、事企分开和管办分离。三要大胆用人，全力推进。对那些因循守旧、不思进取、不敢担当的干部进行交流，大胆重用那些想干事、能干事、干成事、不出事的干部，重用大胆干事，敢于争先，开拓进取，敢于担当的干部，重用那些创新意识强，有强烈事业心和责任感的干部，同时也要建立容错纠错机制，旗帜鲜明地为那些敢于担当、踏实做事、不谋私利的干部撑腰鼓劲，不上纲不上线，鼓励干部把心思用在干事业、谋发展上，积极培育良好的用人氛围和干事的氛围，全力推进宁夏文化产业发展。

（二）改变经营思路，提升报刊业收入

制定完善相关政策，加快推进金融与企业有效对接，利用好金融这张牌；加快推进企业与版权部门对接，用好版权这张牌。湖南红网的成功除了党网自身优势外，主要就是利用了政策释放的红利，做大做强企业；芒果 TV 的成功突破点就是利用了版权的金融效用；华声在线的成功也是利用了国家的方方面面的政策，实现了利润的几何级突破。习近平在十九大报告中强调，“健全现代文化产业体系和市场体系，创新生产经营机制，完善文化经济政策，培育新型文化业态”。这又一次吹响了文化产业发展的号角，在新一轮的文化产业发展中，我们要找准发展差距，利用成功的经验和模式，用“他山之石，攻我之玉”，实现宁夏新闻报刊业发展的跨越发展。

（三）强化品牌意识，打造精品报刊。

一是繁荣创作。习近平总书记在文艺座谈会上特别强调，随着信息化的飞速发展，要大力发展文艺创作。当前文艺领域各方参与热情十分高涨、资本要素十分活跃、内在驱动力强劲，蕴含着巨大的发展潜能，我们要坚持以内容为重点，朝着专业化、精品化、品牌化、产业化的方向发展。二是政策激励。要紧紧围绕创作优秀作品这一文艺创作的中心环节，紧紧抓住文艺创作这一机遇，迎头赶上，出台扶持政策，加大创作力度，加快推进宁夏创作出更多更好的精品力作。三是争创“百强期刊”。坚持正确政治方向和出版导向；深入开展主题宣传和主题出版，弘扬中华优秀传统文化，做好外宣工作，讲好中国故事；自觉地将社会效益放在首位，着力建立完善“两个效益”相统一的体制机制；大力推进融合发展，贯彻移动优先战略，不断提高主流报刊的传播力、影响力和公信力，突出示范引领作用。

2017年宁夏演艺业发展报告

马珊珊

2017年宁夏演艺业深入贯彻党的十九大精神，落实中共中央、国务院《关于繁荣发展社会主义文艺建设的意见》《关于推动国有文化企业把社会效益放在首位、实现社会效益和经济效益相统一的指导意见》《关于支持戏曲传承发展的若干政策》《关于实施中华优秀传统文化传承发展工程的意见》《关于新形势下加强戏曲教育工作的意见》《关于戏曲进校园的实施意见》，按照自治区第十二次党代会提出的“扎实推进文化繁荣发展、构筑共有精神家园”的目标任务，坚持“两为”方向、“双百方针”，演艺业以创造性转化和创新性发展的思路，以多样性、多元化的演艺形式，持续为宁夏实现经济繁荣、民族团结、环境优美、人民富裕，与全国同步建成全面小康社会目标而奋斗提供强有力的价值引领、思想保证和精神动力。

一、宁夏演艺业的基本情况

截至2017年10月，宁夏共有95家演艺团体，3744人的演职团队。其中，8家为国有演艺院团，即宁夏演艺集团歌舞剧院、宁夏演艺集团京剧院、宁夏演艺集团秦腔剧院、宁夏话剧艺术发展有限公司、宁夏演艺集团杂技团、银川艺术剧院有限公司、青铜峡市文化演艺公司、海原县花儿艺

作者简介 马珊珊，宁夏文化厅艺术处调研员、高级政工师。

术演艺有限公司，36家民营演出团体，51家民间自乐班子。演出场所有标准剧场5个（宁夏大剧院大剧场、小剧场、宁夏人民会堂、石嘴山文化馆大剧场、音乐厅）。2017年共演出4645场，涵盖音乐、歌舞、戏剧、戏曲、曲艺、杂技等艺术门类，观众达170万人次，总收入7695万元（包括自治区政府文化惠民扶持、文化部及国家艺术基金资助项目扶持等资金）。

二、2017年宁夏演艺业动态

2017年，宁夏演艺始终坚持以人民为中心的导向，讲品位、讲格调、讲责任，推动文艺创作、创新，不断推出有筋骨、有温度的优秀作品，演出进剧院、进广场、进农村、进校园，坚持社会效益优先，实现社会效益和经济效益相统一的原则。

（一）坚持正确创作导向

文艺创作以社会主义核心价值观为引领，以中国精神为灵魂，聚焦“中国梦”时代主题，将思想性、艺术性有机统一，讲好宁夏故事，传播好宁夏声音。

1. 提升文艺原创力，推动文艺创新

扎实开展“深入生活、扎根人民”主题实践活动，加强现实题材创作，推出了讴歌党、讴歌祖国、讴歌人民、讴歌英雄的系列优秀剧目。2017年，资助扶持音乐剧《守望》、秦腔《煤·油·人》、京剧《花漫一碗泉》、话剧《闽宁镇移民之歌》等11部新创、打磨提升的重点剧目，这些剧目涵盖了京剧、秦腔、眉户、话剧、音乐剧、曲艺、歌、舞等艺术门类；创作自治区第十二次党代会精神巡回宣讲文艺节目在全区巡演11场；话剧《闽宁镇移民之歌》和京剧《庄妃》双双入选文化部2017年度国家舞台艺术精品创作扶持工程重点扶持剧目和名录；秦腔《王贵与李香香》入选文化部西部及少数民族地区艺术创作重点扶持剧目；歌舞诗画《红旗漫卷六盘山》、眉户小戏《人间总有真情在》和《认干亲》3个剧本获得文化部戏曲剧本孵化计划扶持；相声《驾考奇缘》、弦鼓说唱《双赔鸡》入选全国曲艺、木偶剧、皮影戏优秀剧（节）目展演；话剧《铁杆庄稼》进京参加“纪念中国话剧诞辰110周年——以人民为中心的中国话剧辉煌永远”展演；秦腔

《卧虎令》参加第28届“梅花奖”评选；京剧《庄妃》参演第8届中国京剧节；舞剧《花儿》参演第15届深圳文博会优秀剧目展演；交响乐《家乡的花儿》参演第五届中国西部交响乐周；舞蹈《花·花儿》入围第十一届“荷花奖”决赛；眉户戏《丁香花开》入选全国基层院团戏曲展演。另有2人分获第28届中国戏剧“梅花奖”、第27届上海白玉兰戏剧表演艺术主角奖；2017年有6个项目获得国家艺术基金资助，扶持资金1000万元。

2. 大力实施宁夏戏曲振兴计划

2017年，宁夏进行了地方剧种普查工作，经全国地方戏曲普查办公室专家确认，宁夏有秦腔、京剧、眉户、花儿剧、银川道情、永宁道情和中卫道情（7个）被确认为宁夏地方戏剧，这为宁夏今后出台戏曲传承、保护政策以及演艺市场定位等提供了有力依据；举办了第二届“中国梦·塞上情”梅花贺新春活动，启动戏曲进校园“七个一”项目，扶持《镜子》《警钟》等小型戏曲作品创作，“戏曲进校园”演出585场。

（二）文化演出惠及百姓

文艺演出积极支持自治区实施的文化惠民工程。“欢乐宁夏”全区群众文艺会演演出96场，参演节目1000多个，观众累计达20多万人次；“清凉宁夏”文化广场活动在5个月的演出时段内，共演出1815场，观众达30万人次；“送戏下乡”的“六进”活动全年演出1988场，参演院团有26个，演职人员近1万人次，观众达20万人次。

（三）对外文化提升形象

对外文化交流，以传播中华文化、讲好中国故事、传播好宁夏声音为己任，坚持政府主导与民间参与相融合、文化交流与文化贸易相融合、渠道建设与内容提升相融合，文化交流活动与“一带一路”建设相融合，开展的系列国内外文化活动取得了宣传宁夏、展示宁夏文化魅力的显著成效。2017年，派出20个文化团组赴英国、西班牙、坦桑尼亚等14个国家和地区开展文化交流与合作；邀请了30多个国家的文化使者来宁交流访问，先后组织文艺团组赴坦桑尼亚、贝宁两国开展了“中国风·欢乐颂”宁夏风情文艺展演、“古风秦韵”中国秦腔艺术展演、“神韵宁夏·醉美非遗”中国宁夏传统工艺展演、美术培训等文化交流活动；宁夏文艺团赴南非、莱索托开展中非合作计划——“中国风·欢乐颂”；宁夏文艺团在欧盟4国9个城市开展“欢乐春节·神奇宁夏”访问展演17场；宁夏扶贫主题话剧《回民干娘》《喊水村移民纪事》《铁杆庄稼》三部曲在西北地区4省区巡演12场、秦腔现代剧《花儿声声》《狗儿爷涅槃》在黄河流域9省区巡演11场、舞蹈诗《九州花儿美》在苏浙沪长江三角洲地区巡演9场，宁夏杂技团赴台湾演出25场。

（四）重大活动提振精神

重大文化活动的举办，内提了精神，外树了形象。一是中国文联、中国戏剧家协会主办，宁夏文化厅、宁夏文联等单位承办了以“中国梦·宁夏情”为主题，以“艺术的盛会、人民的节日”为宗旨的第十五届中国戏剧节。全国21个省（市、自治区）、27家艺术院团、27台优秀剧目，演出28场，剧目包括京剧、昆曲、越剧、豫剧、黄梅戏等22个剧种，观众3万多人。本届戏剧节是自1988年中国戏剧节创始以来，首次在少数民族地区举办，也是首次在宁夏举办，规模宏大、名家荟萃、精彩纷呈、影响深远，为宁夏广大群众提供了丰厚的戏曲饕餮盛宴。二是举办了第三届宁夏舞蹈节“中传锦绣杯”WDC国际标准舞世界积分赛（中国站）和全国青少年国际标准舞锦标赛，有来自38个国家近1万对参赛选手来宁参赛。三是举办了由上海市委宣传部、宁夏回族自治区党委宣传部指导，上海市戏曲艺术中心、宁夏文化厅、宁夏文联等主办的“循丝路花雨、弘东方之韵”沪宁两地戏剧“梅花奖”“白玉兰”双奖演员巡演。四是举办了以“展示民族文化风采，建设共有精神家园”为主题的第二届全区少数民族文艺调演，12个单位39个节目810名演员参演，观众达万余人次。五是举办了以“庆祝党的十九大，弘扬中华传统文化”为主题的“第十五届中国西部民歌（花儿）歌会”，200余名演员参赛，展示了祖国各民族团结和谐一家亲的美好盛世。

（五）旅游演艺欣欣向荣

提升《西夏盛典》《凤舞丝路》等旅游演艺剧目品质，推动文艺剧目、非遗项目进景区；以文化+旅游融合发展模式，以扩大贺兰山东麓葡萄酒品牌影响力和美誉度为核心，先后举办了2017中国银川贺兰山文化艺术节暨葡萄酒文化节、贺兰山音乐节、贺兰山电音秀、地方特色文艺展演等19项活动，举办各类演出76场，共吸引近10万名区内外专家、客商和市民群众的参与，有效促进了贺兰山旅游业与贺兰山东麓葡萄酒业的融合发展。

（六）依托宁夏大剧院培育剧院演出市场

剧场演出充分利用互联网+，创新发展理念、发展模式，将剧院演出的节目公布于宁夏大剧院官方网站和微信公众平台，以便捷的文化信息为百姓走进剧院提供接地气的服务；截至2017年10月末，剧院演出151场，其中，惠民演出43场，引进节目57场，旅游文化演出51场，包括歌剧、舞剧、儿童剧、戏曲、交响乐、杂技、音乐会、喜剧、话剧等剧目，观众达到166324余人次。

三、影响宁夏演艺业发展的主要问题

（一）思想观念陈旧，体制机制改革配套措施滞后

从管理层面看，文化行政管理部门还没有真正从办文化转向管文化，政事不分、政企不分、管办不分现象仍然存在，使艺术院团始终摆脱不了对政府的依赖；从艺术院团自身来看，院团自主经营自我发展的主体意识不强，经济效益不佳，影响了院团自我积累自我发展能力的培育；从政策层面看来，有关体制改革的相关政策有些没有落实到位，制约着演艺业的市场化进程。

（二）高质量的原创演艺剧（节）目数量缺乏

近年来，宁夏虽然推出舞剧《花儿》、秦腔《花儿声声》《狗儿爷涅槃》、话剧《铁杆庄稼》等一批优秀剧目，也产生了一定的影响力，但与一些演艺业发达省市相比，在影响力、经济效益等方面还存在一定差距。

（三）剧场总量少，分布不科学

宁夏的演出场所明显偏少，布局结构不甚合理。演艺剧场除首府银川和石嘴山两市外，其他3市22县（区）均没有标准剧院，一些演出场所大多数属于综合性场所，影响舞台剧演出效果和艺术水准，一些演出场所年代久远、设施老化、设备落后，还有一些场所因安全、消防存在隐患无法正常使用或已经停业。

(四)演艺业资本形式单一,民营演艺企业力量薄弱

与发达地区相比,宁夏演艺业资本形式单一,民营演艺企业力量较为薄弱,缺乏股份、中外合资等不同演艺企业竞争发展的格局。

四、对繁荣发展宁夏演艺业的思考

党的十九大报告指出:“中国特色社会主义进入新时代,我国社会主义主义矛盾已经转化为人民日益增长的美好生活需要和不平衡不充分的发展之间的矛盾”,“满足人民过上美好生活的新期待,必须提供丰富的精神食粮。要深化文化体制改革,完善文化管理体制,加快构建把社会效益放在首位、社会效益和经济效益相统一的体制机制”,这一新时代的文化发展思想,为宁夏演艺业在新征程的发展道路上指明了发展方向。

(一)与时俱进、更新观念,积极推进宁夏演艺业体制机制改革

与时俱进、更新观念,推进宁夏演艺业体制机制改革是深化文化改革的重要环节。一是按照自治区党委、政府出台的《关于加快构建现代公共文化服务体系的实施意见》,“坚持正确方向、坚持政府主导、坚持群众需求导向、坚持突出基层、坚持务求实效”的基本原则,不断深化各级文艺院团劳动、人事、分配和管理制度等内部机制改革,增强发展活力,提高公共文化服务能力和水平。二是依托全区“文化惠民”工程,建立区、市、县(区)、乡镇、村五级文化惠民服务网络,从落细、落小、落实入手,使送戏下乡、“清凉宁夏”、高雅艺术进校园、精品剧(节)目驻景区等文化惠民品牌活动得到巩固加强,国内外知名度更高,社会影响力更大。三是加强对转企改制国有院团的持续性指导,帮助其增强自主造血功能,积极引导民营艺术院团发展,两条腿走路,拓宽艺术为人民服务的途径。四是加强文化供给侧改革,请进区外文化存量资源进来,补宁夏人才断层、资源紧缺、经费不足短板,盘活宁夏演艺市场。

(二)坚持导向、创作精品,不断推进宁夏演艺业繁荣兴盛

把握时代特点和观众需求,坚持“二为”方向、“双百”方针,坚持以人民为中心的创作导向,坚定文化自信,创作出思想精深、艺术精湛、制作精良的优秀作品,满足人民过上美好生活的新期待,提供丰富的精神食粮。一是在创作层面，尊重艺术规律，从创作规划上，结合宁夏实际，以“十三五”规划和重大文化活动时间为节点，开展创作规划和选题论证。围绕实现中华民族伟大复兴的中国梦、中国精神和社会主义核心价值观、改革开放40周年、新中国成立70周年、全面建成小康社会和中国共产党成立100周年等主题开展重大选题创作；围绕宁夏历史脉络、庆祝自治区成立60周年等主题开展历史题材创作；围绕时代发展脉搏、“一带一路”战略等主题开展现实题材创作；围绕中华优秀传统文化、革命文化、社会主义先进文化等主题开展本土题材创作。打造品牌，从已创作出的优秀作品中精选出4至5部具有宁夏地域文化特色、文化元素和文化符号的优秀剧（节）目，常态化的予以扶持打磨成为精品，使之成为宁夏走出去的文化名片。从创作主体上，以宁夏演艺集团为龙头，以国有院团、民营院团、各类大专院校为平台，整合资源，形成宁夏创作团队，出创意、出选题、出剧本、出演员，最终出优秀作品，实现文艺作品“两个属性”“两个效益”相统一的工作目标。从创作方式上，实施“三个一批”（整理一批、移植一批、创作一批）。一方面开展本土文艺工作者创作，另一方面，面向全国开展作品征集。剧本和剧目创作两手抓，大戏、小剧两不误，原创、复排、移植同步走，体裁、题材、形式和手段多样化，努力创作出思想精深、艺术精湛、制作精良，有筋骨、有道德、有温度的优秀作品。二是在演出层面，努力增加公共产品和服务的供给，一方面积极引进经典、充满青春魅力、富有感情色彩等群众喜闻乐见的优秀作品，另一方面剧院要自制“看家好戏”，充分利用自身资源、能力、网络、影响等因素，推出自己的作品。

（三）创造转化、创新发展，积极探索新的文化资本运作方式

发展演艺业不能单纯依靠政府投资，应逐步由政府一元化投入转变为政府、企业、个人、社会多元化的投入，把社会效益放在首位，实现社会效益和经济效益的有机统一。一是整合优质资源。使演出经营机构格局更加合理，一批具有较强实力的艺术表演团队、营业性演出场所和演出经纪机构成长起来。以新时代文化事业和文化产业数据统计为基础，加强对演出市场、艺术消费者的研究、分析，了解社会各阶层观众的欣赏习惯和审美需求，提供多样化的演艺产品，制订不同的营销方案。从演出规模、时间跨度、地域跨度、演出场所、演出内容等方面扩大宣传，让更多观众走进剧场，享受艺术熏陶，使文化艺术更大程度的惠及民众。二是民营与国有资源互补。国有演出机构具有剧院资源、政府支持等优势，民营机构则在创作活力、市场营销方面有独到之处。面对激烈的竞争，国有、民营演出机构应整合资源，在竞争中合作，构建国有和多种所有制演出经营机构并存、竞争、发展的新局面。

2017年宁夏文化会展业发展报告

马　珍　张治东

2016年末，文化部发布了《"一带一路"文化发展行动计划（2016—2020年）》（以下简称《计划》），该《计划》作为"十三五"期间促进"一带一路"文化发展的纲领性文件，全面系统地描绘了"十三五"期间我国文化会展业发展蓝图。该《计划》中指出："拓展'一带一路'大型综合会展项目的文化交流合作功能。鼓励中国—亚欧博览会、中国—阿拉伯国家博览会、中国—东盟博览会、中国西部国际博览会、中国（深圳）国际文化产业博览交易会、中国西部文化产业博览会等综合性平台设立'一带一路'文化交流板块。"文化会展业作为区域经济和文化产业发展的助推器，为地方经济振兴和发展带来无限的文化集聚功能和传播效应。2017年，宁夏依托中国—阿拉伯国家博览会深度融入国家"一带一路"建设，文化会展业借助中阿博览会，对推动宁夏文化对外交流以及文化产业合作起到了重要的促进作用。

一、2017年宁夏文化会展业发展的特点

（一）2017中阿博览会持续发挥着促进中阿文化交流、推动宁夏文化会展业发展的重要作用

银川国际会展中心自建成以来，一直是促进宁夏会展业发展的重要平

作者简介　马珍，宁夏社会科学院文化研究所助理研究员；张治东，宁夏社会科学院文化研究所助理研究员。

台，2017 年，共举办各类大型展会活动 39 场，其中涉及文化类展会活动 11 场。2017 中国—阿拉伯国家博览会继续秉承“传承友谊、深化合作、共同发展”的宗旨，举办了 13 项会议活动、10 项展览活动，60 个国家，共计 9797 名国内外嘉宾参会参展，签约项目 253 个，金额 1860.5 亿元人民币。博览会期间第九届中国花卉博览会在银川举办，并在花博园区为此届主宾国埃及建立了主题馆。埃及主题馆建设通过中埃友谊展厅、埃及历史展厅、埃及现代工艺品展厅、埃及人文花园等 7 个功能区以及大量图片、宣传片、工艺品等，集中展示了埃及历史文化、人文经济、民俗风情、中埃友谊等。在主题馆为期 37 天的展示期间，观展人数总量超过 160 万人次。①中阿博览会的举办，不仅促进了宁夏与“一带一路”国家的人文交流，而且推动了宁夏文化旅游业、文化创意等产业的发展。

（二）其他文化会展活动的举办，促进了宁夏文化产业的发展

2017 年，宁夏除了举办中阿博览会之外，还举办了中国宁夏丝绸之路地毯国际博览会、中国（宁夏）非物质文化遗产博览会、2017 宁夏博物馆文创产品设计大赛、首届银川文化艺术创意节、首届中国银川互联网电影节等展会和文化节庆活动。如首届中国银川互联网电影节的举办期间，就有国内知名影视专家 60 多人参加了相关的系列活动，600 多部影片参评。电影节期间还举办了互联网影视产业链发展论坛、互联网影视内容趋势论坛等活动。这些展会及文化活动的举办对宁夏文化产业的发展起到了促进作用。

（三）宁夏会展行业协会推动了文化会展业的发展

宁夏会展行业协会 2009 年 10 月成立，商务厅主管，宁夏民政厅进行业务指导和监督管理。协会现有 70 多家会员单位，涵盖了会议、旅游、展览、文化创意、婚庆、广告、酒店等会展业相关领域；宁夏国际会议展览业协会是在原银川市会展业协会的基础上于 2014 年 12 月在宁夏博物馆成立的。

宁夏会展行业协会自成立以来，积极发挥凝聚整合区内会展资源，加强与国内同行的交流的作用，大力推动宁夏会展业的发展。宁夏国际会议

① 第九届中国花博会在宁夏银川闭幕观展总量超 160 万人次[N]. 新闻网,2017-10-8.

展览业协会自成立以来，围绕“整合会展资源、打造品牌展会、培育会展人才、开拓会展市场、加强行业自律”的努力目标，做了许多促进会展业发展的工作。

（四）启动中的顶层设计将会大力推动宁夏会展业的发展

2017年，宁夏启动了《宁夏会展业发展三年行动计划》和《宁夏会展业发展中长期规划》编制工作，对宁夏会展业发展的现状、相关政策及今后发展思路进行顶层设计。

（五）会展人才培训机制有了新突破

中国贸促会（中国国际商会）宁夏培训基地揭牌仪式暨2017年宁夏会展经济人才培训班开班仪式2017年11月4日在银川举行。宁夏培训基地是中国贸促会目前在国内设立的第四个，也是西北第一个培训基地。[①]贸促会培训中心与宁夏博览局合作设立培训基地，举办了第23期注册会展经理培训和宁夏会展经济人才培训班，培训了420人次。这个基地的建立，为宁夏今后有计划、有步骤地开展会展人才培训，提升会展人员从业能力，调节会展人才结构，促进宁夏会展业发展水平，提供了重要平台。

二、宁夏文化会展业发展中存在的主要问题

目前，我国已形成了以广州、大连、北京、沈阳、西安、昆明等城市为中心的长三角、珠三角、环渤海、东北以及中西部等五大会展经济的产业带框架。全国有影响力的文化会展活动主要有中国（深圳）国际文化产业博览交易会、中国西部文化产业博览会、海峡两岸文博会、中国西部国际博览会等。中国（深圳）国际文化产业博览交易会举办了十三届，已成为全国文化会展产业发展的领头军。宁夏文化会展业与其他地区比较，缺乏竞争实力。首先，文化会展业与宁夏优势文化资源、文化产业结合度不够高，各地发展不平衡。以银川市文化会展业发展势头最为强劲，其他四市在优势文化资源的利用和展现上稍显劣势。而其他四市也具备自身禀赋的文化资源优势，要加以利用和打造具有各市自身特色的文化会展业。其

① 白明微：会展业培训为宁夏开放发展积蓄力量，中国贸易报，2017年11月14日。

次，文化附加值高的创新型展会题材较为缺乏，更多文化展会题材还有待进一步挖掘。主要表现为宁夏文化类会展题材还是以书画展、节庆赛事等为主，对文化会展的其他题材的展览展示开发不够。民生消费类型的会展中缺少对会展文化的传播和总结，另外对文化类会展的广告和信息发布还不全面，群众参与到文化会展中的覆盖面不广。再次，全区对会展文化业、会展文化等课题研究滞后。最后，文化会展业缺乏领军企业，缺乏战略长远、实力雄厚、号召力强且能够引领宁夏文化会展业发展的企业。

三、对宁夏文化会展业发展的思考

宁夏文化会展业应构建以政府主导型会展活动为引领，以市场化运作型会展活动为支撑，打造专业化、新颖化、精细化的优势文化产业集群的文化会展产业。

（一）文化会展企业应该具备“文化会展+”的思维，通过“文化会展+”来提升价值、放大价值、创造价值

会展业是最具平台性、最具延展性和最具可塑性的行业之一，在产业融合越来越明显的情况下，作为会展企业应该具备“文化会展+”的思维，通过“文化会展+”来提升创造价值。通过与其他产业系统的交互融合，形成文化会展企业新生态，打造文化会展行业新格局。文化会展可以融合的业态有很多，如：“文化会展+商业”“文化会展+创意”“文化会展+旅游”。2017年在深圳市举办的舞动艺术展 & 未来游乐园主题展，这个展览占地面积不大，但参观路线设计精致，服务质量好，展览融汇科技与创意，通过光的变化体验艺术之美，打造艺术科技沉浸式互动展，还设有亲子互动，让孩子的画动感地展现，吸引孩子和大人参展。所以，“文化会展+”关键是做好加法，因势利导，因地制宜。所以，宁夏文化会展企业应借鉴这种模式来提升创造价值，通过与其他产业交互融合，构筑文化会展企业新生态，打造文化会展行业新格局。

（二）会展行业协会应继续发挥其重要的桥梁和纽带作用

协会是会展行业的社会组织者和业务指导者，在企业与政府、企业与企业之间发挥着重要的桥梁和纽带作用，对推动会展行业、企业双发展具

有其他机构不可替代的重要作用。宁夏会展行业协会应充分发挥协调、组织作用，推动文化会展资源优化，提升文化会展业竞争力，延伸文化会展产业链。宁夏会展行业协会还应加强与文化会展企业的联系，开辟一些适合宁夏发展的文化展会。

（三）充分认识和重视会展人才的培养和培训

三百六十行，行行有会展。文化会展产业对于从业人员的专业素质和技能要求很高。会展活动提供的是人性化服务，善于与人沟通，把想法变成别人能理解接受的，才能推动会展工作的顺利进行。首先，文化会展从业人员需要熟练掌握两种甚至两种以上专业技能，较好的沟通协调能力，很强的创造性思维能力，才能做好做优每一次展会。再次，对创新能力的要求也是从业人员一项重要的能力。创新是项目唯一性的标志，即使是周期性的会展活动，也绝不是简单的重复，而是要不断创新。只有创新，才能使会展项目和服务获得可持续发展的动力。宁夏目前只有宁夏职业技术学院开设了会展专业，人才的缺乏将会严重影响宁夏文化会展业的发展。因此，加大对会展人才的培养和培训，仍是宁夏文化会展业发展的重中之重。

（四）建立宁夏文化会展业研究智库

文化会展业作为会展业的一部分，其兴起时间不长，但文化会展业对地区经济增长和产业转型的助推器的作用日益明显，已经成为当前会展经济发展研究的热点，而宁夏对会展业，特别是文化会展业的研究几乎空白，建立宁夏文化会展业研究智库，搭建会展文化研究平台，对宁夏会展业发展有着积极的促进作用。

区域篇

QUYU PIAN

2017年银川市文化建设发展报告

胡志平　程利云　鲍　洁

2017年，银川市谋创新、促发展、补短板，以首府责任、首府标准、首府担当，奋力争当全区文化建设排头兵，在推动精神文明建设和促进文化繁荣发展上开创了新局面，为践行“绿色、高端、和谐、宜居”城市发展理念，打造国际化、现代化的“丝路明珠　魅力银川”城市形象提供了强大的精神动力和文化条件。

一、文化建设成果

（一）文明城市创建实现“三连冠”，精神文明建设取得新成效

习近平总书记在会见第四届全国文明城市、文明村镇、文明单位和未成年人思想道德建设工作先进代表时强调，实现中华民族伟大复兴的中国梦，物质财富要极大丰富，精神财富也要极大丰富。我们要继续锲而不舍、一以贯之抓好社会主义精神文明建设，为全国各族人民不断前进提供坚强的思想保证、强大的精神力量、丰润的道德滋养。按照习总书记的要求，银川市注重将精神文明建设和社会主义核心价值观培育和践行工作融入到文明城市建设各个环节之中，坚持落细落小落实，推动精神文明建设向更

作者简介　胡志平，银川市委宣传部副部长；程利云，银川市总工会副主席；鲍洁，银川市委宣传部文艺科干部。

高、更深、更广的层次迈进。

一是打造思想道德建设品牌，让“最美银川人”引领时代新风尚。在全市各行各业连续开展五届“最美银川人”评选表彰活动，将好家庭好家教好家风、移风易俗典范、乡村贤达人士、凤城美德少年等纳入评选范围，深入挖掘各类凡人善举，5 年时间共评选出个人 638 名、集体 13 个。市委每年召开隆重的表彰大会，奖励“最美银川人”每人 1 万元奖金，大张旗鼓的在全社会宣传他们的典型事迹，为他们免费体检、赠阅报纸，帮助解决经济适用房、孩子入学等问题，努力在全社会营造崇德向善、人人向好的良好氛围。

二是深化志愿服务活动，实现志愿服务网络化、制度化、常态化。建立宁夏首个“互联网+志愿服务”网络平台，在实名注册、志愿者管理、活动发布、工时核计等方面实现了网络化、智能化。设立每月 20 日为“全民公益日”，积极组织开展各类志愿服务活动，将全市党员干部的志愿服务活动纳入单位绩效考核并坚持每月通报。2017 年以来，全市开展志愿服务活动 3.48 万次，服务时长达 82.49 万小时，全市共有注册志愿者 26.17 万人，注册志愿服务团队 993 个。

三是建立群众监督体系，使不文明行为无处躲藏。发动市民争做“银川眼”，开展不文明行为“随手拍”。今年共收到市民举报有效视频 4610 条并全部在媒体上曝光，奖励市民 26 万余元。开展“文明车”奖励活动，对无交通违法记录、无非法营运违法（章）运营行为、无“车窗抛物”等不文明交通行为的“文明车”给予减免停车费、车险商业险、小区停车费用，享受车检绿色通道等优惠，截至目前，已有 1900 余辆“文明车”受到奖励。

四是强化全程监管，建立文明单位动态管理机制。制定了《银川市文明单位动态管理措施负面清单》，加强后续的跟踪、监督和管理，采取随机暗访、不定期抽查相结合的方式对全市的各级文明单位进行暗访督查。5 家单位成功创建第五届全国文明单位，我市全国文明单位已达到 27 家。各类群众精神文明创建工作有序开展，群众的参与面不断扩展，有力推动了城市文明程度提升。

五是推动移风易俗，使其融入乡风文明建设中。充分利用道德讲堂、善行义举四德榜、文化大院等阵地，设立宣传栏、绘制文化墙，大力倡导婚事新办、丧事简办、厚养薄葬的文明新风。邀请专家学者、乡村贤达等群体，开办百姓讲堂，引导群众树立文明风尚。试点在农村开展党员操办婚丧喜庆事宜报备制度；倡导在农村成立“红白理事会”；广泛开展村规民约遴选推广活动，督促县区以镇村为单位，结合各村自身历史渊源、文化特点修订完善村规民约。积极推广“道德红黄蓝榜”，引导村民自觉践行社会主义核心价值观。

（二）坚持文化为民，公共文化服务水平全面提升

党的十九大报告中对新时代文化发展做出重要部署，指出繁荣发展社会主义文化、建设文化强国，必须坚持以人民为中心进行文艺创作，必须提供丰富的精神食粮，满足人民过上美好生活的新期待。自治区第十二次党代会提出“扎实推进文化繁荣发展，构筑共有精神家园”的重要任务。银川市以文化育民、文化惠民、文化富民为抓手，推动公共文化服务深入人心、深入基层，让百姓共享文化发展硕果。

一是以文化育民。广泛开展文学、书法、美术、摄影、音乐、舞蹈、戏剧等多种形式的文艺创作，以重大历史节点为契机的时代题材，以中华优秀传统文化，银川历史文化为背景的地域题材，以基层群众生活为视角的民生题材，以民族传统节日为载体的节庆题材等为载体，组织优秀非遗传承工作者、传统戏曲名家、文学艺术家集中创作一批反映党的十九大精神的文化作品，打造讴歌党、讴歌祖国、讴歌人民、讴歌英雄的精品力作；扶持奖励《银川这五年》等重点文艺项目14部、“丝路放歌”2017中国沿黄城市黄河诗会等特色文化活动21项。

二是以文化惠民。成功举办“中国梦·宁夏情”中国文联、中国视协送欢乐下基层走进宁夏（银川）慰问演出活动；打造“书香银川”阅读品牌，举办第四届“银川阅读节”，评选表彰全民阅读优秀示范项目、优秀阅读推广人、书香校园、书香单位，通过“书香银川”微信公众平台，“城市阅读岛”、公共图书馆电子阅报机、电子书借阅机等载体，为广大市民提供便利的阅读服务。实施“美丽乡村·文化大集”活动，通过社火表演、乡镇互动大连演、个人才艺展示、特色小吃、图书展示、秦腔表演、趣味游艺等内容，进一步丰富农民文化生活；开展优秀传统文化进校园活动，选派文化辅导员对学生进行戏曲、花儿、民族舞等传统文化辅导培训，与学校美育教育、课外实践相结合，更好地发挥非遗、戏曲艺术在传承优秀传统文化、培育校园特色文化的独特作用。

三是以文化富民。新建乡镇文化站12个、整合改建街道中心图书馆、文化站45个；开展四个“非遗+”工作，通过非遗+政策撬动、非遗+培训增收、非遗+市场孵化、非遗+送戏送文化等，让广大群众共享非物质文化遗产保护成果；大力开发农家乐、文创产品店、绿色农业采摘、养殖业、休闲度假旅游村等创业项目，采取“企业+合作社+贫困户”的合作模式，开展订单式培训，解决创收问题。

（三）文化+旅游+消费+产业融合发展，文化产业发展活力不断增强

一是“文化+旅游”，特色文化品牌创新发展。着力打造银川黄河文化品牌，策划开展了中国银川黄河文化艺术节，举办中国达人秀专场、陕北民谣、草原之夜、青藏之夜等沿黄9省区专场文艺演出15场，举办沿黄地区非物质文化博览会、黄河童谣儿童剧展演、国际街舞挑战赛、黄河音乐节等10项活动，促进了黄河流域9省区文化交流合作，让更多群众感受黄河文化的魅力。着力打造贺兰山文化品牌，策划举办了2017中国银川贺兰山文化艺术节暨葡萄酒文化节，举办贺兰山音乐节、贺兰山电音秀、地方特色文艺展演、全民酒庄体验行、首届宁夏动漫节、印象西夏摄影优秀作品展等19项活动，吸引近10万名区内外专家、客商和市民群众的参与，有效促进贺兰山文化旅游和贺兰山东麓葡萄酒产业融合发展，策划推出了国际青年戏剧节等活动，运用微博、微信、移动客户端等载体，传播展示银川文化品牌，对外文化交流与合作进一步扩大，银川文化知名度、美誉度着力提升。

二是文化+企业+项目，发展环境得到优化。制定《银川市推进文化产业发展实施意见》，对全市文化产业进行统筹布局、特色引导。加大骨干文化企业和特色园区的规范引导，指导IBI育成中心创建第一批国家文化产业示范园区。开展“十强文化企业、十佳特色小微文化企业”评选，积极培育和发挥优秀文化骨干企业经营示范、典型引领作用。组建银川市文化产业联合会，助推小微企业快速发展，搭建文化企业服务平台。成功举办“2017首届中国·银川文化艺术创意节”，吸引文化创意作品近千件，创意项目路演及签约会上达成合同资金1亿元，协议资金近17亿元。成功举办“首届中国银川互联网电影节”，争取市政府专项资金500万元支持互联网电影、文化创意和数字设计服务等产业发展。通过资产重组，融资4亿多元组建银川市文投公司。资助引导文化企业与金融机构开展多种合作，引导社会资本投资文化产业，鼓励文化企业多方式参与资本运作。

三是文化+消费，城乡居民文化消费持续增长。围绕扩大文化产品和服务有效供给、推进惠民便民措施、提高文化消费便捷度、促进文旅体商融合发展、加强宣传发动营造社会氛围等方面积极开展文化消费试点城市工作。成功举办了“‘银川金秋’2017市民文化消费季”，通过政府购买、文化惠民补贴等措施，丰富文化产品有效供给，培育新的消费热点。一年来，全市共有1500余家企业商户参与消费试点工作，参与人次达到120余万。据初步统计，文化消费比去年上半年同期增长15%左右，取得了阶段性成效。

四是文化+新兴业态，多业态经营效益提升。积极引导文化娱乐场所转型升级，对2家游艺娱乐场所试点单位实行了游艺和电子游戏分区设置，开放了面向全年龄段消费者人群的服务模式，推出了老年人娱乐机型。在3家歌舞娱乐场所试点单位设置多功能区域，改变原有较为单一的经营模式，实现了多业态经营。

二、文化建设中存在的主要问题

一是城市文明程度仍需不断提升。不文明现象和行为时有发生；志愿服务项目还不够丰富，社会化组织较少，长期坚持的品牌活动不多；公民思想道德建设水平尚需提高，典型选树的范围还不够广，代表性还不全面，先进典型的学习宣传手段还不够多，影响力还不够广。

二是基层公共文化服务水平不够高。全民阅读活动覆盖面不广泛、群众参与不够，特别是基层开展的阅读活动相对较少，基层阅读设施和阵地利用率较低，基层公共文化服务设施建设和维护费用缺乏；优秀文艺作品创作鼓励扶持机制建立不完善、实施不到位，优秀文艺作品产量低、创作能力较弱。

三是文化人才依然匮缺。公共文化事业、文化产业依托新兴科技、高端技术、文化人才等发展能力较弱。创新文化人才队伍缺口较大，复合型管理人才少，新兴行业专业人才少，创意型人才少，缺乏领军性的文化人才，在创作力量上较为薄弱。

三、文化建设的基本思路

坚定文化自信，推动社会主义文化繁荣兴盛，是新时代坚持和发展中国特色社会主义的必然要求，是全面建成小康社会、实现人民对美好生活向往的基本内容，是实现中华民族伟大复兴中国梦的重要支柱。我们要认真学习贯彻党的十九大精神，以培育和践行社会主义核心价值观为根本，不断深化文明城市建设，提高城市品位、市民素质和全社会文明程度，繁荣发展社会主义文艺，全力打造崇德向善、文化厚重、和谐宜居的文明城市品牌，切实增强广大市民的获得感和幸福感。

（一）巩固文明城市创建成果，推进社会主义核心价值观建设

一是常态化多样化开展精神文明创建活动。群众性精神文明创建是人民群众自己动手、改造社会、创造美好生活的创举，也是提高人民思想觉悟、道德水准、文明素养和社会文明程度的有效途径。我们要继续在全市深入开展以大力弘扬中华优秀传统文化、革命文化、社会主义先进文化为主要内容，以文明城市、文明村镇、文明单位、文明校园、文明家庭为载体的精神文明创建活动，坚持创建为民、创建靠民、创建惠民，不断扩大覆盖面，增强实效性，让精神文明创建活动成为助推银川市社会文明进步的强大动力。把文明城市建设向永宁、灵武等县市拓展，把文明单位创建向新经济组织、新社会组织、科技创新单位等层面延伸，激发社会力量和全体市民的创建热情。

二是不断强化社会主义核心价值观教育引导。深化中国特色社会主义和中国梦宣传教育，持续推进“图说我们的价值观”公益宣传行动，用足电视、报刊、广播等传统媒介，用好微信、微博等新兴媒介，用活户外广告、工地围挡、电子大屏、车载电视、楼宇电视、公交站牌、地名牌等社

会媒介，确保媒体的重要时段、重要版面、重要位置和社会媒介的醒目位置都有社会主义核心价值观相关内容，使社会主义核心价值观在媒体上随时可见、在媒介上随处可观，大力弘扬民族精神和时代精神，教育引导人们向上向善、忠于祖国、忠于人民。深入推进国防教育。

三是持续提升市民文明素质。深入实施公民道德建设工程，推进社会公德、职业道德、家庭美德、个人品德建设，以“日行一善”为抓手，全面推进未成年人品德养成教育；以好家风好家训传承推广为抓手，全面推进“最美家庭”建设；以规范引领为抓手，将社会主义核心价值观要求纳入各行各业的规章制度、职业规范、市民公约、村规民约、学生守则之中，广泛开展“文明交通”“文明旅游”“文明上网”“文明餐桌”等主题活动，全面提升市民文明素质；以不文明行为“随手拍”为抓手，扩大曝光范围、加大惩戒力度、规范法律制度约束，全面树立社会责任意识、规则意识。从家庭做起，从娃娃抓起，积极引导人们讲道德、尊道德、守道德。通过正面引导、反向监督、制度约束等举措，全面加强爱国主义、集体主义、社会主义教育，提高人们思想觉悟、道德水准、文明素养。

四是广泛开展“最美银川人”选树活动。继续深化“最美银川人”评选表彰活动，不断从全市基层、服务行业一线和公民思想道德建设领域深入挖掘各类凡人善举，持续加大奖励和关爱力度，深入评选推荐“道德模范”、身边好人等道德典型，使助人为乐、见义勇为、诚实守信、敬业奉献、孝老爱亲成为广大市民的共同追求，讲好银川故事、塑造银川精神。

五是加快推进志愿服务制度化。不断完善志愿服务网络平台建设，坚持干部带头、全民行动，扩展“全民公益日”“三关爱”“邻里守望”等志愿服务活动的覆盖范围，推动志愿服务活动向农村延伸、向家庭拓展，开展更具针对性、更有实效性、更方便群众参与的活动，引导和激励全体市民互帮互助、互学互爱，不断强化人们的奉献意识，共建美丽家园、共享美好生活。

（二）实施文化惠民工程，提升基层公共文化服务水平

一是推进优秀传统文化传承创新体系建设。围绕中心，服务大局，加强文化交流合作，以民族文化演艺、非物质文化遗产、文物博物等为重点，推动银川文化“走出去”。举办中阿舞美人才研修班、全国回族舞蹈人才培训班。完善宁内蒙古陕甘青文化联盟合作交流机制，加强与周边毗邻城市的文化交流合作，推动区域文化联动。繁荣艺术创作生产，抓好杂技剧《岩石上的太阳》、舞剧《丝路长歌》、扶贫剧《圆梦》等一批精品剧作创排工作。继续推进《月上贺兰》《平安是福》等优秀剧目赴国内、国外交流演出。

二是推进现代公共文化服务体系建设。坚持需求导向，依法保障市民公共文化权益，落实政策、统筹资源、完善机制，积极吸引社会力量参与，扎实推进公共文化建设，加快实现公共文化服务标准化、均等化、社会化和数字化，不断丰富公共文化产品和服务供给。进一步完善公共文化服务体系建设考核评价标准，健全群众评价反馈机制。培育文化类社会组织，推进政事分开、管办分开。推进图书馆、文化馆等文化事业单位法人治理结构改革。配套制定公共图书馆、文化馆、文化站、农民文化大院、基层综合性文化服务中心服务标准细则，推行基层站点星级化管理，全面推进公共文化服务标准体系建设。完善基层文化设施网络，推动基础设施建设向基层和农村倾斜，完成第二批 30 个基层综合性文化服务中心建设、新建 20 个示范性农民文化大院、20 个图书阅读岛。完成银川文化艺术馆数字文化馆、银川公共文化服务平台移动端等项目建设，提升公共文化数字化、智能化服务水平。

三是大力实施文化惠民工程。扎实开展“四送六进·文化惠民”活动工程，注重满足残疾人、农民工、老年人、农村留守妇女儿童等特殊群体的文化需求。全面推行“菜单式、预约式”服务机制，全年开展“送戏下乡”1000 场次以上、放映公益电影 8000 场次以上。进一步提升广场文化品牌质量，扎实推进广场民族健身舞创作和推广工程、广场文化进万家等文化活动，全年开展广场文艺演出 1000 场次以上。继续提升“文化银川·花开四季”等活动影响力，推进公共文化服务特色化、常态化、体系化，策划推出国际黄河艺术节、国际青年戏剧节、全城微阅读大赛、银川大讲堂、社区文化节、少儿文化节、老年文化节等大型品牌活动。扎实推进全民阅读工程，深入开展“书香银川·银川书香” 全民阅读活动，打造 “银川阅读节”“银川读书日”品牌，表彰推广一批带动力强的阅读活动，促进民间阅读组织发展，调动全社会力量共同推进全民阅读，提升“开卷有益·读者沙龙”活动影响力，加快书香银川建设。

（三）转型升级、跨界融合，推进现代文化产业体系建设

一是促进文化产业集聚式发展。要把握产业发展特点，积极推行“文化+”发展方式，努力引导行业转型升级，持续提升产业发展创新力。抓好IBI育成中心创建国家文化产业示范园区工作，支持县（市）区文化产业园区建设工作，积极推进银川特色文化产业园区、岩羊青年文化创意产业园、银川电影学院等项目建设，举办中国银川互联网电影节、文化创意节等大型展会，为文化产业发展融资搭建平台。完成银川演艺中心文化综合体的招商、入驻和运营。推进优势资源整合、业态跨界发展，形成产业集聚和洼地效应。

二是积极引导文化消费。通过政府购买、文化惠民补贴、培育孵化等措施，丰富文化产品有效供给，培育新的消费热点，加强数据监测和统计，提升文化消费需求，积极探索和建立促进文化消费新机制，总结新经验，推动文化供给侧改革。

三是加强文化市场监管与执法。认真组织开展“扫黄打非”及“护苗”“净网”“清源”“秋风”“固边”五大专项行动，深入推进“扫黄打非”进基层工作。引导文化娱乐企业积极参与公共文化服务，推动60%经营场所实现转型升级。

（四）推进文化人才体系建设，提高管理运行水平

要加强人才队伍建设。重点抓好文化企业家、复合型人才、创意科技人才和其他相关专业人才培养和引进。面向全国聘请文化领域专家学者成立银川市文化专家委员会，建立银川市文化产业智库，实施百名文化产业领军人才和千名文化骨干人才培养工程，举办文化产业专题培训班和文化产业发展高峰论坛和“塞上文化英才”评选活动，为银川市文化发展发现、储备、培养一批领军型人才。加强社会民间（民营）文艺团队管理，深化评星定级工作。发挥好“双百”文化志愿团作用，定期深入基层开展点对点、面对面辅导、讲座、培训、演出等志愿活动。

2017年石嘴山市文化建设发展报告

葛建华　赵晋宁

2017年，石嘴山市文化建设认真贯彻落实党的十九大、自治区第十二次党代会和石嘴山市十次党代会精神及决策部署，对标自治区党委宣传部《2017年全区宣传思想文化工作要点》《2017年宣传思想文化工作“十大工程”三个清单工作分解表》和《自治区第十二次党代会报告主要任务分工落实方案》，在文化建设上重点围绕“公共文化服务体系建设、文化产业融合发展、文艺精品创作生产、文化市场繁荣规范”等方面持续发力，狠抓工作落实，着力夯实文化发展基础，大力提升文化发展品质，有力推动了文化事业深入发展，为石嘴山市转型发展走新路、全面振兴创新业，决胜全面小康提供了良好的文化支撑。

一、文化建设基本情况

2017年，石嘴山市紧紧围绕自治区宣传思想文化工作各项目标任务和市委、市政府中心工作，制定了《2017年宣传思想文化工作要点》《2017年全市宣传思想文化工作主要任务分工》《市委宣传部贯彻落实自治区第十二次党代会报告主要任务分工方案》，超前谋划全年文化工作思路措施，

作者简介　葛建华，石嘴山市委宣传部宣传科科长；赵晋宁，石嘴山市文化新闻出版广电局办公室主任。

周密安排部署好全年工作，高标准、高质量地完成了年度文化工作各项任务。同时，通过两轮六年创建的不懈努力，石嘴山市从中央文明办测评的89个创建第五届全国文明城市中脱颖而出，以排名第18位的优异成绩荣获全国文明城市（本届荣获全国文明城市的地级市为30个）；石嘴山市居民白琴同志荣获第六届全国道德模范；市委宣传部等6家单位被评为全国文明单位，惠农区庙台乡静安村等2个村镇被评为全国文明村镇，市三中被评为全国文明校园；有2人荣登“中国好人榜”，5名小导游荣获“中华小导游”称号。

（一）认真落实“三化”要求，稳步推进现代公共文化服务体系建设

一是认真落实“数字化、特色化、标准化”要求，做好政策支撑，出台《石嘴山市加快构建现代公共文化服务体系实施方案》和《石嘴山市基本公共文化服务实施标准（2017—2020年）》，明确了全市构建现代公共文化服务体系的主要目标、重点任务和加大公共文化服务的保障措施。争取自治区资金100万元建设市美术馆，加快推进市美术馆改造装修建设和馆藏书画作品征集及装裱布展工作，弥补了全市公共文化服务阵地没有美术馆的空白。

二是启动实施特色文化示范社区（村）创建工作。为推进美丽乡村建设，按照打造特色、突出亮点的要求，推进全市社区（村）差异化、个性化文化发展。经逐级申报、评定，2017年首批命名市特色文化社区（村）90个。通过发挥示范典型的影响和带动作用，调动了全市更多社区（村）的积极性和创造性，促进了全市公共文化服务标准化、均等化建设。

三是推进公共文化服务数字化建设。实施文化民生工程，完成了石嘴山公共数字文化云平台建设。平台对传统文化资源进行有效整合利用，覆盖了全市80%的公共文化活动，广大干部群众可利用平台享受预约服务、线上阅读、欣赏艺术作品、参与学习互动等服务，降低了公共文化服务成本，提高了公共文化资源使用率。

（二）坚持群众需求导向，切实加大文化惠民力度

一是积极组织开展丰富多彩的群众性文化活动。围绕党的十九大、建军90周年、自治区第十二次党代会等重大主题和重要节点，广泛开展“我们的节日”和砥砺奋进的五年群众性主题教育活动。高标准高质量开展戏曲进校园活动，采取“10+3”创新方式，举办戏曲进校园活动60多场，参与学生达5万余名。组织开展了全市百姓春晚、春节花灯民俗节和元宵焰火表演、秧歌社火展演比赛、“美丽中国梦”文化科技卫生“三下乡”暨“猜灯谜 送春联 唱大戏 过新年”志愿服务活动、第十八届广场文化艺术节、“全民阅读季 书香石嘴山”系列活动、第十五届中国戏剧节石嘴山分会场展演、“中国梦·宁夏情”中国西北音乐节青海团来石嘴山演出等30多项大型文化活动，为市民献上丰盛的艺术大餐。开展送书画、送春联、送图书、剪窗花和“送日历下乡”等活动和系列书画作品展，举办“保护黄河母亲河、守护贺兰山父亲山”环保摄影大赛，让群众更好地共享文化惠民成果。

二是不断丰富公共文化服务供给主体。组织了市首届市民社区文化艺术节品牌活动20场次，让广大群众参与基层社区公共文化服务供给，使全市社区公共文化服务供给向互动性、多样性、灵活性的方向发展。加强特色文化挖掘整理工作，利用在各新闻媒体开始专栏等多种形式进行展示宣传，让特色文化成为提升城市凝聚力的重要力量。落实国家艺术基金项目要求，对《串铃声声》等近年来全市创作的优秀文化作品进行编排整合，开展“喜迎十九大 丝路抒怀”优秀文化作品巡演40场次。

三是创新公共文化场馆服务方式，开展了图书馆总分馆建设、“让博物馆展览行驶在公交线上”、城市主题公益书屋建设等活动，建成城市主题公益书屋2个。在市博物馆举办了“光辉的历程——中共一大至十八大图片展”，引起了积极的社会反响。2017年全市共组织“广场文化艺术节”演出144场次，“我为乡亲送戏来”演出221场次，“舞动石嘴山”百姓健康舞培训1300余人次。

（三）创新扶持发展机制，文艺精品创作力影响力不断提升

一是率先出台《石嘴山市重点文艺项目扶持办法》，利用项目化运作方式，投入资金68.7万元对《落根宁夏》等7类24部主题鲜明、作品质量较高的文艺项目进行立项扶持；顺利召开了市文联第六次代表大会，按程序选举产生了新一届班子成员，加强了文联自身建设；以石嘴山市全国道德模范周淑琴同志先进事迹为原型创作拍摄电影《槐秋》，并在北京召开新闻发布会，中国文联副主席刘兰芳、著名演员杜旭东等为电影代言，黄坤明同志对电影做出重要批示，中央文明办推荐作为主旋律电影面向全国公益放映，实现了全市影视作品进入院线的零突破。

二是创新举办“讲文明树新风公益广告”“喜迎十九大　美丽中国梦”主题微电影剧本和作品大赛活动，石嘴山市选送的2部微电影作品和1个剧本荣获全区“讲好宁夏故事，记录时代精彩”社会主义核心价值观主题微电影比赛大奖。由国务院新闻办监制、五洲传播中心出品的新媒体纪录片《奥利弗游中国》栏目著名主持人奥利弗·格朗让，对石嘴山市庙庙湖景区治沙工作开展了为期4天的拍摄，是宁夏唯一一个被中宣部指定的拍摄点。

（四）突出抓好顶层设计，夯实文化产业发展基础

一是抓好顶层设计，推进文化体制改革和文化产业发展。按照一园多区思路，重点围绕推进宁夏石嘴山黄河国际数字电影小镇、汉唐九街“煤城·记忆”文创产业特色街区建设，制定出台《石嘴山市星海湖国家级文化产业试验园区建设实施方案》，理清了文创产业发展思路。成立了由市长任主任的市星海湖国家级文化产业试验园区管委会暨市文化创意产业发展委员会，下设市文创办，具体负责开展文化创意产业园建设工作。挂牌成立了石嘴山黄河国际数字电影小镇暨石嘴山星海湖国家级文化产业试验园，积极打造数字电影梦工厂和以影视产业为龙头的全产业链条文化产业示范基地。

二是建立文化产业考核制度，将文化产业纳入全市效能目标考核，调动了县区和市直相关部门推进文化产业发展的积极性。启动了全市文化产业规模以下企业统计监测报表制度建设工作，为全面建设小康社会文化产业工作提供数据支撑。开展了第一批石嘴山市文化产业示范基地、示范户评选命名工作。首批命名市级文化产业示范基地3家，市级文化产业示范户6户。

三是推进文化产业人才培养。在浙江杭州市举办全市全域旅游暨文化产业高级研修班；在大武口区举办了全市文化产业发展培训班，邀请清华大学文化创意发展研究院副秘书长、教授李昶，工信部工业文化发展中心副主任孙星等区内外知名专家教授，就文化资源的有效整合与创意开发利用、工业遗产的开发利用、文化产业发展新思路、新举措、新方法等进行了详细讲解。

（五）注重加强引导培育，促进文化市场规范发展

一是推进文化市场诚信体系建设，制定了《推进文化市场诚信体系建设实施方案》《石嘴山市文化市场信用信息管理办法》，建立健全了文化市场经营企业主体信用信息数据库。征集文化市场信用信息，建立文化市场信用信息管理台账，共征集信用信息 104 条。及时报送发布文化市场诚信信息，目前共报送文化市场行政处罚案件信息 12 条，文化市场“红黑榜”9 期，共有 45 家企业上榜，其中“红榜”32 家，“黑榜”13 家。

二是率先在全区开展文化市场移动执法工作，文化市场移动执法广泛应用于印刷企业、书店、歌舞娱乐场所、网吧、校园周边文具店等文化市场。截至目前，开展移动执法 60 余次，出动执法人员 1500 余人次，检查经营单位 980 余家，利用移动执法上报办理案件 7 起，结案 7 起。石嘴山市移动执法工作得到文化部的肯定，奖励工作经费 6 万元。

三是扎实开展“扫黄打非”工作，营造和谐健康的文化市场环境。组织召开了全市出版、印刷市场经营业主规范经营培训会。积极开展“扫黄打非”五大专项行动，重点针对网吧、出版印刷、歌舞娱乐及寄递企业进行检查。严厉打击政治宗教、淫秽色情、侵权盗版等各类非法出版物及宣扬恐怖暴力、淫秽色情、封建迷信等危害未成年人身心健康的有害读物，认真查处寄递渠道，封堵非法出版的流通渠道。加大网络巡查力度，打击网络文化领域传播危害国家安全、淫秽色情等有害信息的违法行为和违法网络文化产品及服务。

四是推进文化娱乐经营场所转型升级。制定了《石嘴山市歌舞娱乐和游戏游艺行业转型升级工作实施方案》，组织召开全市文化娱乐经营场所转型升级座谈会，确定了 4 家歌舞娱乐场所作为转型升级重点场所。

（六）积极多方协调争取，做好文化遗产保护传承开发工作。

一是积极争取项目。石嘴山市红果子明长城抢险加固项目勘察设计方案、市博物馆预防性保护方案已分别经国家文物局审核批复，首批分别拨付资金488万元、157万元，现项目正在推进实施中。争取自治区文保专项资金对全市境内大西峰沟、黑石峁等贺兰山岩画进行了三维扫描，在不损伤文物的前提下采用新技术让贺兰山岩画能够长久保存。

二是推进非遗保护传承。完成了市第六批非遗项目、传承人、传承基地的申报工作，已经市人民政府批准公布。成功申报了2名自治区级非遗传承人和市第十五中学（剪纸）、惠农区回民中学（回族木球）两个自治区级非遗保护传承基地。做好文化遗产保护宣传，举办了“记忆石嘴山”文化遗产摄影展，多角度、多层次反映了全市文化遗产保护成果。

二、文化建设中存在的主要问题

一是对基层文化工作重视不够，经费投入不足，缺乏保障，县区人均公共文化经费投入在全区处于较低水平，部分宣传文化单位和文化阵地设施投入、运行维护资金严重缺乏，基层公共文化供给和服务能力还有待进一步提高。二是基层文化队伍比较薄弱，存在人员老化、干部断档、流动性大、培训较少等问题，专职干部少、兼职干部多。文化文艺人才等专业人才缺乏。三是文化产业发展明显滞后，成为全市文化小康建设短板中的“短板”，文化产业存在总体规模偏小，缺少领军骨干企业，与科技、金融和旅游休闲等产业融合发展程度不高，产业之间关联性不强，产业政策体系还需要进一步健全完善等困难。四是有影响力、有带动力的文艺人才和文艺精品较少，新兴文艺领域创作不够，与意识形态工作要求不相称。五是基层宣传文化工作机制有待完善。

三、文化建设的基本思路

2018年，石嘴山市将深入学习宣传贯彻党的十九大精神，以习近平新时代中国特色社会主义思想为指引，按照自治区第十二次党代会和石嘴山市第十次党代会决策部署，以“满足人民过上美好生活的新期待，必须提供丰富的精神食粮”作为工作的出发点和落脚点，贯彻新发展理念，聚焦全面建成小康社会中文化小康目标，突出抓重点、补短板、强弱项，走新路、创新业，努力把各项文化工作做得更好，着力促进文化工作繁荣兴盛，为推动石嘴山由宁夏工业的“摇篮”向科技创新的“摇篮”转变、由工矿时代向生态时代转变，决胜全面建成小康社会营造良好的文化氛围和提供强有力的文化支撑。

（一）深入学习宣传贯彻党的十九大精神，用习近平新时代中国特色社会主义思想武装头脑、指导实践、推动文化工作深入开展

坚持把学习宣传贯彻党的十九大精神作为首要政治任务和工作主题，把学习贯彻习近平新时代中国特色社会主义思想作为重中之重，加强组织领导，精心督导推进，在学懂、弄通、做实上下功夫，推动深学细学，广泛宣传宣讲，实现聚焦聚力，不断把宣传思想文化系统学习宣传贯彻党的十九大精神引向深入，把十九大精神和各项目标任务转化为共同认识和坚定行动，奋力谱写新时代石嘴山市文化工作繁荣兴盛发展的新篇章。

（二）以服务群众惠及民生为目标，加快构建现代公共文化服务体系

继续巩固国家公共文化服务体系示范区创建成果，深入实施文化惠民工程，推进文化体制改革，从满足群众多样化精神文化需要出发，完善公共文化服务设施网络建设，提升各类公共文化服务设施功能，建设完成市美术馆并投入使用，推进全市基层文化综合服务中心建设。继续开展公共文化馆、图书馆总分馆试点工作，推进市图书馆与辖区图书馆建立总分馆。做好市博物馆三级馆申报评估工作；加大公共文化服务数字化建设力度。推广石嘴山公共数字文化云平台运用，实现线上线下公共数字文化体验式服务；做好全市文化辅导员下派基层“种文化”惠民服务项目申报国家公共文化服务体系示范项目工作，通过下派文化辅导员提升基层在文化活动开展、人才培养、文艺创作、资源挖掘等方面的能力。

（三）坚持以社会主义核心价值观为引领，广泛开展各类群众性文化活动

围绕纪念改革开放40周年、庆祝自治区成立60周年等重大主题和重要节点，继续推进“我们的节日”主题活动，组织覆盖面和参与面广、影响力大的群众性系列文化活动，以讴歌新时代、展现新成绩。以“欢乐宁夏”为主题，组织开展“送戏下乡”惠民文艺演出、“舞动石嘴山——百姓健康舞培训”“广场文化艺术节”、社火展演大赛等文化活动，满足群众多样性文化需求；落实好“一村一年一场戏”、农村数字电影放映任务，满足特殊人群文化需求。开展“全民阅读季、书香石嘴山”活动，充分利用“世界读书日”“图书馆服务宣传周”、图书移动服务平台“七进”，推动全民阅读，打造书香石嘴山。推进戏曲进校园工作，进一步增强青少年学生的文化自觉。做好农村电影放映及农家书屋建设，确保“一村一月一场电影”，争取资金为农家书屋补充书籍资料，更好地让广大人民群众共享文化发展成果。

（四）紧紧围绕新时代要求，持续推进文艺精品创作和文化遗产保护

紧贴中国特色社会主义新时代脉搏，抓好石嘴山市重点文艺项目扶持办法落实，推进深入生活、扎根人民主题实践活动，力争推出一批讴歌党、讴歌祖国、讴歌人民、讴歌英雄、讴歌家乡的精品力作。争取将电影《槐秋》列入自治区成立60周年献礼影片，在全区进行放映。加强文艺队伍建设，举办高层次的文艺骨干研修班，在文艺界大力开展倡导讲品位、讲格调、讲责任，抵制低俗、庸俗、媚俗的“三倡导、三抵制”活动，培育造就一批德艺双馨的艺术骨干，开创全市文艺繁荣、新品涌现、精品迭出的良好局面。坚持以项目建设为抓手，提高文物保护水平，重点抓好明长城红果子段、长兴街道兴民村段抢险加固工程，争取《省嵬城保护规划》和《玉皇阁保护规划》通过国家文物局审核，加快推进明长城、省嵬城保护性设施建设项目。做好非遗传承保护工作，开展第五批自治区级非物质文化遗产项目和第七批市级非物质遗产项目代表性传承人、传承基地的申报工作，出版非遗系列文化丛书。结合特色小镇和美丽乡村建设，继续开展特色文化示范社区（村）创建活动，加大特色文化资源挖掘整理力度，带动提升我市文化软实力和影响力，打造城市文化名片。

（五）完善产业配套政策，全力推动文化产业提质增效

加强文化产业政策引导，出台《石嘴山市文化创意产业发展意见》《石嘴山市文化产业基金管理暂行办法》等政策性文件，加大对优秀文化创意产业项目的扶持力度，实现政策、资金、项目、人才和环境等优化配置和优势再造。实施产业项目带动战略，做好文化产业项目征集储备工作，丰富文化产业项目库，培育扶持一批骨干企业和小微企业互动发展。开展多种形式文化产业项目推介、洽谈、引资活动，加快文化产业项目投资，争取引进落地一批新兴、优质、特色文化产业项目，推进黄河国际数字电影小镇、汉唐九街“煤城·记忆”文创园招商营运工作。发挥市文化创意产业园平台作用，结合全市传统产业改造提升工作，积极探索发展“文化+科技”“文化+金融”“文化+旅游”等新业态，培育文化新经济新业态，推动文化产业与其他相关产业深度融合发展。积极组织全市非遗项目传承人、骨干文化企业组团参加深圳文博会等高层次展会，推进全市文化产业“借船出海”，走得出、站得稳、引得进。

（六）以改革创新为突破口，不断提升文化市场综合监管水平

落实《石嘴山市文化市场综合执法改革实施意见》，开展市本级文化市场综合执法改革工作，协调县区做好文化市场综合执法改革相关工作。加强文化市场执法队伍建设，指导县区成立文化市场执法队伍。与河南省洛阳市开展对口协作交流，提升我市文化市场执法能力和水平。继续保持“扫黄打非”高压态势，做好“扫黄打非”进基层工作，深入开展“扫黄打非”各专项行动，加大源头和市场治理力度，积极营造清朗的文化市场环境。

2017年吴忠市文化建设发展报告

杨宗麒　石文芳

2017年，吴忠市文化建设围绕“文化强市”战略，以创建国家公共文化服务体系示范区和文化扶贫项目等为载体，贯彻落实习近平总书记在文艺工作座谈会上的讲话精神和党的十九大、自治区第十二次党代会精神，在夯实基层文化阵地、选树本土文艺名家、推进示范区创建、加大文物挖掘保护、申报世界文化遗产、打造文化品牌等方面亮点频出、成绩突出，文化建设工作水平进一步提升，为建设“开放吴忠、富裕吴忠、和谐吴忠、美丽吴忠、智慧吴忠”提供了精神动力和文化支撑。

一、2017年文化建设基本情况

（一）开展主题活动，不断提升文艺作品创作水准

2017年，吴忠市持续深入开展了“深入生活　扎根人民”主题创作系列活动。以“民族团结花更红”原创微电影评选、“为时代领跑”文学创作主题征文、“戏曲传承唱中华、群芳吐蕊赞家乡”文艺展演等活动为载体，在文学、歌舞、微电影以及书法美术等领域的创作成果表现出“百花齐放”的局面。新创作小说、诗歌、歌舞、戏曲等各类文艺作品500余件。

作者简介　杨宗麒，吴忠市委宣传部副调研员；石文芳，吴忠市委宣传部文化艺术与精神文明创建科干部。

其中，舞蹈作品《美咂啦》获得第二届全区少数民族文艺调演表演一等奖，剪纸作品《母爱伟大》获“潼关杯”全国剪纸大赛优秀奖，书法作品《陶弘景·答谢中书书》被人民大会堂管理局永久收藏；出版文艺评论集《落花有意染衣袖》、小说（集）《产房》《拳手》、诗集《秘境的心声》，创作完成献礼60大庆·百米美术长卷《魅力宁夏 塞上江南》等文艺精品。“民族团结花更红”主题暨吴忠市第三届原创微电影评选活动共征集到40余部微电影，《干亲》《爱在回乡》《坐在阳光里》等十三部优秀作品获得表彰奖励，并在吴忠电视台、腾讯等视频网站进行展播，网络点击量累计突破几百万人次。其中《干亲》《爱在回乡》《期盼》等几部微电影在区内外微电影大赛中获得奖项名次。经过几年的探索实践，目前吴忠市微电影在拍摄水平和创作艺术性等方面都有了较大的提升，积累了丰富的拍摄、评选和展映经验，这种文化“微传播”，撬动了社会“大能量”，为繁荣吴忠文化、弘扬社会主义核心价值观、巩固民族团结创建成果探索了新路径，做出了新贡献，微电影“吴忠做法”在逐步成熟并不断丰富完善中。

（二）选树“文艺名家”，重视发挥名家示范引领作用

2017年，吴忠市委、市政府更加重视对重点文艺作品和优秀文艺人才的表彰奖励，推出多项重奖举措，为优秀文艺工作者和作品脱颖而出提供了良好的创作环境。通过精心组织，重奖了优秀文艺作品。经过层层筛选、推荐、审核，对《钢筋工》《雪白的鸽子》等22件获重要奖项的文化（文艺）作品进行表彰，投入32万元给予重奖。市文联筹措资金对同心县文联等3个先进集体、长篇小说《驼路》等20部优秀文艺作品予以表彰奖励。经过科学评选，表彰了首批“文艺名家”。按照“选得出、立得住、叫得响”和“优中选优，不搞平衡”的原则，经过公开申报、推荐和反复审核，邀请自治区文联领导和各协会专家进行了民主评选，最终从文学、摄影、书法、舞蹈、音乐等领域中的70余位候选人中，选树了杨森翔、吴灵、侯洪章等13名德艺双馨的文艺人才为吴忠市“首届文艺名家”。加大宣传，发挥示范引领作用。在吴忠日报等媒体设立专栏，集中宣传展示吴忠“首届文艺名家”风采和业绩，激励文艺名家再接再厉，发挥示范引领作用，鼓励青年文艺人才砥砺前行，历练“十年磨一剑”的创作态度；组织吴忠首批“文化名家”到石嘴山进行交流学习并举办文艺笔会系列活动；组织文化文艺人才到吴忠各工农业园区、文化场馆、黄河楼等地进行实地采风和剧本创作。创作出了花儿剧《连心曲》、小品《爱与法》、表演唱《家乡美》、原创弹唱《老家》、微电影《无“礼”的幸福》等弘扬社会主义核心价值观、反映宁夏精神、吴忠特色等优秀文艺作品。

（三）实施扶贫项目，着力夯实基层文化阵地建设

2017年，吴忠市承担自治区文化扶贫工程暨132个村综合文化服务中心项目建设任务。目前132个村综合文化服务中心项目主体工程1000平方米文化广场，100平方米文化活动室，长10米、宽5米、高0.8米的简易戏台已全部完工，项目已投入使用，并开展了具有特色的文体活动。10月份，通过了自治区督察组对项目的验收，盐池县、红寺堡区、同心县在项目建设和管理方面的工作特色分别得到了验收组的肯定。盐池县结合自身实际和群众文化需求，制定了乡镇（街道）综合文化服务中心基本服务项目目录，重点围绕文艺演出、教育培训等，设置具体服务项目种类、数量、规模等要求，一些乡镇设计布置了特色鲜明的村史文化厅；红寺堡区项目设计汲取中华传统建筑文化精华，融入移民庭院风格和田园风光，使村综合文化服务中心和周围民居融为一体，充分体现文化的传承性和包容性，彰显“共产党好，黄河水甜”的移民文化主题；同心县结合移风易俗树立文明乡风工作，编排了方言快板、坐唱小品等富有特色的文艺节目，利用村综合文化中心等基层文化阵地进行演出，拍摄移风易俗主题微电影《还要过日子》等引起强烈共鸣，广泛宣传了党的新政策。

（四）注重发掘申报，有力促进考古新发现保护利用

吴忠青铜峡境内“鸽子山”遗址具有良好的区位优势、文化内涵，自获得“2016中国考古十大新发现”殊荣以来，其学术价值更是受到国内外学者的高度关注和充分肯定。地方党委、政府给予高度重视和大力支持。宣传文化部门牵头开展了一系列的发掘和保护工作，邀请国内文物界泰斗对该遗址进行考古和申报验收。来自中国科学院古脊椎动物与古人类研究所、北京大学、山西省考古所及自治区文物局、宁夏文物考古研究所等地的专家，对该遗址2017年度的考古发掘工作进行现场验收、研讨论证，该遗址顺利通过了验收，并得到了验收组专家的高度评价。我市还将出台保护意见，拟定具体保护措施，对遗址发掘现场进行保护，并积极申请列入国家大遗地保护名单，推动申报国家遗地公园，以此促进“鸽子山”遗址的文化遗产保护和文化资源开发利用。

（五）着眼长远发展，成功申报古渠系世界文化遗产

2017年10月11日，宁夏引黄古灌区在墨西哥城召开的世界灌排委员会执行大会上，被确认成功申报世界灌溉工程遗产并授牌，我市境内多条有2000多年历史的古渠位列其中，并发挥着重要的灌溉滋养作用，深刻诠释了申报世界遗产的文化意义。世界灌溉工程遗产与世界文化遗产、自然遗产、农业文化遗产等都称为世界遗产，其遴选标准较为严格，必须满足建设年代在100年以上的灌排工程，在工程设计、建设技术等方面领先于其时代等。本次成功申遗，对于深入挖掘宁夏黄河历史文化，打造黄河文化高地，将文化优势转化为旅游品牌优势，助推宁夏全域旅游发展具有重要推动意义。

（六）加大创建力度，“创文”工作取得阶段性成果

2017年以来，公共文化服务各项工作有序开展，取得阶段性成果。群众文化精彩纷呈，滨河回乡大舞台、吴忠文化大讲堂等特色品牌活动深入开展，全年广场文艺演出276场，送戏下乡演出655场。全面实施公共文化场馆免费开放，法人治理改革试点顺利推进，市文化馆、图书馆成立首届理事会。起草并印发实施了《吴忠市红色文化遗址保护条例》，实现吴忠市地方立法“零”的突破。项目建设上档提速，全年完成上争资金4500万元，董府文物保护基础设施等项目建成投入使用。采取多项措施推进重点工作创建国家公共文化服务体系示范区取得重大进展。创办《吴忠文体视界》刊物，在新华网开设示范区创建专网，在市电视台开设《吴忠文体风》栏目。截至目前，全市80%的乡镇建成单独设置的综合文化站，盐同红三县区村综合文化服务中心建设实现全覆盖。该项工作在文化部督查组中期督查中位列西部12个创建城市第一方阵，顺利通过中期督查验收。

二、文化建设中存在的主要问题

一是村综合文化服务中心文化活动开展不均衡。目前吴忠三个贫困县的基层文化阵地实现了全覆盖，但一些偏远乡村受固有风俗习惯、居住分散、自然交通等条件影响，文化活动比较单一，活动场次和参与群众不多，阵地的作用还没有充分发挥。二是部分乡村文化专业人才相对缺乏，文化自给能力弱。大部分村（社区）虽然有了文化阵地和基本文体设施，专业文化技能人才和管理人才仍然缺乏，开展文化活动主要依赖县市文化组织和文化工作者，自编自排、自娱自乐的文化自给能力不足。三是文化产业结构不合理，仍然处于较低发展水平。文化产业结构相对单一，虽然在微电影市场、文化旅游业等表现出一定的发展潜力，但文化支柱产业和链条一时难以形成，原创影视、文学出版、文化创意产业等仍然薄弱，文化产值主要依靠造纸企业、娱乐网吧等比较边缘的文化产业支撑。四是文化人才作用发挥不够。虽然组织开展了一系列文化人才选树和表彰活动，但在文化人才名录和人才库的建立、挖掘方面有效措施不多，在打造文化品牌和开展有影响力的品牌文化活动方面大胆创新不够，“文化名家”的智库作用和示范引领作用发挥尚不充分。

三、2018 年文化建设的基本思路

（一）提档升级加速，全面推进国家级公共文化服务体系示范区创建

2018 年，在实施好吴忠市 132 个村级文化扶贫项目并实现了贫困县村综合文化服务中心全覆盖的基础上，进一步摸底调研，争取项目资金，着力夯实全市山川各县村（社区）综合文化服务中心、文化大院、文化站（所）等基层文化阵地。制定《吴忠市村（社区）综合文化服务中心管理办法》，进一步加强和规范基层文化阵地使用管理，实现从“建好”到“用好、管好”的转变。同时将持续巩固吴忠市“三馆”等公共文化设施建设水平，提高公共文化服务供给能力，扩大文化惠民活动覆盖范围，出台《吴忠市文艺作品奖励办法》，持续改善文化文艺工作政策环境，激励文化工作者创作热情，促进吴忠文化繁荣，助推示范区创建成功。

（二）精心组织策划，积极营造自治区 60 周年暨地级吴忠市 20 周年大庆良好氛围

2018 年是自治区成立 60 周年，也是地级吴忠市成立 20 周年，吴忠市

委宣传部提前半年谋划，加强顶层设计，计划于2018年开展“丝路情 吴忠行”文化交流季、“我在黄河岸边等你”传统纪念庆典，编纂系列图书，编排舞台剧《梦非梦》、现代眉户剧《遇见青铜峡》等系列宣传文化活动，届时为庆祝活动营造浓厚文化色彩和良好社会氛围。

（三）积极搭建平台，倾力打造吴忠微电影文化品牌

吴忠市积极探索“文化+互联网”模式，运用“微电影”艺术表现形式，结合网络直播、微信专题推送等新媒体传播手段，积极培育和弘扬社会主义核心价值观，大力推进精神文明建设、文化建设及民族团结创建等工作，取得了显著成效。2018年将继续开展吴忠市第四届原创微电影大赛，推出一批优秀微电影作品。建议同时设立并冠名吴忠的微电影节（名称向社会公开征集评选）。由吴忠市委、市政府牵头，吴忠市宣传文化部门策划执行，届时将邀请新华网、凤凰网、宁夏网等区内外媒体举办吴忠“微电影节”并揭牌，通过尝试举办全区微电影节，逐步打造成为全区乃至全国的微电影节品牌，进一步提升宁夏知名度、美誉度和影响力。

（四）创新文化载体，开展文艺创作文化惠民系列

持续开展好“滨河回乡大舞台”等文化惠民演出。深入基层一线，用丰富的文艺形式和鲜活的文艺作品把十九大精神宣传贯彻诠释好。启动“拥抱新时代　开启新征程”文艺创作活动。通过歌舞展演、诗词朗诵、文学笔会、书画比赛等活动，创作编排一批形式多样、富有特色、群众喜欢的优秀文艺节目。同时，利用各级文化阵地、公共场馆，开展“新春乐”“劳动美”“重阳暖”等传统节日主题文化活动，引导人们在辞旧迎新、慎终追远、缅怀先贤、阖家团圆、孝老敬老中弘扬优秀传统文化和时代文明新风。

（五）注重产业融合，擅用地方资源带动文化产业增速。

充分挖掘利用“鸽子山”遗址荣膺“2016年中国考古十大新发现”和宁夏引黄古灌区成功申报世界灌溉工程遗产等国字号荣誉和红色文化、黄河文化等历史文化资源。规划实施一批文化旅游项目，推出一批经典文化旅游线路，设计制造特色文化创意产品，创作打磨推广系列历史文化舞台精品，促进文化与特色旅游、文化遗产、互联网等深度融合，带动特色文化产业繁荣发展，增加吴忠文化产业比重。

2017年固原市文化建设发展报告

王永玮

2017年固原市文化建设主要以提升公共文化服务水平为目标，以推进文化扶贫工程为重点，着力抓好村级综合文化服务中心建设、文学固原建设、文化惠民活动，实现了市、县（区）、乡、村四级公共文化设施网络体系城乡全覆盖。其中：市级建有文化馆、图书馆、丝路文化展览馆和博物馆，四县一区均建有文化馆、图书馆，现有乡镇综合文化站62个，村级文化活动室（农家书屋）806个，实现了“市有四馆、县有两馆、乡镇有文化站、村有文化室”；扩大图书馆、文化馆、博物馆和综合文化站免费开放，参观群众人数已达到33万余人次；2017年在全区率先实现基层文化体育广播电视服务设施行政村全覆盖；广播电视卫星数字服务“户户通”是全国率先实现行政村全覆盖的地级市。认真实施贫困地区村级文化活动室建设项目（389个），全面建成了806个村级综合文化服务中心，打通了农村文化服务“最后一公里”，得到中宣部、文化部等主管部门的充分肯定；10月18日文化部公共文化司在固原召开了现场会，在西北五省区推广了固原市的公共文化服务体系建设和文化大院创建经验；固原市开展重点文化活动120余场次，培育市级文化大院25个。参加了2017年“欢乐宁夏”全区群众文艺汇演活动，固原市选送了综艺类、广场舞等20多个节目，荣获

作者简介　王永玮，固原市委宣传部文化艺术科科长。

了优秀组织奖。积极开展“三区人才培训计划”，举办各类文艺培训班15期，共培养文艺骨干1800多名。成功举办了2017年全国群众登山健身大会宁夏六盘山全国登山赛暨第四届宁夏六盘山登山节，受到了国家体育总局、中国登山协会和全国各地参赛队员的充分肯定和高度赞扬。

一、实施文化惠民工程

（一）文化活动精彩纷呈

举办了2017年固原市春节电视联欢晚会、元宵灯展、秦腔展演周、春节团拜会、全区“新春乐”群众性摄影、书法、绘画展览巡展、乐堡音乐节、广电之夏马戏节、2017年“清凉六盘美丽固原”全市广场文化演出、全市首届文化大院文艺汇演、2017年全民阅读“书香漫六盘　文明游固原”读书节活动等30多项文化活动，丰富了群众的文化生活；织开展了第五届广场舞大赛、第九届“花儿漫六盘”青年歌手大奖赛、第四届秦腔大赛、第五届小戏小品大赛、“夏季送你一首诗”暨“夏青杯”朗诵比赛等7项文艺赛事活动，营造了浓厚的文化氛围。

（二）精准扶贫为民解忧

在隆德县林沟村投入资金20万元，新建了1000平方米的文化活动广场、一个露天戏台和一个100平方米的文化活动室，配备了文化体育设施和器材；投入35万元，为隆德县王庄村新建了马社火非遗传承展示馆和传习基地；筹措资金3万元，在两个扶贫村举办了庆祝中国共产党96周年农民联谊运动会，丰富了扶贫村群众文体生活；争取广电网络专项资金15万元，为王庄村建设有线广播电视及数据宽带传输综合网络，使其成为全县首个“宽带村”。

（三）文化市场稳定有序。

按照自治区“扫黄打非”电视电话会议要求，认真组织开展“扫黄打非”及“净网2017”“清源2017”“固边2017”“护苗2017”“秋风2017”等专项行动，开展“扫黄打非”交叉检查，创建了“扫黄打非”进基层示范点5个；截至目前，出动执法人员5319人次，检查各类文化经营场所1385余家次，责令改正49家次，受理举报案件4件，立案调查案件

12件，罚款5.9万元，没收违法所得8580元。进一步推进全市使用正版软件及督查工作，制定印发《固原市2017年推进使用正版软件工作实施方案》《固原市政府机关使用正版软件工作考核细则》等系列文件，参加全区版权知识培训，积极迎接自治区推进使用正版软件工作联席会议办公室对固原市党政机关使用正版软件工作考核。

（四）民生实事加速推进

筛选培育了25个市级文化大院，梳理确定了设备器材采购清单，基本完成政府采购，组织举办了全市文化大院培训班，120多名文艺骨干参加了培训学习并开展了观摩互学活动，同时，组织专场演出5场，激发了基层文化建设活力。做好国家公共文化服务进移民新村项目迎验工作，筹措资金96万元，给24个移民新村配备了各种文化器材设备，举办移民新村文艺骨干培训班，在移民新村开展文艺辅导、文化产业培训及送戏进村等各类活动，开展了移民新村农家书屋普查登记工作，配置农业实用技术、农村致富经验、政治法律等各类书籍80000多册；启动了文化科技卫生“三下乡”，完成了送戏下乡演出216场次，广场文艺演出238场次，农村放映电影11517多场次。

2017年实施文化重点项目市文化馆、图书馆、丝路文化展览馆项目、固原市体育场项目、丝绸之路（固原段）申报世界文化遗产项目、秦长城遗址公园项目正在全力实施。完成送廉政演出40多场次，配送廉政图书14000多册，放映廉政电影300多场，广播电视台播出相关新闻80多条，播放廉政相关公益广告60多条。

二、文学艺术成果丰硕

（一）文学作品层出不穷

为打造“文学固原”品牌，提升“文学固原”水平，固原市委、市政府出台了《〈六盘山〉文学奖奖评办法》《固原市获国家级奖项的文艺作品奖励办法》《西海固作家培养工程实施意见》，促进固原市文学事业发展。据不完全统计，2017年，编辑出版了《文学固原》丛书第二辑（十卷本）、《鲁迅文学院西海固作家研修班》作品专集；出版了个人作品集30余部；

在《朔方》《黄河文学》《北京文学》等省级以上期刊发表文学作品100余篇，很多作品入选《小说月刊》《散文选刊》《诗选刊》《民族文学》《回族文学》等全国性选刊；马金莲的新作《数星星的孩子》入选《中国当代少数民族儿童文学原创书系》。

（二）文学活动丰富多彩

组织召开了《文学固原》作品研讨会，参加了泾源、盐池、同心等地组织的作品研讨会、改稿会。举办"鲁迅文学院西海固作家研修班"。与徐州市文联联合开展了"一带一路"文学东西成立大会暨"亚欧·丝路·名城艺术联会"理事会活动；开展了首届《六盘山》文学奖评奖活动，举办了首届《六盘山》文学奖颁奖晚会，对2015—2016年度在《六盘山》上发表的6部原创优秀作品及2名优秀作者进行表彰奖励，兑现奖励资金16万元。

（三）艺术事业蓬勃发展

围绕重大节点、节庆及重大活动，积极组织人员参与，充分展示固原市艺术工作水平。《山沟里的巧媳妇》《幸福像花儿一样》《雨打芭蕉》《俏阿婆们的乐生活》《古雁欢歌》等自编自制的节目分获"第二届全区百姓艺术健康舞蹈大赛"表演一、三等奖及优秀奖；李政的手工艺品《泥塑手机扩音器》、马振仁的手工艺品《固原古建微木雕》在中国特色旅游商品大赛中分别荣获金奖和银奖；李政的手工艺品《积木古雁岭牌坊》、叶秀丽的刺绣作品双面绣团扇《回乡》《丝路花雨》在宁夏旅游商品创意设计大赛中分获最佳人气奖和入围奖等。

三、文化舆论氛围浓厚

（一）强化主题宣传

先后推出《脱贫攻坚惠万家》《脱贫攻坚　第一书记蹲点记录》《走好新的长征路，打赢脱贫攻坚战》《民生新举看亮点》《喜迎自治区第十二次党代会　砥砺奋进的五年》《喜迎自治区第十二次党代会　党代表风采》《整治干部作风，优化发展环境》《喜迎十九大　决胜主战场》《喜迎十九大》《学习贯彻全会精神进行时》《振奋精神　实干兴宁》等33个全市重点工作主题宣传报道活动，播发相关稿件500多篇，积极做好《将改革进行到底》《法制中国》《大国外交》《巡视利剑》《强军》《辉煌中国》等政论专题片的预告与播出工作。切实做到重点宣传与日常宣传紧密结合、长期宣传与节点宣传相结合，电台电视宣传与新媒体宣传相结合，充分发挥市广播电视台宣传党的路线方针政策、通达社情民意、推动强市富民的重要作用，努力使固原市委、市政府的各项工作部署深入头脑、扎根人心、落地有声。全年共制作播出各类广播节目5000多小时，完成常设栏目99期，及时宣传报道中央、自治区和市委、市政府的重大会议相关专题30余期，制播新闻365档2160条，专题40期，开设系列报道35个，播出购置片3040小时，审核上载播出电视剧3650小时，纪录片、动画片等608小时，制作播出固原市委、市政府主题宣传片、公益广告35部。

（二）推进节目创新

充分利用现有资源，积极推进节目改版和栏目包装工作，拓展收视收听群体，打造精品栏目。电台对固原广播电视台综合广播（FM93.8）进行了全新改版，于1月3日正式实现直播。创新宣传手段，在认真办好《固原新闻联播》《今日固原》《德行大原》《群众评议机关作风访谈》《振奋精神　实干兴宁访谈》《振奋精神　实干兴宁进行时》《学习贯彻市四届二次全委会精神访谈》等栏目的同时，积极适应新型媒体快速发展的形势，在着力做好微信公众平台“固原电视台”的基础上，与宁夏新传媒有限公司合作开发建设固原市广播电视台新闻客户端APP“精彩固原”并正式运营，于2017年4月荣获“固原市宣传思想文化工作实践创新奖”。

（三）强化对外宣传

精心策划重大主题对外宣传，大力宣传建设开放富裕和谐美丽新固原的新思路、新举措和新亮点。电台在做好品牌栏目的同时，精心筛选广播节目，电话连线及时上传。电视台密切联系宁夏电视台固原记者站，选派记者深入一线，寻找闪光点，上传播出一大批反映固原市经济社会发展成就的精品新闻报道。为固原市干部工作会议制作专题片《扶贫攻坚县区行》，自治区党委书记石泰峰来固原视察专题汇报片《奋进中的固原》，全面展示固原市在脱贫攻坚方面取得的显著成果，两部专题片得到了自治区和市委、政府主要领导的肯定。宣传创新思路，探索推进新闻与专题、录播与直播、广播电视与新媒体融合播报的新路子，实现了网络和电台同步直播。

四、文化建设中存在的主要问题

（一）文化建设资金投入不足

公共文化服务资金缺口大，日常运行经费、设备维护费、活动开办费缺乏，如：根据宁夏“百县万村”七个一标准，固原市各县（区）389个贫困村综合文化中心和417个村综合文化中心全覆盖资金均存在缺口；多元化投入机制尚未形成，社会力量投向文化领域的资金较少。

（二）公共文化基础设施有短板

公共文化设施建设不平衡，城乡、县域差距较大，市级剧院、美术馆等大型公共文化设施空白，原州区文化馆、西吉县图书馆等五个县（区）级文化“两馆”、五县（区）影剧院、部分乡镇综合文化站不达标，按照西部标准需重新建设，一些文化阵地功能作用发挥偏弱。

（三）文化产品供给能力不足

文化产品生产和供给单一。受经济发展水平限制，文化市场不够繁荣，市场机制还未真正建立，民间文艺演艺团队层次低，致使购买公共文化服务的选择受限；缺乏文化专业人才导致文艺作品少且缺少精品；经费短缺造成文化下乡服务存在困难；市县两级文化馆、图书馆未建立总分馆制服务体系，共享资源受限；公共文化产品与服务供给存在供不应求、供非所求的问题。

（四）文化人才队伍断层严重

市、县（区）两级普遍存在文化专业人才断层。现有文化专业人员老龄化严重，随着人员的到龄退休，存在严重青黄不接现象；院团改革后人才流失严重；乡村文化工作薄弱，呈现无组织状态；乡镇文化专干大多从事与文化无关工作，专干不专职现象普遍。

（五）公共文化服务信息化水平低

市级还没有建立统一的公共文化服务平台，图书馆数字化、信息化水平低，导致文化信息资源无法共享。据调研统计，全市所有乡镇、行政村均无电子阅览室，城市街区没有24小时自助借阅室。农村信息化基础薄弱，农村居民信息产品拥有量与城市居民相比较少，城市居民家庭90%以上购买了电脑，而农户家庭电脑拥有量不足10%；针对农村居民开展的信息素养培训较少，缺乏能够持久有规律服务的文化志愿者队伍。在公共文化信息服务体系的建设主体中，文化专业人才缺乏。

五、文化建设的基本思路

（一）精心组织群众文化活动

一是充分利用元旦、春节、七一、国庆等重要节庆日，组织举办2018年春节电视联欢晚会、秦腔展演周等元旦春节系列文化活动和五一、七一、八一、开斋节、古尔邦节、重阳节、国庆等专场文艺演出活动。二是办好大型品牌文艺赛事，举办第五届秦腔大赛、第六届小戏小品大赛、第六届群众广场舞大赛、第十届“花儿漫六盘”电视歌手大赛、文化大院文艺调演、六盘山花儿节、固原市剪纸刺绣创意大赛等。三是积极组织参加2018年全区群众文艺汇演活动。四是大力创排精品剧（节）目，以打造“天高云淡六盘山”为主题，深入挖掘固原本土文化，创排文艺精品剧（节）目10个，打磨提升原创音舞诗剧《红旗漫卷六盘山》。

（二）扎实办好文化民生实事

一是积极申报第四批国家公共文化服务体系示范区项目。二是积极实施文化扶贫工程，完成417个村改造提升工程，达到“七个一”标准，加强脱贫村文化设施建设、文艺骨干培训，为806个农家书屋补充出版物，争取建设乡村公共电子阅览室，完成文化脱贫任务，促进基层公共文化服务均衡化发展。三是继续实施“三区”人才培养工程，大力培养、培训基层文化人才，举办舞蹈、声乐、刺绣等各类培训班12期，培训人数700余人次。四是认真实施文化“六进”活动，全年完成送戏下乡340场次、广场演出240场次、数字电影放映1万场次，受益群众100万人次的目标。

（三）加强公共文化服务基础设施建设

2018年，继续开展精准扶贫活动，积极为贫困村群众办实事、送温暖、解难题，努力改善生产生活条件。加快文化“三馆”项目建设，加快推进文化馆、图书馆、丝路文化展览馆项目室内装修和室外工程，争取

2018年下半年投入使用。积极实施丝路申遗项目，长城本体保护工程，力争开工建设遗址公园健身步道工程。继续实施文化大院扶持发展项目，做强做大文化大院品牌，再发展20家市级示范性农村文化大院，开展文化大院文艺骨干培训工程，在西部地区创出固原基层文化特色。

（四）继续强化文化市场监管

一是继续加大对网吧、娱乐场所、出版印刷市场管理力度，加强日常巡查和突击检查，强化文化经营场所安全监管，确保文化市场不发生重大事故，规范市场经营秩序。二是深化文化市场专项整治行动，继续开展“扫黄打非”“清源”“剑网”“净网”“固边”“护苗”及动漫市场、棋牌类网络游戏、政治性、宗教类非法出版和淫秽色情及低俗信息专项整治，净化全市文化市场。三是开展重点文物保护单位执法巡查，对市境内8处全国重点文物保护单位和39处自治区级重点文物保护单位全部进行执法巡查。四是继续完善移动执法终端文化市场监管平台的数据传输应用，使文化市场的日常实时监管执法数据正常上传，实施互联网上网服务营业场所监管平台建设，保证网吧服务器在线率和客户端的安装率，以此拦截淫秽色情低俗信息的传播。

（五）做大做强特色文化产业

一是制定出台《固原市关于加快推进文化产业发展的实施意见》和《固原市文化产业发展扶持资金使用管理办法（暂行）》。二是重点扶持5个文化产业园、10个市级文化产业龙头企业、20个文化产业基地、50个文化产业示范户。三是发挥固原市文化产业协会桥梁纽带作用，积极宣传贯彻党和国家的文化产业政策，为会员和文化企业之间的交流提供服务和帮助，以行业自律促进行业发展。四是加强文化产业从业人员培训。五是利用文化产业发展助推文化脱贫，针对固原市农村妇女中拥有一定刺绣、编织技艺基础的情况，积极发挥典型示范带动作用，选择一些刺绣基础较好的贫困村，聘请西吉县马兰回乡刺绣有限公司的高级技师举办刺绣、串珠培训班，培育固原市民族刺绣工艺的产业化的新生力量，实施文化扶贫。

（六）继续做好重点宣传

围绕党的十九大精神贯彻落实做好广播电视宣传工作，在全市营造学习贯彻党的十九大精神的浓厚氛围。一是开设系列报道《全面贯彻落实十九大精神》。二是开设系列报道《十九大时光》，以一线见闻、生动事例和群众的鲜活语言，广角度、多层次展开宣传，重点宣传固原市脱贫攻坚、城市建设、生态建设等重点工作，突出宣传民生工程、项目建设、文化建设、社会保障等和群众生活紧密关联的亮点工作。三是开设系列报道《十九大报道解读》，通过邀请固原市委党校教授、固原市委讲师团教师专家、宁夏师范学院教授专家等权威人士对十九大报告进行详实地解读。

2017年中卫市文化建设发展报告

康娟娟

2017年，中卫市坚持社会主义先进文化前进方向，全面贯彻“二为方向”和“双百方针”，坚持以人民为中心，以社会主义核心价值观为引领，以中国梦为时代主题，以中华优秀传统文化为根脉，以地方特色文化为依托，围绕中心、服务大局，扎实推进文化繁荣发展。

一、文化建设基本情况

（一）社会主义核心价值体系建设持续推进，社会文明程度不断提高

一是认真学习宣传贯彻十九大精神，用新时代中国特色社会主义思想指导工作。及时制定《迎接宣传贯彻党的十九大主题宣传战总体工作方案》，统筹理论舆论、内宣外宣、网上网下资源和力量，坚持全员“大学习、大宣讲、大培训、大宣传”，确保学习宣传全覆盖，做到十九大精神家喻户晓。组建市、县（区）、乡（镇）三级宣讲团，深入基层开展宣讲活动，截至11月底，全市已开展宣讲80多场次；采取集中学习、专题报告、辅导讲座、组织研讨等形式培训科级以上干部2000余人；《中卫日报》、中卫广播电台、中卫电视台开设了《砥砺奋进的五年》《喜迎党的十九大》《十九大代表风采》《寄语十九大》《十九大时光》《新时代新征程》《十九大

作者简介 康娟娟，中卫市委宣传部文化教育科负责人。

精神解读》等专栏，刊发十九大稿件2200余篇；组织网宣员在微博、微信、贴吧、论坛等互动环节转发相关稿件1.5万余次，在各大论坛、门户网站跟帖评论1000余条。同时，创新宣传形式、丰富宣传内容、拓展广度深度，推动党的十九大精神进机关、进企业、进农村、进校园、进社区、进军营、进网站，形成强大合力，不断掀起学习宣传党的十九大精神热潮，用习近平新时代中国特色社会主思想指导工作。

二是抓好社会主义核心价值观阵地建设，凝聚团结奋进的强大力量。在城市建成核心价值观主题公园3个、主题广场9个、主题街道26条，在农村建成主题广场42个、示范社区15个，设立"善行义举榜"329块。开展了图说"我们的价值观""好家风好家训征集"、全国"公民道德日"、庆祝建军90周年等主题实践活动，举办了"百村万家亮起来""高价彩礼怎么看"大讨论等创建活动，推动基层红白理事会建立、村规民约修订全覆盖，承办了全区农村精神文明建设工作座谈会。

三是发挥社会主义核心价值观引领作用，增强人民群众的情感认同。深化"我推荐我评议身边好人"活动，1人获评全国道德模范，3人入选"中国好人榜"，12人获评自治区道德模范，28人获评市级道德模范，编印出版了《最美中卫人》系列丛书。"五大创建活动"中，6家单位、4个村镇、1所学校、1个家庭分别跨入全国文明单位、村镇、学校、家庭行列。媒体跟踪报道全面宣传、举办先进事迹报告集中宣讲，合力讲好"身边好人好事"，使良好的文明风尚和人文氛围，逐渐成为中卫城市文明的一面旗帜。志愿服务、诚信建设、文明旅游、未成年人思想道德建设有序推进，人们的社会责任意识、规则意识、奉献意识不断增强。中宁县学生柯原登上央视"众里寻你——2017寻找最美孝心少年颁奖典礼"，展示了新时代少年的价值追求。

（二）文化事业稳步推进，群众文化供给进一步保障改善

一是坚持文化体制改革，重点改革工作初见成效。按照《中卫市2017年深化改革工作要点》要求，及时召开文化体制改革专项小组会议，制定"五定方案"，细化分工，明确责任，确保了4项文化体制改革任务的如期完成。"中央信息厨房"建成投用、"一端22媒"全媒体架构基本建成，进一步推动了媒体深度融合。推行乡镇综合文化站“公建民营公助”模式，全市乡镇综合文化站建设管理规范化、标准化，顺利完成阶段任务。探索公共体育场馆公建民营运行模式，引入社会资本和现代公司化运营机制，推行市体育馆所有权属于国有，经营权属于公司的分离改革模式，完成了市体育馆的企业化改革。探索推动文学创作繁荣发展的新举措，制定印发《作家签约制度》，建立作家签约补贴制度，与8位作家正式签约，政策制度得到有效落实。

二是坚持四个引领，公共文化建设成效显著。坚持规划引领。制定了《文化体育产业发展“十三五”规划》和《中卫市全民健身实施计划(2016—2020年)》，为全市文化建设发展提供了政策依据。坚持政策引领。认真落实免费开放政策，实现市、县图书馆、文化馆、乡镇文化站、村文化室、农家书屋、电影放映点全部对外免费开放和体育馆低收入开放。坚持项目引领。按照“七个一标准”，完成海原县132个村级综合文化服务中心建设任务；中央广播电视节目无线数字化覆盖工程已竣工，进入设备调试阶段；建成市区10.25公里健身步道；高庙保安寺文物保护修缮项目、明长城宁夏中卫姚滩段长城修缮保护工程、“两县一区”全民健身中心项目顺利完成任务；中奥水上乐园建设项目一、二期投入资金1260万元，已完成并投入运营。坚持创新引领。在全区率先探索乡镇文化站“公建民营公助”管理运行模式，顺利完成第一阶段10个乡镇文化站公助任务。建成了中卫市作家著作馆、市文化馆分馆、市图书馆宁夏大学中卫校区和中卫职业技术学校分馆。

三是坚持文化惠民，群众精神文化需求进一步满足。新春军民联欢晚会、团拜会、元宵节社火展演、舞龙大赛、戏曲专场等春节系列活动的持续举办，进一步彰显了中华文化独有的理念、智慧、气度和神韵，增强了广大群众的文化自信；组织开展了“文化惠民”下乡演出1034场次、广场文化演出150场次、“书香中卫”大讲堂活动7期、“书香中卫·朗读有你”活动5期，承办了第十六届环湖赛闭幕式颁奖晚会，推进农村数字电影放映工程、完成农村电影放映7394场，举办了“美丽中卫”全市原创小品大赛、“欢乐中卫”全市群众广场舞大赛、2017年迎新春全民健身季系列活动和“谁是舞王——中国广场舞中卫海选赛”“翰墨迎春”美术书法剪纸作品展、“喜迎十九大”一带一路发展战略中的新媒体文学研讨会、“文艺惠民、奉献社会”“中卫一日”公益影像拍摄、“宣传十九大 讴歌新时代”文艺下基层、作家进校园、送书画进军营、“中国梦·宁夏情”——第四届中国西北音乐节大型交响乐《彩虹之梦》中卫专场演出等丰富多彩的文化活动，坚持创造性发展、创新性转化，服务群众文化需求，为更好适应人民日益增长的美好生活需要做出了有益探索。

四是坚持精品创作，推动文艺事业繁荣发展。坚持出精品。挖掘中卫文化资源，将传统文化的有益思想、艺术价值与时代特点和要求结合起来，推出了一批底蕴深厚、涵育人心的优秀文艺作品。编辑出版了《志在云天》小说卷（上、下）、散文卷、诗歌卷四卷中卫文学精品丛书，全面展示了建市以来的文学创作成果。引导扶持作家创作出版《我的村庄我的家》《在水一方》《大地歌吟》《故乡的人和故乡的情》等文艺书籍，出版了书法作品《习近平用典》《时平太书画作品集》，创作百米剪纸长卷《贡果图》，剧本《渡层劫波》获北京大学生电影节青年剧本创意大赛三等奖，大型花儿剧《丝路情》成功上演。坚持促精品。高度重视自治区60大庆献礼电视剧《沙漠绿洲》的拍摄，成立协拍小组，多次召开协调会议，全面协调配合，保障了该剧的顺利拍摄。《沙漠绿洲》以宁夏60年的发展变迁和中卫沙坡头治沙工程为背景，以在中卫固沙林场和沙坡头火车站参与艰苦防沙治沙的人物为主线，讲述那段艰苦岁月里，这片热土上顽强拼搏、不懈奋斗的青年们工作生活和爱情的故事，全景式展现宁夏从生态恶劣的荒漠变成塞上富裕绿洲的艰辛实践，弘扬宁夏人民与命运抗争的不屈不挠的精神。该剧创作阵容强大，预计2018年八月在央视黄金时段播出，是宣传中卫的最大平台和最有效窗口，必将对中卫市乃至宁夏旅游与经济发展产生深远的影响。提高文化交流水平。加强对外学习交流，先后与榆林市文联举办书法美术作品联展暨创作交流活动，与成都市举行文艺交流座谈会和书画创作笔会。组织市书法家协会、美术家协会部分会员，前往陕西省书画院、甘肃静宁等地开展采风写生、创作交流活动。围绕贯彻党的十九大、自治区第十二次党代会精神，举办了各类主题征文、摄影、书画等作品征集大赛，推作品、推人才，进一步促进了全市文艺创作活跃发展。

（三）文化产业逐步发展壮大，文化竞争力得到有效提升

一是坚持文化旅游融合，稳步推进文化产业发展。目前，中卫市形成图书音像、出版印刷、剪纸刺绣、奇石古玩、仿古地毯、回族服饰、演艺娱乐等行业在内的综合性文化产业体系。文化产业经营门类达 15 大类 20 多个行业，从事各类文化产业的经营机构达 1200 家，中型以上文化企业共 10 家规模以下文化及相关产业企业共 448 家，特色文化产业基地建成 5 个、在建 2 个，从业人员 5.5 万人，产业产值 7.23 亿元。赛事+旅游。配合全域旅游示范市创建，举办了亚洲旅游小姐总决赛、“中国文旅特色小镇”投资发展论坛、第 16 届环青海湖自行车赛、全区首届大漠健身运动大赛等 6 项国际国内赛事、论坛。媒体融合+旅游。建立了宁内蒙古陕甘毗邻地区及其他媒体战略联盟合作机制，举办了“全国百家媒体看中卫”“深化走转改·见证新发展”、人民网“小城故事多”中卫专题采访活动，中卫市新闻传媒集团跨入了“中国媒体深度融合 30 强”“中国地市党报媒体融合十强”行列。历史文化街区改造+旅游。结合高庙历史文化街区改造，实施楹联改造工程。邀请自治区楹联协会专家创作、全国各地知名书法家题写，专业厂家精心制作，为街区 30 户商家制作安装了仿古楹联，厚植了文化底蕴，打造了独具特色的高庙历史文化街区，传承了优秀传统文化。演出+旅游。大型花儿歌舞剧《回乡婚礼》赴阿曼开展《丝绸之路起航》文艺交流活动，连续 5 年在沙湖旅游区演出。海原县民族歌舞团入驻沙坡头景区娱岛“阿卡演艺”剧场进行演出，目前已演出 20 余场次。花儿+旅游。按照中卫市“6+4”重点工作的安排部署，创新性地开展“花儿唱响中卫大地”活动。精选花儿优秀曲目进行全面播放推广，花儿在中卫大地“响了起来”；开展花儿“八进”活动，花儿在中卫大地“唱了起来”；多措并举，花儿在中卫大地“兴了起来”。花儿唱响中卫大地活动对更好地发挥花儿艺术在传承优秀传统文化、涵养城市文化品位、促进文化与旅游深度融合发展具有重要作用。

二是坚持文化保护传承，提高文化遗产保护水平。召开了文化务虚会，专题研究、全面掌握中卫历史文化脉络。公布市级第三批非遗项目 21 个、传承人70名，8人入选第四批自治区级非物质文化遗产项目代表性传承人。承办了宁夏第十二个“文化和自然遗产日”宣传展示主会场活动，举办了全区书法、剪纸、摄影和中卫非物质文化遗产代表性传承人培训班，申报了中宁枸杞种植与文化系统全球重要农业文化遗产项目、宁夏艺轩古建筑传承基地和海原县非物质文化遗产孵化基地成功申报第六批自治区非物质文化遗产代表性项目。启动了大麦地岩画申报国家级文物保护单位项目，在西安贾平凹艺术馆举办了中卫大麦地岩画拓图展和讲座，定期对高庙、鼓楼等古建筑及沙坡头区境内各级重点文保单位进行巡视检查，确保文物安全。

三是坚持多措并举，严格规范文化市场秩序。组织召开“扫黄打非”进基层现场观摩会。加强文化市场安全监管工作，发放各类宣传资料5000余份，销毁盗版图书518册、光盘2180套。检查各类文化市场经营场所2100余家次，现场警告、发出《责令整改通知书》18份，查处接纳未成年人进入互联网上网服务场所案件15起，查处文物破坏案件2起，查处非法出版物案件1起，深入开展“净网”“清源”“固边”“护苗”“秋风”等“扫黄打非”专项治理行动，实施“网络清朗”活动，净化了文化演出娱乐场所，规范了文化经营市场秩序。

二、文化建设中存在的主要问题

一是文化建设方面的指标距离全面小康目标值还有较大差距。文化及相关产业增加值占GDP比重较低，人均公共文化财政支出不高，城乡居民文化娱乐服务支出占家庭消费支出比重不高。

二是文化品牌开发力度不够。缺乏地域文化特色鲜明的自身文化品牌，对文化资源缺少经营性、开发性整合。文化品牌的战略策划和运作水平较低，通过品牌创建促进产业发展的能力不高。

三是文化规模小、集约化程度不高。文化产业规模小、资源分散、集约化程度低，对外开放程度不高，难以形成规模效应和稳定的营销网络。

四是文化人才相对短缺。文化产业发展缺乏高档次、高水平的管理人才、文化经营人才和文化专业人才。激励措施不到位，文化人才的积极性和创造性不高，原创能力没有得到充分发挥，整体实力和竞争力不强。

三、推动文化建设发展的思路

一是加强公共文化基础设施建设。按照国家公共文化服务体系示范区创建要求，完善政府购买公共文化产品机制，加大公共文化体育场馆免费开放力度，加快推进重点市、县级文化馆、图书馆总分馆制建设和数字文化馆、图书馆建设。积极争取项目资金，启动市博物馆布展项目。进一步推进沙坡头区、中宁县和海原县全面健身中心建设。组织起草《中卫市乡镇综合文化站“公建民营公助”模式评星定级管理办法》，强化后续的运营与管理，加大文化扶贫工作力度，扎实推进村级文化综合服务中心建设，做好活动器材的配备，充分发挥文化阵地作用。

二是加强文艺精品创作扶持力度。围绕深入宣传贯彻党的十九大精神、改革开放 40 周年和自治区成立 60 周年，策划举办“60 年巨变看中卫”文艺作品征集展览活动，编撰出版《印象中卫》《中卫民间故事》中卫地方历史文化书籍，积极做好花儿歌舞剧《丝路驿站》的创拍工作，协助拍摄电视纪录片《文明的足迹》。加强文艺人才队伍建设，完善全市中青年文艺骨干培训机制，选送创作骨干参加高级研修班进行学习深造。采取结集出版文艺作品集、举办个人文艺作品展等方式，加强对本土拔尖文艺人才的宣传和推荐，为文艺人才的成长搭建展示平台，增强推动力。

三是大力发展文化旅游融合产业。加大文化产业扶持力度，出台实施《中卫市文化产业扶持办法》，改造提升传统文化产业，发挥区域特色优势，加快发展文化创意、动漫游戏、数字传输等新兴文化产业，继续推进大麦地、中宁枸杞、海原民俗等文化园区建设，不断增强文化产业整体竞争力。大力推进文化与旅游融合发展，依托黄河、沙漠等资源优势，进一步推动文化旅游融合发展。继续巩固和深化“一市一县一品牌”办赛模式，组织承办第十七届环青海湖国际公路自行车赛、第二届“一带一路”国际女子排球精英赛、“沙坡头杯”第四届全国大漠健身运动大赛等各类国际、国内品牌赛事，提高中卫旅游的知名度，把文化旅游产业培育成中卫市的支柱产业。

四是深化投融资体制改革，投融资渠道进一步多元化。加大对文化产业发展的投入力度，给予文化经费投入长效性、稳定性的制度保障，增强文化产业自我发展的能力。逐步打破各自为政、条块分割、资源分散的现状，构建区域和城市文化产业链，实现文化产业资源的优化组合，发展集约经营，形成规模优势。

五是加快文化资源普查，科学引导文化产业发展。对我市文化产业现状进行全面调研，对文化资源进行彻底普查，全面盘点、摸清家底，评估有形无形资产，建立全面反映文化面貌的档案资料数据库。通过经济、法律和行政等手段调控市场，引导文化企业的生产经营活动，并借鉴发达地区的先进经验，结合中卫市实情，建立一套行之有效的文化产业管理体制和运营机制。

附　录

FULU

2017年宁夏文化发展大事记

贾　峰

1月

4日　宁夏首个健康文化节宝湖社区健康文化节启动暨宁夏首个健康中国文化书屋揭牌仪式在银川市宝湖社区举行。

10日　由上海芭蕾舞团倾情演绎的芭蕾舞剧《白毛女》在宁夏大剧院上演。该舞剧是上海芭蕾舞团的“扛鼎之作”，根据1964年同名歌剧创作改编而成，舞剧塑造了喜儿、大春、杨白劳等舞台形象，曾荣获中华民族20世纪舞蹈经典作品金像奖，50多年来已上演1700余场。

12日　自治区文化扶贫工程——贫困村综合文化服务中心建设工作会议召开。会议要求到今年10月底，全区将全面建成中南部9县（区）606个贫困村综合文化服务中心，完善其他县（区）村级综合文化服务中心功能设施，实现全区村级综合文化服务中心全覆盖。

13日　由中国文联、中国视协、宁夏文联主办的“我们的中国梦”送欢乐下基层慰问演出在宁夏灵武成功举办。

14日　由全国24家省会以上城市联袂打造的《盖网·花儿盛开春风里》——2017“中华民族一家亲”中国少数民族迎春大联欢电视晚会在宁

作者简介　贾峰，宁夏社会科学院文化研究所助理研究员。

夏人民会堂上演。

16 日 由自治区党委宣传部与中央电视台科教频道联合出品的六集大型纪录片《贺兰山》在中央电视台科教频道（CCTV-10）黄金时段首播。该片由金铁木担任总导演，这是继《神秘的西夏》之后，金铁木导演与宁夏合作的又一力作。

16 日至 2 月 5 日 “欢乐春节·神奇宁夏”宁夏文艺赴欧洲四国展演活动先后在法国、葡萄牙、比利时、德国举办，这是近年来宁夏首次在欧盟国家举办的一次大型对外文化交流活动。

17 日 中国文联“文艺扶贫奔小康”志愿服务行动在彭阳县举办。此次志愿服务行动由中国文联党组书记、副主席赵实，中国文联副主席李前光、迪丽娜尔·阿布都拉带队，走进彭阳调研文艺扶贫工作并慰问当地困难群众。

18 日 宁夏 2017 年新春音乐会在宁夏大剧院奏响，本次新春音乐会由宁夏演艺集团歌舞剧院交响乐团和兰州交响乐团联袂奉献。

2 月

22 日 自治区宣传思想文化工作会议在银召开。自治区拿出 660 万元表彰奖励 2014 年至 2015 年度宁夏获得全国性奖项的 36 件文化作品，获文化部、新闻出版广电总局、中国文联等有关部委奖励的 35 件文艺作品。单位最高奖励 100 万元，个人最高奖励 8 万元。秦腔《花儿声声》、纪录片《神秘的西夏》、长篇小说《马兰花开》等作品获奖。

3 月

3 日 由自治区文化厅、自治区文物局主办，西安碑林博物馆、宁夏博物馆承办的《石墨镌华——西安碑林名碑拓本展》在宁夏博物馆开幕。

6 日 《宁夏公共文化服务体系“十三五”建设规划》出台。规划全文 1.75 万字，包括规划背景、总体要求、主要任务和保障措施 4 个部分。规划提出：到 2020 年，基本建成覆盖城乡、便捷高效、保基本、促公平，具有宁夏特色的现代公共文化服务体系，主要指标达到或高于全国平均水平，缩小城乡、山川发展差距，各族群众基本公共文化权益得到更好保障。

23日 宁夏演艺集团秦腔剧院院长李小雄凭借在秦腔《狗儿爷涅槃》中的出色表演荣获第27届“白玉兰戏剧奖·主角奖”榜首，成为宁夏第二位获此殊荣的戏剧工作者。

25日 《宁夏回族文化文物特展》在浙江省博物馆武林馆区开幕。展览精选142件（组）回族文物，从回族概况、民俗撷英和工艺奇葩等方面展示了回族悠久的历史、灿烂的文化及独特的民俗。

4月

13日 “2016年度全国十大考古新发现”揭晓，青铜峡鸽子山遗址榜上有名。考古专家认为，鸽子山遗址的发掘，首次在西北沙漠边缘区建立了晚更新世末期到全新世早期的年代序列，为研究这一特殊地理单元史前人类活动及环境变迁提供了重要材料。

23日 宁夏图书馆推出形式多样的主题阅读活动，倡导全民多读书、读好书，营造阅读氛围，把读书培养成市民的生活习惯，使全民阅读活动体系化、制度化、持续化开展。

是月 宁夏文物考古研究所组织8家单位，在彭阳红河流域开展区域系统考古调查过程中发现了姚河塬商周遗址。遗址面积60余万平方米，经考古钻探发现有墓葬、马坑、车马坑、祭祀遗坑、铸铜作坊、制陶作坊、池渠系统、路网、壕沟等遗迹。从出土的陶片、青铜车马器等判断，该遗址从商代晚期延续到西周中期。

5月

8日 宁夏确定高尚忠等33人为第四批自治区级非物质文化遗产项目代表性传承人。其中，民间故事2人，回族山花儿3人，舞狮1人，黄羊钱鞭1人，传统戏剧1人，曲艺1人，南营武术1人，六盘山木版年画1人，剪纸1人，刺绣2人，民间绘画1人，砖雕1人，泥塑2人，杨氏家族泥塑1人，古建筑彩绘技艺1人，赵氏木板雕花技艺1人，贺兰砚制作技艺3人，羊羔酒酿造技艺1人，麻编1人，花灯扎制技艺1人，中宁蒿籽面 1 人，枸杞传统栽培技艺 1 人，原州民间古建筑技艺 1 人，陈氏回族医技 1 人，高台马社火 2 人。

18 日　2017 年“全区 5·18 地方志宣传日”活动暨《宁夏通志》首发式在银川举行，作为宁夏首部综合性大型志书——《宁夏通志》的正式出版发行，结束了宁夏没有通志的历史。《宁夏通志》全书共 25 卷 34 本，2000 多万字，由自治区政府主持，70 多个厅局参与编纂，历时 16 年编写完成，是宁夏历史上一部集大成之方志巨著。

是日　固原市彭阳红河流域发现 13 处新石器时代遗址和 10 处历史时期遗存。发现的 13 处新石器时代遗址主要分布在河流两岸的二级台地及缓坡上。专家认为，这些发现对完善红河流域乃至宁夏南部的新石器文物谱系具有重要意义，而大量齐家文化遗址的发现为研究齐家文化的发展提供了重要资料。

是日　由自治区文化厅、自治区文联、自治区文史馆主办，宁夏博物馆、宁夏书法家协会承办的“翰墨情深——宁夏书坛五老王文钧、柴建方、田冰、马学智、吴善璋书法作品展”在宁夏博物馆开幕。

22 日　第二十八届“中国戏剧奖·梅花表演奖”揭晓，宁夏演艺集团秦腔剧院青年演员韦小兵凭借新编传统剧《卧虎令》喜获中国戏剧梅花奖。自 2002 年以来，宁夏先后有 7 人 8 次获此奖项，他们分别是：柳萍（两次）、李小雄、侯艳、屈连英、张晓琴、刘京、韦小兵。

是日　由国家文物局主办，中国博物馆协会和中国文物报社承办，“全国博物馆十大陈列展览精品”评选结果在京揭晓。由宁夏固原博物馆推出的“千年固原，丝路华章”入选本年度“全国博物馆十大陈列展览精品”之首，这是继 1999 年宁夏“西夏历史文化陈列”被评选为十大陈列展览精品后，宁夏陈列展览项目第二次入选夺魁。

23 日　自治区文联举办的“到人民中去”——纪念毛泽东同志《在延安文艺座谈会上的讲话》发表 75 周年专场文艺晚会在银川市光明广场举行。

25 日　岩画专家周兴华在中卫香山石马湾野外考察时，新发现了 8 幅马岩画。

27 日　第六届宁夏公民道德论坛在银川举办，部署深入推进全区公民道德建设工作。

6月

2日 由中国文联、中国视协、自治区党委宣传部、中国文学艺术基金会联合主办的“中国梦·宁夏情——送欢乐下基层”文艺演出分别在银川和吴忠举行。

4日 由中央政府驻澳门联络办公室文化教育部、中国文联港澳台办公室、澳门中华文化联谊会与宁夏文学艺术界联合会共同主办的“丝路：陆与海的交汇——2017宁夏艺术作品展”在澳门开幕。

9日 固原市原创音舞诗剧《红旗漫卷六盘山》在宁夏大剧院成功首演。

14日 由中国岩画学会与石嘴山市博物馆合作策划的“亘古天书——中国岩画艺术展”在石嘴山市巡展。此次巡展对31个省区市的精品岩画进行收集整理，制作了110块岩画展板。

18日 “声东击西——东亚水墨艺术的当代再造”展览在银川当代美术馆开幕，邀约来自中国及东亚其他国家和地区的27位艺术家，通过装置、绘画、视频等形式，展出总数超过120组件的代表作，呈现了不局限以水墨纸绢作为素材的艺术创作。

是日 第十五届中国戏剧节在银川开幕。本次戏剧节以“艺术的盛会、人民的节日”为宗旨，以“中国梦·宁夏情”为主题，聚集了全国21个省（市、区）的27台优秀剧目。当晚，由宁夏创排的秦腔《王贵与李香香》成为戏剧节首场大戏。

20日 2017宁夏博物馆文创产品设计大赛颁奖仪式在该馆举行。大赛吸引了17个省（市）的作者参与，征集作品263件（套），其中224件作品入围，最终评出《太平有象》茶器组合、瓦当镜梳、夜沙系列等26件获奖作品。

21日 2017宁夏“戏曲文化进校园”活动在石嘴山市平罗县城关镇第六小学拉开帷幕。

22日 由自治区文化厅主办，宁夏文化馆、五市及各县（区）文化局承办的“欢乐宁夏”全区群众文艺会演专场展演活动在银川市光明广场举办。

26日 宁夏首家民间小剧场——李思遥戏剧工作室正式运营，是宁夏首家由文化部门批准并授予资质的民营小剧场。

29日 宁夏第十三届社会科学优秀成果奖经自治区政府第96次常务会议审定通过，共有151部（篇）作品获奖，其中，著作40部，论文111篇。

是日 国家艺术基金2017年度资助项目立项名单公布，宁夏共有6个申报项目获得国家艺术基金资助，资助资金总额为1000万元。其中，宁夏演艺集团歌舞剧院申报的音乐剧《六盘红云》、交响乐《家乡的花儿》，银川艺术剧院有限公司申报的杂技剧《岩石上的太阳》获得国家艺术基金大型舞台剧和作品创作资助项目，青铜峡文化演艺有限公司申报的小戏曲《过草地》获得小型剧（节）目和作品创作资助项目，宁夏演艺集团京剧院申报的京剧《庄妃》《白蛇传》巡演获得传播交流推广资助项目，银川艺术剧院有限公司的高亮获得青年艺术创作人才资助项目。

7月

6日 由西吉县文化旅游广电局、宁夏宁红演艺集团、固原艺术剧院创排的大型现代眉户剧《丁香花开》代表宁夏在北京民族宫大剧院参加展演。

14日 “中国精神·中国梦”社会主义核心价值观书法主题创作全国基层巡展入展名单揭晓，宁夏书法家陈国鸿、关宁国、刘银安的作品入选。

15日 2017首届“神秘西夏”摩旅节开幕式在银川市贺兰山国防园举行，来自西藏、新疆、甘肃、山西等地近3000名摩托车骑手汇聚于此，以车会友。

16日 “2017年中国贺兰山国际岩画文化艺术节”在贺兰山岩画遗址公园举行。艺术节主题是“岩画保护·文化传承·艺术创新·产业融合”，由联合国教科文组织国际岩画委员会、中国岩画学会、银川市政府等联合主办。开幕式上，“中国文艺志愿者服务基地”落户银川韩美林艺术馆，成为宁夏首个文联志愿者服务基地。同时，“中国岩画研究中心博士工作站”在银川贺兰山岩画景区揭牌，这是宁夏首家以岩画研究与人才培养而设立的工作站。

19日 宁夏演艺集团话剧院表演的话剧《闽宁镇移民之歌》在宁夏大

剧院上演。

20日 由宁夏文联、宁夏日报报业集团、宁夏舞蹈家协会联合主办的2017中国·宁夏标准舞、拉丁舞世界公开赛在宁夏体育馆举行。

21日 宁夏首个集民俗与文化相结合的"非遗学堂"在银川市湖畔嘉苑社区正式亮相。主办方通过整合包含国家级、省级、市级在内的共计10个非遗项目后，推出的"非遗学堂"包括剪纸、金丝沙画、糖塑、旗袍、关羽刀法等。市民可免费体验全部项目，并可以将自己参与制作的作品带回家。

22日 由中国报业协会、自治区党委宣传部共同主办的喜迎十九大·翰墨颂盛世"新闻传媒杯"全国美术书法大赛优秀作品展在银川美术馆开幕。大赛共收到来自全国各地的美术、书法和篆刻作品5000余件，经过大赛评委会的认真遴选，共有260件优秀作品亮相本次展览。

25日 一场以"沙与海的对话"为主题的跨区域南北旅游交流活动在中卫市举行，来自宁夏和海南两省区旅游主管部门、旅游业内人士等就共促两地全域旅游发展、旅游产品优势互补、创新旅游合作机制等内容进行深入交流。

8月

2日 在贝宁独立57周年之际，由贝宁中国文化中心和宁夏回族自治区文化厅主办的"中国风·欢乐颂"宁夏民族风情文艺演出，在贝宁经济首都科托努会议大厦成功举行。本次访演活动是贝宁中国文化中心与宁夏回族自治区文化厅"2017海外中国文化中心部省对口合作"重要项目之一。

3日 在全国第三届全域旅游推进会上，宁夏被正式授予全国全域旅游示范区创建单位，银川市入选首批10个"中国旅游休闲示范城市"、盐池长城观光景区入选首批16家"全国通用航空旅游示范单位"。

4日 由成都市京剧研究院打造、根据巴金名著《家》改编的京剧《落梅吟》在宁夏大剧院上演。

5日 由国家体育总局水上运动管理中心支持，自治区体育局、宁夏农垦集团有限公司、自治区旅游发展委员会、宁夏日报报业集团主办的首届沙湖国际水上运动旅游文化节暨沙湖杯帆船邀请赛在沙湖生态旅游区隆重上演。

6日 全国第四届青年书法篆刻作品展评审结果揭晓，宁夏青年书法家郭鸿光、屈子强、张迪的书法作品入展。

6—7日 由上海戏曲艺术中心和自治区文化厅主办的沪宁两地戏剧“梅花奖”“白玉兰奖”艺术家“深入基层扎根人民”主题专场演出分别在宁夏大剧院和神华宁煤集团上演，让宁夏观众近距离感受了多位戏曲名家的风采。

9日 2017首届中国·银川文化艺术创意节在银川美术馆开幕。本次文化艺术创意节以“创意生活·智慧银川”为主题，通过引入新型文化创意产业将前沿艺术、时尚新锐、创意美学相融合，造就了一场不同寻常的文化盛宴。

12日 由文化部全国公共文化发展中心、宁夏图书馆主办的宁夏公共数字文化盛会在宁夏图书馆启动。全区群众只要手指轻点手机屏幕或电脑鼠标，不仅可以网上阅读宁夏图书馆电子书，还可登录宁夏公共数字文化服务平台，全面了解“文化宁夏”。

14日 由文化部外联局与宁夏文化厅共同主办、宁夏书画院承办的“2017中非文化人士互访计划——非洲画家客座创作”活动，邀请来自冈比亚、几内亚、加纳等国的6位非洲艺术家在宁夏进行为期45天的采风创作活动。

18日 中国国家画院版画院银川国际版画创研中心揭牌仪式在银川华夏河图艺术小镇国际艺术家村举行，中国国家画院副院长张江舟和银川市副市长钱秀梅签署了《关于成立中国国家画院版画院银川国际版画创研中心框架协议》。

是日 由中国国家画院版画院、银川市人民政府、英国皇家版画协会主办的“银川对话——2017中国·英国版画作品联展暨中国·英国艺术家对话”启动仪式在银川美术馆举行。23位英国艺术家和34位中国艺术家的171幅版画艺术作品亮相银川，这是继2016年中国·美国版画联展后又一次具有深远影响力的国际性版画艺术交流活动，它将全国乃至世界艺术界的目光再次聚焦到了银川。

21日 自治区第三批“塞上英才”表彰大会在银川隆重召开。马文锋、沈效东、周一新等19名受到表彰的“塞上英才”每人获得50万元重奖。

23日 由自治区政府主办，自治区民委、文化厅承办以“展示民族文化风采建设共有精神家园”为主题的第二届全区少数民族文艺调演在宁夏大剧院开幕。

是日 辽宁少年儿童出版社在北京国际图书博览会现场举行《中国当代少数民族儿童文学原创书系》推介会。宁夏作协副主席、80后女作家马金莲的小说《数星星的孩子》入选该书系。

28日 第六届贺兰山东麓国际葡萄酒博览会在银川拉开帷幕，来自国内外的专家、学者及葡萄酒爱好者齐聚贺兰山下，共同把脉宁夏葡萄酒产业发展及葡萄酒品牌建设。

29日 宁夏美术馆项目建设在银开工，该项目将于2019年投入使用，该馆项目总占地面积39.63亩，总建设面积2.9992万平方米，概算总投资3.998073亿元。建成后的宁夏美术馆将成为宁夏城市建设的标志性建筑，也将成为集收藏、展览、研究、学术交流和艺术教育与培训于一体的公共文化场所。

9月

11日 由文化部外联局、自治区文化厅主办的“印象——2017中非文化人士互访计划非洲画家客座创作成果展”在宁夏图书馆开展。此次展览汇集了6位非洲画家在宁夏创作的80多幅画作。

19日 自治区文联和固原市委宣传部共同主办的喜迎十九大“文学固原”系列活动——《文学固原》丛书首发式举行。马金莲、王新军、火会亮等8位作者获首届“六盘山”文学奖。

是日 由宁夏博物馆、贵州省博物馆、云南省博物馆、广西博物馆共同举办的“墨彩天成——徐悲鸿书画作品展”在宁夏博物馆开展。

25日 宁夏全域旅游微电影《心灵之旅》拍摄在水洞沟旅游区正式开机。这是宁夏首次以微纪录片的形式，着力突出“给心灵放个假”的旅游核心概念。

27日 由文化部、中央文明办主办，文化部公共文化司、上海市文化广播影视管理局承办的2017年“春雨工程”全国文化志愿者宁夏行“大舞台”巡演在盐池县花马池广场举行。

是日 “悦游银川”主题公园正式开园，并在国庆节当天上演了辉煌中国“厉害了我的国”点亮活动、“凤舞丝路”大型城市主题创意水秀展演，为游人呈现了一幅流光溢彩的文化夜景。项目试运营期间，吸引了近10万游客。

10月

7日 第九届中国花卉博览会在银川市落下帷幕，据相关部门统计，本届花博会期间观展总人数超过160万人次。中国花博会每四年举办一届，被誉为我国花卉界的“奥林匹克”，此前已在北京、上海、成都等地成功举办了8届。本届花博会展期37天，全国31个省、自治区、直辖市及深圳市、港澳台地区花卉协会和中国花卉协会的14个分支机构参展，涉及花卉企业800多家，花卉展品22大类，花卉品种7000多个。

10日 国际灌排委员会执行大会表决通过，宁夏引黄古灌区正式列入世界灌溉工程遗产名录。这标志着我国黄河流域主干道上产生了第一处世界灌溉工程遗产，宁夏实现了世界遗产“零突破”。

16日 第二届宁夏美丽乡村文明创建工程示范村镇名单出炉，银川市永宁县闽宁镇原隆村、石嘴山市大武口区星海镇星海村、吴忠市利通区板桥乡洼渠村、固原市原州区张易镇大店村、中卫市沙坡头区迎水桥镇何滩村等28个村镇上榜。

18日 拥有500年历史的维也纳童声合唱团音乐会在宁夏大剧院上演，共演出《野玫瑰》《鳟鱼》《小夜曲》《绿袖子》《夜莺》《维也纳的气质》等20余首经典名作。

19日 由自治区党委统战部、自治区文史馆、宁夏美术家协会、石嘴山市文联共同主办的以“大美河山”为主题的宁夏大地山水画研究院写生作品展在宁夏文化馆开展。这次展览共展出宁夏25位山水画家在宁夏及周边地区写生作品120余幅。

25日 由中国岩画学会、中国艺术研究院、国家艺术基金管理中心主办，自治区文化厅、自治区文物局协办，宁夏博物馆承办的“亘古天书·中国岩画艺术展”宁夏巡展在宁夏博物馆开幕。

是日 第十五届中国西部民歌（花儿）歌会在银川开幕，来自西部12个省区（市）的12支优秀代表队的200余名歌手汇聚塞上放歌。

26日 自治区精神文明建设指导委员会印发了《关于表彰第五届自治区道德模范和第三届“宁夏好人”的决定》，授予李美霞等32名同志第五届“自治区道德模范”荣誉称号，授予田刚卫等50名同志第三届“宁夏好人”荣誉称号。

27日 由黄河出版传媒集团主办的2017宁夏（首届）非物质文化遗产博览会在银川国际会展中心开幕。

28日 宁夏13位老艺术家李化奎、王系松、张少山、许家麟、石晶竹、赵忠、梁永贵、沈德志、王永强、张尔闻、马建军、叶作钧、钮希文在银川美术馆举办了“丹青颂祖国——宁夏老艺术家国画作品联展”。

31日 由自治区文化厅主办，宁夏文化馆承办的“塞上工匠·宁夏传统工艺竞技精品展”在宁夏文化馆开幕。展览以场景化形式集中展示了木雕、砖雕、泥塑、刺绣、剪纸等24类非遗项目的60名传承人提交的千余件作品，集中展示了近年来宁夏保护和传承非物质文化遗产、振兴传统工艺的成果。

11月

3日 民生银行银川分行“金融职工书屋”示范点揭牌。中国金融工会向银川分行拨款5万元用于“金融职工书屋”示范点建设。

7日 全国朗诵界的最高赛事——中央人民广播电台第五届“夏青杯”朗诵大赛在北京落幕。宁夏赛区晋京选手王强、曹亮、夏怡雯（组合）进入成人组第三轮决赛，最终荣获二等奖；牛旭、何迎霞获优秀奖；王艺丹获青少年C组二等奖。

14日 由自治区党委宣传部、自治区文联主办，宁夏美术家协会、宁夏摄影家协会、宁夏书法家协会承办的喜迎党的十九大——全区美术摄影书法作品展在银川美术馆开幕。

16日 “学习宣传贯彻十九大弘扬宁夏精神 展现贺兰风采”全区书法美术摄影作品展在宁夏文化馆开幕。来自全区各地的书法美术摄影爱好者，用160余幅精美的作品向人们展示了蓬勃发展的贺兰文化事业，讴歌了美丽宁夏。

17日 全国精神文明建设表彰大会在京召开，石嘴山市被评为第五届全国文明城市，平罗县陶乐镇施家台子村村民白琴被评为第六届全国道德模范，贺兰县金贵镇银河村等被评为第五届全国文明村镇，银川市国家税务局等单位被评为第五届全国文明单位，宁夏师范学院等被评为第一届全国文明校园。

20日 2017首届中国银川互联网电影节闭幕式暨金杞奖颁奖典礼在宁夏大剧院落幕。此次互联网电影节共颁发最佳互联网网络剧、最佳互联网网络电影两个主竞赛单元的十项金杞奖奖项。

是日 中国影视知识管理联盟在银川正式成立。

24日 第二届中国·银川国际青年戏剧节在宁夏大剧院启幕。

28日 “共筑中国梦，温暖农村娃”新农村少儿舞蹈美育工程——少数民族舞蹈课堂宁夏启动仪式在西吉县新营乡中心小学举行。

30日 由中华文学基金会、浙江省桐乡市人民政府发起主办的第二届“茅盾文学新人奖”揭晓，宁夏著名文学评论家牛学智榜上有名。

12月

2日 西夏陵等全国十二家文物单位被列入第三批国家考古遗址公园，这是宁夏首个获得国家考古遗址公园荣誉称号的文化遗址。

12日 由中央文史研究馆书画院、中国岩画学会和宁夏文史研究馆共同主办的宁夏岩画拓片暨张学智印象岩画“一带一路”巡回展在宁夏博物馆开展。

18日 《大夏寻踪——西夏文物精品展》在宁夏博物馆开展，该展集中展示了自新中国成立以来考古发掘的西夏文物158件（套），从西夏文字、铸造、瓷器、佛教、建筑等方面，全面、真实地展现了西夏文化的独特魅力。

29 日　欧洲维纳斯女神爱乐乐团 2018 新年交响音乐会在宁夏大剧院举办。

注：本附录内容根据《宁夏日报》《学习与宣传》和宁夏新闻网、宁夏文明网、宁夏博物馆网站、宁夏文化厅网站等相关报道整理而成。